Price · Bomber im 2. Weltkrieg

Bomber

Alfred Price

im 2. Weltkrieg

Entwicklung · Einsatz · Taktik

Deutschland, Frankreich,
Großbritannien, Italien,
Japan, UdSSR, USA

Motorbuch Verlag Stuttgart

Einband und Schutzumschlag: Siegfried Horn

Bildquellen: Seite 2/3: C. Brown, Seite 8/9, 14/15: Archiv KG 76,
Seite 13: Bundesarchiv, Zeichnungen und Diagramme: Peter Endsleigh

Die englische Ausgabe ist erschienen
bei Macdonald and Jane's Publishers Limited, London
unter dem Titel »The Bomber in World War II«

Die Übertragung ins Deutsche besorgte:
Erwin Peters

ISBN 3-87943-714-9

1. Auflage 1980

Eine Abteilung des Buch- und Verlagshauses Paul Pietsch GmbH & Co. KG.

Satz und Druck: studiodruck, 7440 NT-Raidwangen
Bindung: Verlagsbuchbinderei Karl Dieringer, 7000 Stuttgart.
Printed in Germany.

Inhalt

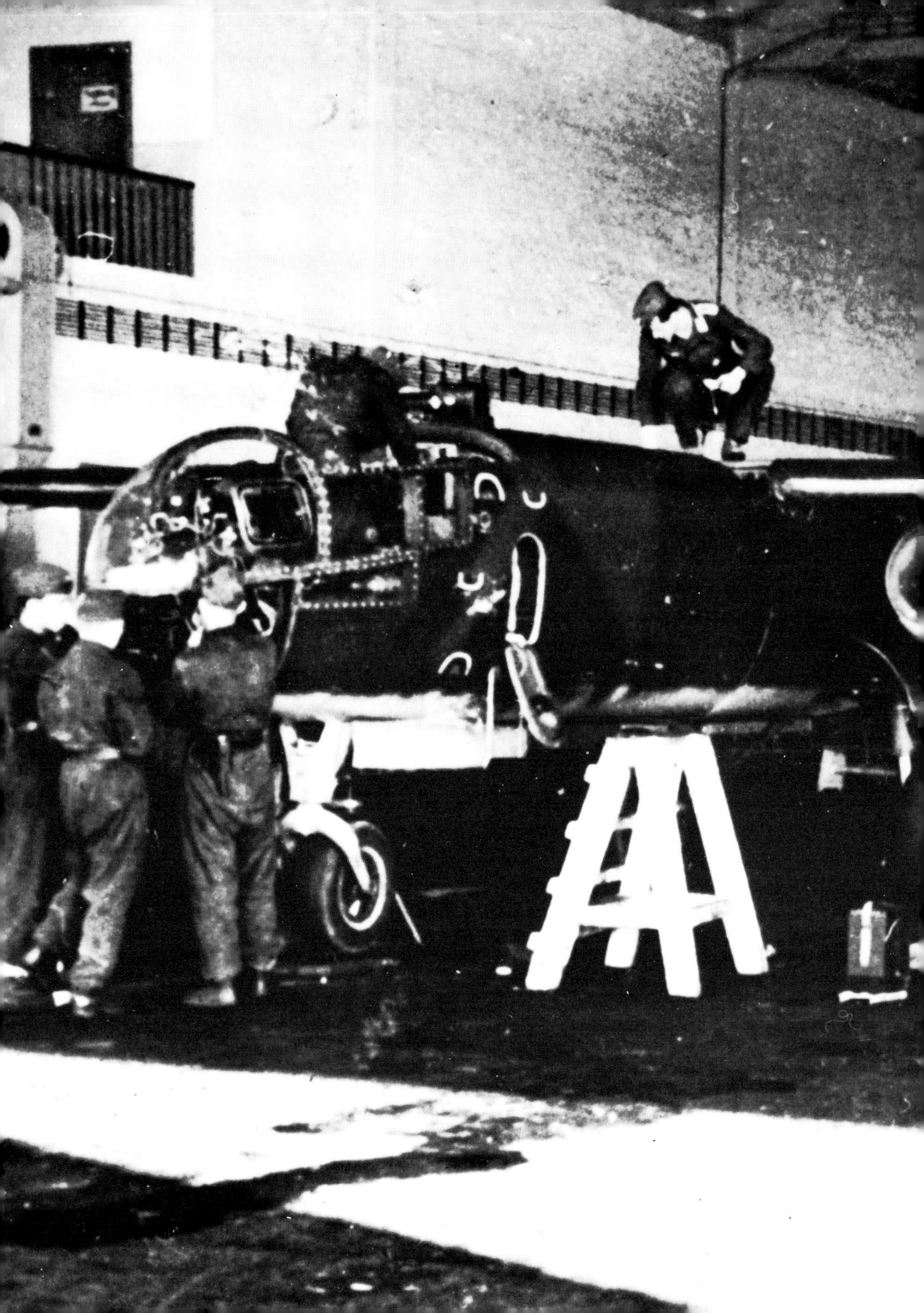

Rau

Vorwort

von Air Chief Marshal Sir Ralph Cochrane,
Kommandeur des 3. Bombergeschwaders
vom September 1942 bis zum Februar 1943
und des 5. Bombergeschwaders
vom Februar 1943 bis zum Januar 1945.

Mit diesem Buch stellt der Autor wieder einmal mehr seine Erfahrung in der Behandlung technischer Themen unter Beweis. Hier werden nicht nur die Flugzeuge selbst und die von den Piloten angewandte Taktik beschrieben, sondern auch die Bewaffnung und die elektronischen Hilfsgeräte, ebenso wie die Gegenmaßnahmen, mit denen der Gegner auf den Angriff reagierte. Den Historikern der Zukunft wird damit außergewöhnlich interessantes Material in die Hand gegeben, denn die Bomberoffensive des Zweiten Weltkrieges brachte wohl sicherlich eine Wende in der Kriegsführung; sie war Bestandteil einer fliegerischen Entwicklung, die nun hinter uns liegt.

Zahlreiche Originalberichte haben zu dieser Abhandlung beigetragen, die damit zu einer Quelle wertvoller Informationen wurde.

Einleitung

Mit diesem Buch möchte ich eine allgemeine Übersicht geben, welchen Weg die Entwicklung des Bombers und die angewandte Bomber-Taktik während des Zweiten Weltkrieges nahm. Das Thema ist sehr weitreichend, und um innerhalb der Grenzen zu bleiben, die durch den Umfang des Buches gesteckt sind, mußte ich mich auf das Wesentliche des »typischen« Bombers beschränken. Aus diesem Grund habe ich die Beschreibung von Flugzeugen und Taktiken vermieden, die sich auf Randgebiete wie Torpedoeinsätze und Schiffsbombardierung, U-Bootbekämpfung und taktische Erdkampfunterstützung beziehen; und da bei solchen Einsätzen vorwiegend einmotorige Bombertypen verwendet wurden, habe ich mich ferner in meinen Beschreibungen auf die mehrmotorigen Flugzeuge beschränkt. Ich habe nicht jeden Bombertyp, der zum Einsatz kam, beschrieben, und ebensowenig jede taktische Neuerung. Statt dessen habe ich mich bemüht, dem Leser einen allgemeinen schematischen Überblick über die technischen und taktischen Entwicklungen während der sechs Kriegsjahre zu geben. Ich darf wohl annehmen, daß der Leser bereits nach der Lektüre weni-

ger Seiten feststellen wird, daß dies in seinem Interesse geschah, zumal diese Beschränkungen noch weiten Raum für eine faszinierende Geschichte menschlicher Anstrengungen ließen.
Bei der Vorbereitung zu diesem Buch konnte ich mich glücklicherweise auf die große Erfahrung einiger führender Experten stützen: auf dem Gebiet der Aerodynamik war dies der frühere Direktor des Royal Aircraft Establishment, Sir Morien Morgan, auf dem Gebiet der Zellenkonstruktion Dr. Percy Walker, hinsichtlich der Antriebsaggregate verdanke ich dem Chefingenieur von Rolls Royce, Mr. D. McCarthy, Unterstützung, und schließlich bin ich noch Air Chief Marshal Sir Ralph Cochrane, während des Krieges Kommandeur des 3. und später des 5. RAF-Bombergeschwaders, für seinen Beitrag über die Bombertaktik zu Dank verbunden. Ihnen allen fühle ich mich verpflichtet, muß aber zugleich auch betonen, daß ich selbst für die in diesem Buch geäußerten Meinungen und Folgerungen verantwortlich bin.
Beim Sammeln von Material und Fotos für dieses Buch fand ich die Hilfe zahlreicher guter Freunde. Insbesondere danke ich den Herren Harl Brackin von Boeing, Horst Goetz, Walter Brieke, Hanfried Schliephake, Wolfgang Dierich, John Taylor, Franz Selinger, Kenneth Munson und Jim Oughton. Nicht zuletzt möchte ich auch Herrn Peter Endsleigh Castle für seine zeichnerischen Beiträge danken.

ALFRED PRICE

Die in diesem Buch genannten Flugzeuggewichte gelten für normale Einsätze: die mögliche Überladung wurde nicht berücksichtigt. Geschwindigkeiten und Entfernungen wurden auf km-Basis umgerechnet. Die genannten Höchstgeschwindigkeiten werden für die einzelnen Bombertypen nur zu Vergleichszwecken genannt; während der Einsätze flogen die Maschinen im allgemeinen in der treibstoffsparenden Marschgeschwindigkeit, die bei etwa $^{2}/_{3}$ der Höchstgeschwindigkeit lag. Bei den angegebenen Reichweiten handelt es sich um Annäherungswerte, die ebenfalls nur Vergleichszwecken dienen sollten; sie setzen günstige Flugbedingungen voraus, wo erforderlich mit einer Bombenlast von etwa 1000 kg und berücksichtigen noch Reservetreibstoff für einen einstündigen Flug unter den Bedingungen der üblichen Marschgeschwindigkeit. Zur Erleichterung des Vergleichs wurden die Kaliber der Flugzeugbewaffnung in mm umgerechnet.

1. Die vernichtende Waffe

Die Dekade nach 1929 brachte eine regelrechte Revolution in der Bauart des Bombers. Während dieser zehn Jahre wurden die Geschwindigkeiten, die Reichweiten, die Einsatzflughöhen und die Zuladungen mehr als verdoppelt. Weder zuvor noch später wurden in einem gleichen Zeitabschnitt so viele weitreichende Veränderungen in solch schneller Folge an Flugzeugen vorgenommen. Es schien, als hätten sich die Konstrukteure aller Länder plötzlich von den Fesseln befreit, die sie seit dem Beginn der Luftfahrt gebunden hatten.

Ehe wir uns nun der Art und den Auswirkungen der in den dreißiger Jahren erfolgten Änderungen zuwenden, wollen wir noch einen kurzen Blick auf die Eigenschaften und Leistungen des Bombers aus der Zeit vor dem »großen Sprung nach vorn« werfen.

Repräsentativ für den letzten Bombertyp des Jahres 1929 war die Handley Page Hinaidi, die damals bei der Royal Air Force in Dienst gestellt wurde. Die Hinaidi war ein Doppeldecker mit einer Spannweite von etwa 23 m, die Zelle war stoffbespannt. Die beiden Bristol Jupiter-Motoren leisteten bei normaler Drehzahl je 440 PS, die Notleistung lag bei

Ein typischer Vertreter der Bomber, die im Jahre 1929 im Dienst waren, war die Handley Page Hinaidi der Royal Air Force. Mit zwei Bristol Jupiter Motoren von je 550 PS Leistung erreichte sie eine Höchstgeschwindigkeit von 185 km/h; mit der Bombenlast von 680 kg konnte sie auf einer Reichweite von etwa 160 km operieren.

550 PS. Zwei hölzerne Vierblatt-Luftschrauben wandelten diese Leistung in Vortrieb um, der starre Anstellwinkel der Propellerblätter war auf zwei Drittel des Radius auf wenig über 21° fixiert. Dieser Winkel stellte einen Kompromiß dar zwischen den unterschiedlichen Anforderungen eines flachen Winkels zum Start und eines steileren für die Höchstgeschwindigkeit. Die Folge war mangelnde Leistung an den beiden äußeren Enden der Geschwindigkeitsskala. Den Motoren fehlten Vorverdichter, und das führte bei zunehmender Flughöhe dazu, daß die Kompression des Treibstoff-Luftgemisches in den Zylindern abfiel, so daß die Motorenleistung rapide sank. Bei normalem Fluggewicht erreichte der Bomber in 1500 m Höhe eine Höchstgeschwindigkeit von 185 km/h; diese sackte in 4500 m Höhe auf 157 km/h ab.

Mit einer Marschgeschwindigkeit von 120 km/h in 1500 m Höhe und einer Bombenlast von 700 kg hatte die Hinaidi eine Eindringtiefe von 160 km; wenn man auf zwei Drittel der Bomben verzichtete und dafür die gleiche Gewichtsmenge an Treibstoff mitnahm, vergrößerte sich die Eindringtiefe auf 450 km mit 230 kg an Bomben.

Die vierköpfige Besatzung der Hinaidi saß in offenen Sitzen, so daß sie sich im wahrsten Sinn des Wortes stets frischen Wind um die Ohren wehen lassen konnte. Zu seiner Verteidigung war der Bomber mit drei handbedienten Maschinengewehren im Rumpfbug, auf dem Rumpfrücken und in der Bodenkanzel ausgestattet. Als Bombenzielgerät diente das Course Setting Mark VII, ein Vektorzielgerät[1]), mit dem man äußerst genaue Ergebnisse erzielen konnte: beim Flug in 3000 m Höhe mit einer Geschwindigkeit von etwa 135 km/h konnten geübte Besatzungen bei Tageslichtübungen die Hälfte ihrer Bomben innerhalb 50 m vom Ziel setzen.

[1]) Die verschiedenen Typen von Bombenzielgeräten kommen im Kapitel »Bombenwurf ins Ziel« auf Seite 89 zur Sprache.

Dieses Zielgerät war nicht kreiselstabilisiert, und das bedeutete, daß der Pilot waagerechte Kurven (d. h. Kurven ohne Querneigung) fliegen mußte, wollte er seine Maschine beim Zielanflug in Zielrichtung bringen.
Das normale Fluggewicht der Hinaidi betrug 5750 kg, und das entsprach einer Tragflächenbelastung beim Start von etwa 41,8 kg/qm. Da die Maschine eine Landgeschwindigkeit von nur 88 km/h hatte, hielt man Landeklappen und Radbremsen für nicht norwendig, und deshalb wurden sie auch nicht angebracht. Das vierrädrige Hauptfahrgestell war starr, jedes Rad hatte einen eigenen Stoßdämpfer; der Hecksporn wirkte bei Landungen auf Grasflächen leicht bremsend.
Soviel über den technischen Stand des im Jahre 1929 geflogenen Bombers. Nun aber zu den Veränderungen, die die Leistung und Tragfähigkeit der Flugzeuge während der stürmischen technischen Entwicklung der Jahre, die nun folgen sollten, wesentlich verbesserten.
Zuerst und vor allem wurden die Flugmotoren erheblich weiterentwickelt. Zwischen 1925 und 1935 wurde die Motorleistung um etwa 50% gesteigert. Bemerkenswert ist dabei, jedenfalls soweit es die Bomber betrifft, daß diese zusätzliche Leistung nicht durch Mehrgewicht oder übermäßig erhöhten Treibstoffverbrauch erkauft wurde; das Motorgewicht pro PS verringerte sich um mehr als ein Fünftel und der Treibstoffverbrauch pro PS wurde ebenfalls in einem ähnlichen Verhältnis gesenkt.
Die leistungsfähigeren Motoren gaben den Anstoß zu weiteren konstruktiven Änderungen; die Mehrleistung allein hätte nicht ausgereicht, die Gesamtleistung der Flugzeuge wesentlich zu erhöhen. Wenn der Leistungsgewinn zu nichts anderem gedient hätte, als z. B. das riesige Gestell der Hinaidi durch die Luft zu bewegen, dann wäre infolge des großen Luftwiderstandes wohl nicht viel mehr herausgekommen, als daß die Maschine um weniges schneller als bisher geflogen wäre; die Reichweite und die Tragfähigkeit hätten ebenfalls Einbußen erlitten, denn eine Menge Treibstoff wäre notwendig gewesen, um das Flugzeug nur etwas schneller fliegen zu lassen.
Deshalb brachte der Leistungsgewinn der Triebwerke den Anstoß zu einer rigorosen Änderung in der aerodymanischen Form des Bombers. Der größte Einzelposten vermeidbaren Luftwiderstandes lag im starren Fahrgestell; bei einem Flugzeug wie der Hinaidi verursachte dies etwa 15% des gesamten Luftwiderstands des Flugzeuges. Mit nur geringem zusätzlichem Gewichtsaufwand konnte das Fahrgestell glatt in die Motorverkleidung eingezogen werden.
Als nächstes wandte man sich den Tragflügeln des Doppeldeckers zu; die Streben und Verspannungen zum Halten der oberen Tragflügel verursachten etwa halb so viel Luftwiderstand, wie das Fahrgestell bot. Wollte man die Tragflächenbelastung ebenso niedrig halten wie beim Doppeldecker, dann hätte ein Eindecker desselben Gewichtes Tragflügel mit derselben Fläche haben müssen, wie der Doppeldecker. Aber in den frühen dreißiger Jahren erkannte man die Vorteile etwas kleinerer freitragender Flügel: sie würden den Luftwiderstand während der langen Flugphase erheblich mindern, und das bedeutete zugleich verminderten Treibstoffverbrauch und somit Gewinn an Reichweite oder Bombenzuladung. Die damit verbundene Erhöhung der Landegeschwindigkeit, die sich aus der entsprechend größeren Tragflächenbelastung ergab, wurde im Namen des Fortschritts in Kauf genommen. Das Problem, mit höherer Geschwindigkeit zu landen, mußte von den Piloten gelöst werden.
Die Tragflächenbelastung nahm nun erheblich zu, aber die Probleme und Nachteile, die sich daraus ergaben, wurden durch drei weitere Neuerungen gedämpft: gebremste Räder, Landeklappen und Propeller mit verstellbarem Anstellwinkel.
Die Vorteile gebremster Räder für Flugzeuge mit hoher Landegeschwindigkeit sind logisch. Die Landeklappen, die den Auftriebskoeffizienten und somit den Auftrieb des Tragflügels um 50% oder mehr vergrößerten, wenn sie ausgefahren wurden, ermöglichten es den Konstrukteuren, noch kleinere Tragflügel zu verwenden, so daß man trotz größerer Tragflächenbelastung angemessene Landegeschwindigkeiten erreichen konnte. Die Klappen ermöglichten bei kleinem Anstellwinkel sogar Starts mit höherer Belastung, die die Bomber sonst nicht geschafft hätten; völlig ausgefahren ermög-

Die Martin B 10, die ab 1934 im US Army Air Corps geflogen wurde, war ein Meilenstein in der Entwicklung des modernen Bombers. Die beiden 775 PS starken Wright Cyclone Motoren brachten die B 10 auf eine Höchstgeschwindigkeit von 343 km/h; mit 900 kg Bombenzuladung konnte sie auf einer Reichweite von etwa 480 km eingesetzt werden. *(Martin)*

Die PZL 37B war der modernste Bomber der polnischen Luftstreitkräfte zu Beginn des Krieges, den Bombern anderer Mächte durchaus ebenbürtig. Als Antriebsaggregate dienten zwei lizenzgebaute Bristol Pegasus Doppelstern-Motoren mit je 918 PS Leistung, die Höchstgeschwindigkeit betrug 445 km/h; mit 900 kg Bombenzuladung hatte die PZL 37B eine Reichweite von etwa 1200 km. *(IWM)*

lichten sie das Fliegen bei niedriger Geschwindigkeit und dienten auch als Luftwiderstandsbremsen, mit deren Hilfe das Schweben während des Landevorgangs reduziert werden konnte. Nachdem die Klappen einmal eingeführt waren, erwiesen sie sich als vielseitig verwendbar. Die Landeklappen von Fowler und Gouge setzten sich nach dem Ausfahren in eine Position sowohl hinter als auch unter der Profilhinterkante des Tragflügels; somit vergrößerten sie die Tragfläche effektiv um etwa ein Viertel und verdoppelten nahezu deren Auftriebskoeffizienten. Alles wirkte zusammen.
Die Einführung der Luftschraube mit verstellbarem Anstellwinkel trug zur Überwindung der unrationellen Umwandlung der Motorleistung in Vortrieb bei, vor allem bei hoher oder geringer Geschwindigkeit des Flugzeuges. Gerade für die Bomber war das von größter Bedeutung: vor allem beim Start, aber auch beim Flug in Marschgeschwindigkeit wurde

nun erheblich weniger Treibstoff verbraucht, und mit jedem Liter, der dabei gespart wurde, konnte die Maschine weiter fliegen. Um den so erzielten Leistungsgewinn zu verdeutlichen, wollen wir noch einmal betrachten, was mit einem typischen zweimotorigen Flugzeug der dreißiger Jahre geschah, wenn statt eines Propellers mit starren Blättern ein solcher mit verstellbarem Anstellwinkel angebracht wurde; die Startstrecke verkürzte sich um 20%, die Steiggeschwindigkeit nahm um 22% zu, und die Marschgeschwindigkeit und die Reichweite (ohne zusätzlichen Treibstoffverbrauch) wuchsen um mehr als 5%. Solch einem Angebot an Leistungssteigerung, dem nur ein geringes Mehrgewicht gegenüberstand, konnte sich kein Konstrukteur verschließen.
Überdies lag der nächste Schritt nach der Einführung des verstellbaren Propellers bereits auf der Hand: die Blätter konnten nun auch in Segelstellung gebracht werden; wenn die Luftschraubenblätter so gedreht wurden, daß sie sich dem Luftstrom anpaßten, ließ sich der Luftwiderstand auf ein Minimum reduzieren, falls der Motor einmal ausfallen sollte.
Ein weiterer Schritt, der die Reichweite und die Tragfähigkeit der Bomber erheblich vergrößerte, war die allgemeine Einführung von Vorverdichtern (Höhenladern) für Motoren. Sie machten es möglich, in großer Flughöhe mehr Treibstoff-Luftgemisch in die Zylinder zu drücken; hier hatte die dünnere Luft nämlich bislang ein rapides Abfallen der Motorleistung verursacht. Nunmehr konnten die Motoren auch in großer Höhe also noch die volle Leistung erbringen. Soweit das die Bomber betraf, zeigten sich mehrere Vorteile. Die dünnere Luft großer Höhen eignet sich hervorragend für Langstreckenflüge, da sie dem Flugkörper weniger Widerstand entgegensetzt; deshalb kann das Flugzeug mit gleicher Kraft schneller und mit derselben Treibstoffmenge weiter fliegen. Überdies erschwerte die gewonnene Höhe auch die Abwehr durch die gegnerische Flak und durch Jagdflugzeuge, ein weiterer Vorteil also.
Ferner kam das stoffbespannte Flugzeuggerippe zu Beginn der dreißiger Jahre außer Mode. Es bestand kein Zweifel mehr an der Überlegenheit einer Ganzmetallkonstruktion; Metall war sowohl steif als auch stärker. Und da sich überdies eine wellige Oberfläche bei stoffbespannten Flugzeugen nicht vermeiden ließ, boten sie der Luft stets mehr Widerstand, als die gleichartig konstruierten Maschinen in Ganzmetallausführung.
Im Jahre 1932 verwendete Glen Martin nahezu alle diese Neuerungen in seinem Bomber Modell 123. Als das ausgereifte Flugzeug im Jahre 1934 unter der Typenbezeichnung B-10 an das US Army Air Corps ausgeliefert wurde, war es bei weitem der modernste Bomber, der bei Luftstreitkräften eines Landes eingesetzt war. Es war ein Eindecker mit freitragenden unverstrebten Tragflügeln in Ganzmetallkonstruktion, ausgestattet mit einem einziehbaren Fahrgestell, dessen Haupträder mit Bremsen versehen waren; dazu kamen Landeklappen, und Luftschrauben mit verstellbarem Anstellwinkel; das einzige, was hier noch fehlte, waren Höhenlader für die Motoren, aber auch damit wurde bereits experimentiert.
Wenn die B-10 uns heutzutage so normal und vertraut erscheint, so bestätigt dies nur die Weitsicht, mit der Martin und seine Konstrukteure den Entwurf anlegten; denn dieses Flugzeug sollte die Maßstäbe für den mehrmotorigen Bomber des folgenden Jahrzehnts setzen. Zur Reduzierung des Luftwiderstandes auf ein Minimum wurde die Besatzung in einer geschlossenen Kabine untergebracht, die Bomben kamen in Bombenschächte im Flugzeuginnern und der Schütze in der Rumpfnase erhielt eine Kanzel, aus der heraus er schießen konnte. Die beiden Sternmotoren mit je 775 PS brachten die B-10B auf eine Höchstgeschwindigkeit von 350 km/h in 2000 m Flughöhe. Bei einer Marschgeschwindigkeit von etwa 210 km/h konnte sie eine Bombenlast von 1000 kg auf einer Eindringtiefe von etwa 500 km ans Ziel befördern. Zur Selbstverteidigung war sie mit drei Maschinengewehren von 7,62 mm Kaliber ausgerüstet. Das Fluggewicht der B-10 betrug 7430 kg; die Tragflächenbelastung beim Start lag bei 117 kg/qm, sie war also etwa dreimal so groß, wie die der Hinaidi. Wenn die B-10 mit Höchstgeschwindigkeit flog, hatte keines der Jagdflugzeuge, die damals im Einsatz standen, genug Spielraum, um diesen Bomber abzufangen. Das veranlaßte Brigadegeneral Oscar Westover vom US Army Air Corps zu der Bemer-

kung, daß »kein Mittel bekannt ist, mit dem ein Bombenangriff verhindert werden kann«. Und der britische Premierminister Stanley Baldwin sagte dasselbe nur mit anderen Worten, als er behauptete: »Der Bomber wird immer durchkommen«. Aber bereits ehe die B-10 zur Auslieferung gelangte, wurden die Ideen und Konstruktionsmerkmale dieser Maschine von den Konstrukteuren in allen Ländern der Erde kopiert und verbessert. Die äußere Gestalt des Bombers, der in den Luftstreitkräften der am Zweiten Weltkrieg beteiligten Länder verwendet werden sollte, wurde endgültig festgelegt.
Aber ebenso, wie die B-10 die Bomberkonstrukteure in aller Welt wachrüttelte, schreckte sie auch diejenigen aus ihrer Lethargie auf, die für die Beschaffung und die Konstruktion der Jagdflugzeuge verantwortlich waren. Es setzte eine explosionsartige Entwicklung ein. Dazu möchte ich ein altes russisches Sprichwort zitieren: »Als die Wälder wuchsen, wuchsen auch die Stiele für die Äxte mit«.

Der technische Stand im Jahre 1939

Zur Verdeutlichung der technologischen Fortschritte zwischen 1934 und 1939 wollen wir jetzt einmal die sechs modernsten Bomber betrachten, die beim Ausbruch des Zweiten Weltkrieges im September 1939 in den Luftstreitkräften beteiligter Länder geflogen wurden: die deutsche Junkers Ju 88, die englische Wellington und die französische Loiré et Olivier 45, die japanische Mitsubishi G3M2 und die russische Tupolew SB-2, sämtlich zweimotorige Flugzeuge, und die viermotorige Boeing B-17.
Zu Beginn des Krieges war die Junkers Ju 88A-1, deren Auslieferung an die deutsche Luftwaffe gerade eingesetzt hatte, der beste aller zweimotorigen Mehrzweckbomber. Obwohl die Maschine von gleicher Grundkonstruktion wie die Martin B-10 war, ließen sich bei ihr die Ergebnisse der jüngsten

Der beste Mehrzweckbomber, der am Anfang des Krieges geflogen wurde, war die Junkers Ju 88A-1, auf dieser Abbildung mit ausgeklappten Sturzbremsen zu sehen. Zwei Jumo 211B (hängende) 12 Zylinder V-Motoren mit je 1200 PS Leistung brachten die Ju 88 auf eine Höchstgeschwindigkeit von 450 km/h; mit 900 kg Bombenzuladung hatte sie eine Reichweite von etwa 885 km.

Entwicklung klar erkennen. Als Antriebsaggregate dienten der Ju 88 zwei Jumo 211B Triebwerke, flüssigkeitsgekühlte hängende V-12 Motoren; mit je 35 l Hubvolumen brachten sie eine Startleistung von 1175 PS. Zur Aufrechterhaltung der vollen Motorleistung in der dünneren Luft größerer Flughöhen hatte jeder Motor einen mechanischen Zweistufenlader, der sich automatisch einschaltete, wenn das Flugzeug die 3000 m-Grenze überflog.

Obwohl die Jumo-Motoren der Ju 88 auf den ersten Blick wie Sternmotoren aussahen, waren sie in Wirklichkeit flüssigkeitsgekühlte V-Motoren. Ringkühler, vor den Motoren angeordnet, vermittelten den »falschen« optischen Eindruck.

Die Ju 88 war als Mehrzweckbomber entworfen worden, und das bedeutete im deutschen Sprachgebrauch der späten dreißiger Jahre, daß sie ohne Schaden zu nehmen Sturzangriffe bis zu einem Sturzwinkel von 70° durchführen konnte, und daß sie aus diesem Sturz heraus jederzeit wieder abzufangen war. Darüber hinaus wurde vom Mehrzweckbomber auch gefordert, daß er wendiger war, als Maschinen dieser Größenordnung es üblicherweise waren.

Ein ausgetüfteltes System von Ausgleichsgewichten befand sich an den Querrudern; wenn der Bomber eine Rolle machte, unterstützte die Zentrifugalkraft der Gewichte den Piloten, indem sie den Kraftaufwand minderten, der für große Querruderbewegungen notwendig war.

In der Ju 88 wurden das BZ1A Zielgerät für Sturzangriff, die Bombenauslösung und die Steuerung in beachtlicher Weise miteinander verbunden. Um deutlich zu machen, wie weit die deutschen Konstrukteure ihre Entwicklung vorangetrieben hatten, möchte ich hier einen typischen Sturzangriff durch eines dieser Flugzeuge beschreiben. Vor dem Angriff wurde die Höhe zur Bombenauslösung auf dem Kontakthöhenmesser im Cockpit eingestellt, und der Winkel, in dem der gerade vorherrschende Wind die Bombe voraussichtlich abtreiben würde, wurde dem Bombenzielgerät eingegeben. Im Bo-

Typischer Sturzangriff einer Ju 88.

A Der Flugzeugführer beobachtet, wie das Ziel die letzte Markierungslinie auf seinem Bodenfenster passiert und zieht den Knopf für die Sturzbremsen. Automatisch gesteuerte Klappen am Höhenruder schieben das Heck nach oben, und das Flugzeug stößt in einem Winkel von 60 Grad nach unten.

B Während des Sturzfluges hält der Pilot das Ziel in seinem Reflexvisier unterhalb des höchsten Punktes.

C Der Bomber ist jetzt 250 m über der Abfanghöhe, die zuvor auf dem Kontakthöhenmesser eingestellt wurde. Ein Warnton ist zu hören, und der Flugzeugführer zieht die Maschine leicht hoch, bis das Ziel am unteren Rand des Sturzvisiers erscheint.

D Das Flugzeug ist jetzt in der zuvor eingestellten Höhe zur Einleitung des Abfangens. Der Warnton verstummt, und der Flugzeugführer drückt den Auslöseknopf auf dem linken Steuerhorn der Steuersäule, um die Auslöseanlage in Gang zu setzen und zugleich den automatischen Abfangvorgang einzuleiten.

E Die Nase des Flugzeuges hebt sich ein wenig und die Bomben werden ausgelöst.

F Nach vollendetem Abfangen fährt der Flugzeugführer die Sturzbremsen wieder ein und beschleunigt.

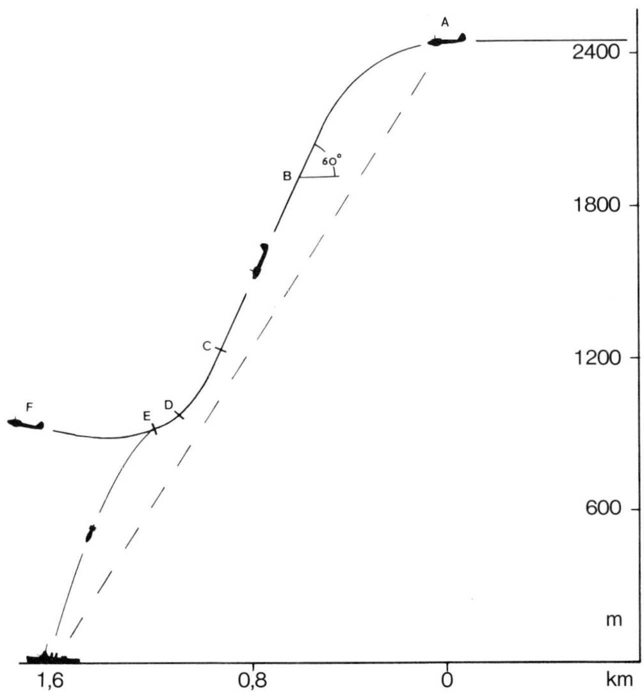

Das Innere des engen Flugzeugführerraumes der Ju 88 mit den Sitzen von Flugzeugführer und Beobachter.
(KG 76 Archiv)

den des Bombers, unmittelbar vor dem Piloten, war ein kleines Fenster, durch das er sein Ziel beobachten konnte, während er sich in die Position begab, aus der er zum Sturzangriff ansetzen konnte. In das Glas waren einige Linien eingraviert, die es ihm ermöglichten, sich mit seiner Maschine auf das Ziel zu richten und die Entfernung zu beurteilen. Sobald das Ziel unter die letzte der Linien rutschte, zog der Pilot einen Knopf, um die große Sturzbremse unter den beiden Tragflächen herauszuklappen; gleichzeitig schoben Trimmruder am Höhenruder das Heck automatisch hinauf und drückten die Nase nach unten, um so das Flugzeug in einen Sturzwinkel von etwa 60° hinunterzukippen. Dieses Manöver brachte das Ziel, das zuvor durch das Bodenfenster beobachtet worden war, in den Sichtbereich durch die Windschutzscheibe, direkt über dem Reflektorzielgerät. Alles, was der Pilot jetzt noch zu tun hatte, war, die Nase des Flugzeuges leicht anzuheben, bis das Ziel genau auf der Spitze des Zielkreises erschien, und dort mußte es für den Rest des Sturzfluges bleiben.

Ein normaler Sturzflug durch 1200 m Höhenunterschied dauerte etwa zwölf Sekunden. Wenn das Flugzeug einen Punkte erreichte, der etwa 250 m über der Abwurfhöhe lag, die zuvor auf dem Kontakthöhenmesser eingestellt worden war, ließ ein elektrischer Kontaktschluß einen Hupenton im Cockpit ertönen. Der Pilot zog daraufhin den Steuerknüppel an, um das Ziel in eine Position auf dem unteren Segment seines Zielgerätes zu bringen. Wenn die vorbestimmte Flughöhe zum Abwurf der Bomben erreicht war, verstummte der Ton, und der Pilot drückte nunmehr einen Knopf, der die Bombenauslösung und das automatische Abfangsystem in Gang setzte. Das Trimmruder drückte den

Schwanz hinunter, und das Flugzeug begann sich auf einem zuvor festgelegten Kurs abzufangen. Zu einem vorbestimmten Zeitpunkt bei Einleiten des Abfangens wurden die Bomben in ebenfalls vorbestimmten Intervallen durch den Abwurfmechanismus ausgelöst; zur Sicherheit von Flugzeug und Besatzung konnten die Bomben nicht abgeworfen werden, ehe der Vorgang des Abfangens eingesetzt hatte – damit wollte man auch vermeiden, daß die Bomben beim Sturzflug in den Propellerkreis gerieten. Nach Durchführung des automatischen Abfangens mußte der Pilot nur die Sturzbremse zurücknehmen, Vollgas hineinschieben und steigen. Während des gesamten Angriffs brauchte der Pilot den Steuerknüppel nur sanft zu halten, das automatische System erledigte den Rest; das System war ebenso gut durchdacht wie durchgearbeitet, nur einfache Bestandteile wurden verwendet, und es funktionierte hervorragend.

Wenngleich man sich bei der Konstruktion hauptsächlich auf den Sturzangriff konzentriert hatte, konnte die Ju 88 mit ihrem tachometrischen Lotfe Bombenzielgerät ebenso gut Bombenangriffe aus einem flachen Winkel oder aus dem Horizontalflug durchführen. Die Bombenlast der Ju 88 A1 betrug maximal 2500 kg; wenn die mitgeführten Bomben je 50 kg oder weniger wogen, konnten sie in den beiden inneren Bombenschächten untergebracht werden. Diese kompakte Bombenbeiladung wurde nahe dem Schwerpunkt der Maschine untergebracht, und so war überhaupt keine oder jedenfalls nur wenig Änderung der Trimmung nach dem Bombenabwurf erforderlich. Nachteile ergaben sich, wenn die Bomben schwerer als 50 kg waren, denn dann mußten sie außerhalb des Bombers mitgeführt werden, und das verursachte zusätzlichen Luftwiderstand; und wenn dann aus irgendeinem Grunde eine der unteren Bomben sich nicht ablöste, mußte die Maschine mit den darüberhängenden Bomben wieder umkehren.

Zur eigenen Verteidigung trug die Ju 88 A-1 drei handbediente leichte MG; eines feuerte nach vorn aus der Kanzel, eines feuerte nach hinten und oben aus dem Heck der Kabinenabdeckung und das dritte feuerte nach hinten und unten aus der Bodenwanne. Die verwendeten MG waren Rheinmetall-Borsig MG 15 mit einem Kaliber von 7,9 mm und einer Leistung von 1000 Schuß pro Minute. Die Waffe selbst war zwar hinlänglich wirkungsvoll, aber die Munitionszuführung kam aus Sattelmagazinen mit je 75 Schuß, und das reichte nur für eine Schußdauer von vier Sekunden. Bei einem anhaltenden Feuergefecht stand der Schütze daher vor der schwierigen Entscheidung, entweder nach jeder Salve das Magazin zu wechseln – als Folge hatte er dann anschließend überall halbleere Magazine herumliegen –, oder jeweils zu feuern, bis das Magazin leer war – in diesem Fall verlor er beim Magazinwechsel fünf Sekunden mitten in einem Feuergefecht, oft eine Ewigkeit, die über Leben und Tod entscheiden konnte. Die Bewaffnung zur Verteidigung der Ju 88 A-1 ließ sich mit der der Bomber anderer Luftstreitkräfte zu jener Zeit etwa auf die gleiche Stufe stellen; jedenfalls hoffte man auf deutscher Seite, dieser Bomber sei so schnell, daß er von seinen Verteidigungswaffen nur wenig Gebrauch machen würde.

Wie es bei den deutschen Bombern des Zweiten Weltkrieges üblich war, saß die vierköpfige Besatzung der Ju 88 nahe beieinander im Bug. Die britische Propaganda versuchte das so auszuschlachten, daß man die Mannschaft nahe beieinanderhielt, um die Moral aufrechtzuerhalten. Tatsächlich wird jeder, der in einem mehrsitzigen Kampfflugzeug Einsätze geflogen hat, bestätigen können, daß die Gemeinschaft der Flugzeugbesatzung erfolgreich geflogene Einsätze ermöglicht und daß die Zahl der Fehlentscheidungen aufgrund von Mißverständnissen über die Sprechanlage auf ein Minimum reduziert wird.

Die Ju 88 A-1 führte einen normalen Treibstoffvorrat von 1670 l in den vier in den Tragflügeln untergebrachten Tanks mit, je ein Tank lag zu beiden Seiten der Motoren. Zu ausgedehnten Langstrekkenflügen konnten noch zusätzliche Tanks in jedem der Bombenschächte untergebracht werden. Während des Spanischen Bürgerkrieges hatte man durch häufige Schadensfälle die Erfahrung gewonnen, daß die normalen leichten Aluminiumtanks sehr leicht von gegnerischen Granatsplittern oder Kugeln durchlöchert werden konnten. Wenn das Flugzeug dadurch etwas von seinem Treibstoff verlor, konnte es geschehen, daß der verbleibende Rest nicht ausreichte, die eigenen Linien zu

Eine Ju 88 mit vier 250 kg Bomben unter den Tragflächen. Auf der linken Seite des Rumpfbuges ist das Bodenfenster unter dem Flugzeugführersitz zu sehen, durch das der Pilot das Ziel beobachtet, bis er zum Sturzflug ansetzt. Durch das Fenster im vorderen Teil der Ausbuchtung rechts unter der Rumpfnase ist das Zielteleskop des Lotfe Zielgerätes für Horizontalangriffe zu sehen. *(Obert)*

Das Rheinmetall-Borsig MG 15 mit 7,9 mm Kaliber; die Ju 88A-1 hatte drei dieser MG zur Eigenverteidigung. Das Magazin mit 75 Schuß ließ ein Feuern von nur 4 Sekunden zu.

erreichen. Aber es gab noch andere Gefahren, größere und spektakulärere, wenn die Tanks getroffen wurden. Der ausströmende Treibstoff konnte leicht Feuer fangen, und dann konnte sich das Flugzeug meist nur noch wenige Minuten in der Luft halten, bis ein wesentlicher Bestandteil, zum Beispiel ein Tragflügel, vom Feuer erfaßt wurde und wegbrach. Weniger wahrscheinlich, obwohl auch das hin und wieder vorkam, war eine Explosion im Tank selbst; das konnte nur geschehen, wenn im Tank über dem Treibstoff eine Mischung aus Luft und Gas zur Entzündung kam.

Ein Panzerschutz für die Tanks hätte zu große Gewichtsnachteile gebracht. Deshalb bastelten vor dem Krieg die Erfinder in einigen Ländern an Tanks herum, die sich selbst wieder abdichten konnten, falls sie durchlöchert wurden und der Treibstoff auszufließen begann. Aber nur in Deutschland wurden solche selbstdichtenden Tanks als Standardausrüstung bereits vor dem Beginn des Zweiten Weltkrieges für Bomber verwendet. Der Tank der Ju 88 war unter anderem aus Preßzellulose mit einer Wandstärke von 2 mm gefertigt. Die selbstdichtende äußere Hülle bestand aus mehreren Schichten, von innen nach außen: 3 mm starkes Chromleder; 3 mm dicker unvulkanisierter Gummi; zwei Schichten aus leicht vulkanisiertem Gummi von je einem halben Millimeter Stärke und eine Außenschichte aus hoch vulkanisiertem Gummi von 3 mm Stärke.

Falls ein Granatsplitter oder eine Kugel die Tankwand durchschlug und der Treibstoff auszulaufen begann, verursachte die letztgenannte Schicht eine chemische Reaktion mit der Schicht leicht vulkanisierten Gummis; dieser quoll auf und dichtete so das Loch ab. Die Einführung der selbstdichtenden Tanks war ein bedeutender Fortschritt in der Entwicklung, durch sie wurden die Ju 88 und andere deutsche Bomber an einer leicht verwundbaren Stelle weitgehend geschützt.

Unbeladen erreichte die Ju 88 A-1 eine Höchstgeschwindigkeit von 450 km/h in 6000 m Flughöhe. Beladen mit Bomben und Treibstoff bis zum normalen Startgewicht von 10350 kg konnte sie in derselben Höhe immer noch 415 km/h machen; bei diesem Gewicht lag die Tragflächenbelastung des Bombers bei 195 kg/qm, und das war fast das Fünffache dessen, was die Hinaidi ein Jahrzehnt zuvor an Belastung aufwies. Mit der vollen Bombenladung von 2500 kg hatte die Ju 88 A-1 bei einer Marschgeschwindigkeit von etwa 350–370 km/h eine Reichweite von 1500 km. Mehr über Eindringtiefe, Zuladung und Reserven finden Sie auf Seite 42.

Die Ju 88 war zu ihrer Zeit ein überragendes Flugzeug, besonders in ihrer vielgebauten Version A-4 (2 x 1420 PS, Bombenlast bis 3600 kg, Reichweite bis 2500 km). Ihr Erfolg im Einsatz wurde, wie der anderer deutscher Bomber, vermutlich durch das Knickebein-System noch erheblich verstärkt; beim Knickebein-System ermöglichte ein Funkrichtstrahl dem Flugzeug, das Ziel auch in der Nacht oder bei Schlechtwetter genau anzufliegen. Während der beiden ersten Kriegsjahre verfügte nur die deutsche Luftwaffe über elektronische Systeme zu diesem Zweck (die verschiedenen Systeme werden auf Seite 82 näher beschrieben).

Im Verlauf des Krieges fand die Ju 88 vielfältige Verwendung; mehr als 15000 wurden als Bomber, Fernaufklärer und Nachtjäger gebaut. Die Bomberversion A-6 die aus der A-1 entwickelt wurde, wird auf Seite 101 beschrieben.

Da in diesem Abschnitt nicht alle Bomber, die im September 1939 in allen bestehenden Luftstreitkräften flogen, beschrieben werden sollen, sondern statt dessen der technische Stand des Bombers allgemein erläutert werden soll, werden im folgenden nur noch solche Merkmale anderer Maschinen berücksichtigt, die im Vergleich zu denen der Ju 88 A-1 herausragten.

Der beste britische Bomber, der im September 1939 verwendet wurde, war die Vickers Wellington IA, als Flugzeugtyp erheblich nüchterner angelegt als die Ju 88. Das normale Maximalstartgewicht lag um etwa eine Tonne über dem des deutschen Bombers. Mit der Bombenladung von etwas über 2000 kg übertraf sie den deutschen Rivalen um mehr als 200 kg; und sie konnte immerhin 900 kg Bomben über eine Eindringtiefe von etwa 1100 km befördern, damit kam sie mehr als 200 km weiter als die Ju 88 mit gleicher Bombenlast. In der Höchst- wie in der Marschgeschwindigkeit flog die Wellington allerdings etwas langsamer, und sie war auch weit weniger wendig. Der große Bomben-

Die Vickers Wellington I war der beste Bomber, über den die Royal Air Force bei Ausbruch des Krieges verfügte; die hier abgebildeten Flugzeuge gehörten zur Staffel 311 mit tschechischer Besatzung. Die Wellington I erreichte mit ihren 1050 PS starken Bristol Pegasus Doppelsternmotoren eine Höchstgeschwindigkeit von 395 km/h; mit einer Bombenlast von 900 kg hatte sie eine Reichweite von etwa 1100 km. *(IWM)*

schacht im Rumpf war 6,90 m lang; in ihm konnten 90 kg Bomben und Munition untergebracht werden. Der Bombenschacht war flacher als der der Ju 88; wurden nun zahlreiche kleinere Bomben mitgenommen, dann lagen sie über einer langen Fläche verteilt, das heißt, daß die Bomben ganz vorn und ganz hinten weit vom Schwerpunkt des Flugzeuges entfernt lagen. Deshalb mußten die Bomben dann entweder gleichzeitig oder in einer bestimmten Reihenfolge abgeworfen werden, sollte es nicht zu unangenehmen Gleichgewichtsschwankungen kommen.

Die luftgekühlten Pegasus-Sternmotoren der Wellington waren für Beschädigungen im Kampf weit weniger anfällig, als die Jumo der Ju 88, aber sie leisteten auch je 150 PS weniger.

Vom Gesichtspunkt der Bewaffnung zur Verteidigung war die Wellington IA der Ju 88 A-1 weit überlegen. Das englische Flugzeug hatte je ein 7,7 mm-Zwillings-MG in drei hydraulisch bewegten Drehtürmen im Bug, im Heck und in der einziehbaren Bodenwanne unter dem Rumpf.

Diese festungsartige Bewaffnung hatte vier große Vorteile gegenüber der einfacheren handbedienten Bewaffnung der Ju 88: erstens verdoppelten die Zwillings-MG die Feuerkraft; zweitens vergrößerten die Drehtürme den Schußbereich ansehnlich, denn der Drehturm bewegte die MG um den Schützen herum, der sonst seine Waffen um den starren Drehpunkt hätte bewegen müssen; drittens konnte der Schütze durch den hydraulisch betriebenen Drehturm seine Waffen auf von der Seite kommende Gegner richten, ohne vom Luftstrom behindert zu werden und viertens waren die

Drehtürme mit Gurtmunition versehen, so daß der Schütze während des Kampfes keine Magazine wechseln mußte. Zu Beginn des Krieges tat man sich in der Royal Air Force einiges auf die Bewaffnung des neuesten Bombers zugute; in anderen Luftstreitkräften verfügte man nicht über angetriebene Drehtürme in solch hervorragender Ausführung. Aber schon bald nach Kriegsbeginn sollte sich zeigen, daß die Bewaffnung der Wellington noch weit hinter dem zurückstand, was erforderlich war. Das MG, auch in Zwillings- oder später gar in Vierlingsausführung, war mit seinem Gewehrkaliber zu schwach, die Angriffe moderner Jagdflugzeuge mit ihren kampfentschlossenen Piloten abzuwehren.

Der schnellste Bomber, der am Anfang des Krieges zum Einsatz kam, war die französische Loiré et Olivier 451, ein außergewöhnlich formschönes Flugzeug in derselben Gewichtsklasse wie die Wellington, das jedoch eine Höchstgeschwindigkeit ohne Zuladung von 494 km/h erreichte; mit 900 kg Bombenlast hatte es eine Eindringtiefe von 725 km. Die Verteidigungsbewaffnung der LeO 451 ist nur deshalb erwähnenswert, weil diese Maschine als einziger der einsatzbereiten Bomber mit einer 20 mm Kanone ausgerüstet war. Die in einer elektrohydraulischen Aufhängung im Rumpfrükken befestigte Hispano 404 Kanone feuerte ihre 125 Gramm schweren Geschosse in einer Schußfolge von 700 pro Minute bei einer V_0 (Austrittsgeschwindigkeit) von 850 m/sek; das war eine wirkungsvolle Waffe, deren Feuerkraft achtmal so

Nahaufnahme des hydraulisch angetriebenen Nash and Thompson Turmes in der Nase einer Wellington. Die Waffen waren 7,7 mm Browning MG.

Die französische Loiré et Olivier LeO 451 war der schnellste Bomber, der bei Kriegsausbruch zum Einsatz kam. Die beiden 1060 PS starken Gnome-Rhône 14N Sternmotoren verliehen der Maschine eine Höchstgeschwindigkeit von 495 km/h; mit 900 kg Bombenzuladung lag die Reichweite bei 725 km. Auf dem Rumpfrücken war eine 20 mm Hispano MK untergebracht, die stärkste Verteidigungswaffe, die ein Bomber zu jener Zeit trug.

groß war, wie die der leichten Maschinengewehre, die zu dieser Zeit noch zur Verteidigung der Bomber herhalten mußten. Gewiß hatte diese Kanone eine verheerende Wirkung auf verfolgende gegnerische Jagdflugzeuge, wenn nur ein oder zwei Schuß trafen.

Aber im Einsatz erwies sich die Position, in der die Kanone angebracht war, als enttäuschend. Das Schußfeld der Kanone war eng begrenzt und abfangende Jäger hatten kaum Schwierigkeiten, sich aus ihrem Bereich herauszuhalten; darüberhinaus war es enorm schwierig, die klotzigen 30-Schuß-magazine während des Luftkampfes auszuwechseln. Und die übrige Verteidigungsbewaffnung der LeO 451 erwies sich als wirkungslos, sie bestand aus einem einzelnen starren, vorwärtsgerichteten 7,5 mm MG und einer weiteren gleichen Waffe, die in einer einziehbaren Bodenwanne unter der Nase des Flugzeugs steckte.

Auf der anderen Seite der Erdkugel wurde in der japanischen Flotte die hervorragende Mitsubishi G3M2 Modell 21 (von den Alliierten später »Nell« genannt) geflogen. Um eine möglichst große Reichweite aus dem Bomber herauszuholen, der von zwei 1075 PS starken Motoren angetrieben wurde, mußten die Konstrukteure von Mitsubishi das Gewicht der Maschine drastisch beschneiden, ehe sie weiterfliegen konnte, als gleich große Bomber anderer Nationen. Durch Verringerung des Strukturgewichtes auf das minimal Zulässige und unter Außerachtlassung von Sicherheitsmargen konnten sie das Gewicht der unbeladenen G3M2 auf weniger als 5000 kg drücken – das war etwa ein Drittel weniger als das der Ju 88, der Wellington oder der LeO 451 zu einer Zeit, wohlgemerkt, in der diese Maschinen auch noch keine Panzerung hatten. Den Bomber, der dabei herauskam, hätte man eigentlich beschriften müssen mit: »Vorsicht Glas! Nicht stürzen!«, aber er konnte eine ungeheure Menge Treibstoff mitnehmen. Mit einer Bombenlast von 880 kg, die außen mitgeführt wurde, erreichte die G3M2 eine Eindringtiefe von 1500 km,

Anlage der Mitsubishi G3M2

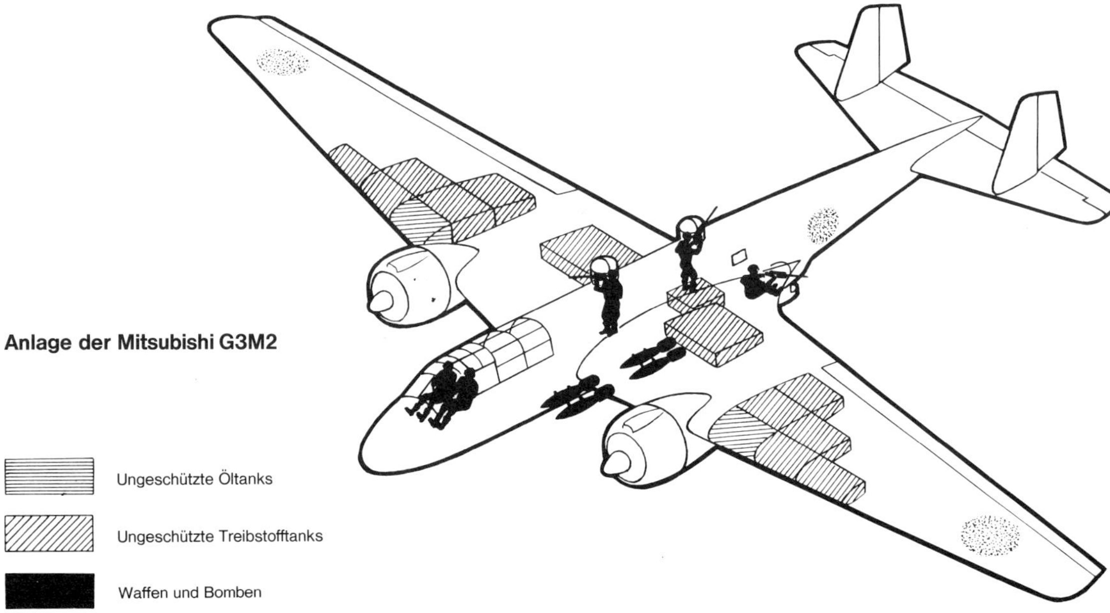

Die japanische Mitsubishi G3M2 (später »Nell« genannt), die in der Flotte diente, hatte die größte Reichweite aller zweimotorigen Bomber, die bei Kriegsausbruch zum Einsatz kamen, mit ihrer höchsten Bombenzuladung von 800 kg betrug diese etwa 1450 km. Mit ihren zwei 1075 PS starken Kinsei Sternmotoren erreichte sie eine Höchstgeschwindigkeit von 350 km/h. *(IWM)*

für ein zweimotoriges Flugzeug zu jener Zeit eine exorbitante Leistung. Um den Luftwiderstand während des langen Anfluges zu mindern, konnten die Kuppeln über den drei MG eingezogen werden, so daß sie fast eine Ebene mit dem Rumpf bildeten; von den drei 7,7 mm MG waren zwei im oberen und eines im unteren Rumpfteil angebracht. Trotz der üblichen gehässigen Bemerkungen über die Japaner, daß sie nur kopieren könnten, aber keine eigenen Einfälle hätten, mußte man zugeben, daß die Konstrukteure von Mitsubishi mit der G3M2 eine bemerkenswerte Originalität demonstriert hatten. Sie hatten ihren Plan, einen Langstreckenbomber zu entwickeln, zielstrebig und entschlossen verfolgt; das Ergebnis sollte dem Gegner noch einen gehörigen Schreck in die Knochen jagen, als der Krieg im Pazifik ausbrach.

Unter den Bombern, die 1939 in großer Zahl geflogen wurden, war die russische Tupolew SB-2 die einzige gepanzerte Maschine; die Panzerung beschränkte sich allerdings auf eine 8 mm starke Stahlplatte im Rücken des Piloten. Die Treibstoffbehälter des Bombers waren nicht selbstabdichtend. Die SB2bis, zu jener Zeit die Hauptversion der produzierten Maschinen, erreichte eine Höchstgeschwindigkeit von 450 km/h und hatte mit 900 kg Bombenlast eine Eindringtiefe von etwa 320 km. Eine Variante der SB-2 mit der Bezeich-

nung SB-RK wurde in verstärkter Ausführung gebaut und mit Sturzbremsen versehen, die Sturzangriffe ermöglichten. Aber im Vergleich zur Ju 88 wirkte diese Variante mehr wie die Arbeit von Bastlern.

Der einzige moderne *schwere* Bomber, der im September 1939 in den Luftstreitkräften eines Landes geflogen wurde, war die amerikanische B-17, die »fliegende Festung«, eine viermotorige Maschine von ganz eigener Klasse. Die Boeing B-17A war eindrucksvoll größer als alle anderen Bomber aus jener Zeit, ihr normales Maximalstartgewicht betrug 19300 kg – fast doppelt soviel, wie das der Ju 88 A-1. Die vier 930 PS starken Wright Cyclone Sternmotoren gaben der Maschine in 4300 m Höhe eine Höchstgeschwindigkeit von 412 km/h. Mit 900 kg Bombenlast konnte der Bomber bis zu einer Eindringtiefe von 1450 km operieren. Zu ihrer eigenen Verteidigung hatten die ersten Versionen der B-17 fünf handgeführte 7,62 mm MG, je eines im Bug, eines auf dem Rumpfrücken, eines im Heck und zwei in Schwalbennester-Waffenständen an den Rumpfseiten.

Die jüngste Version der Fliegenden Festung, die B-17B, sollte gerade zur Auslieferung an die US-amerikanischen Heeresluftstreitkräfte kommen, als der Krieg in Europa begann. Sie war mit Turboladern ausgestattet; dadurch wurde die Leistung in

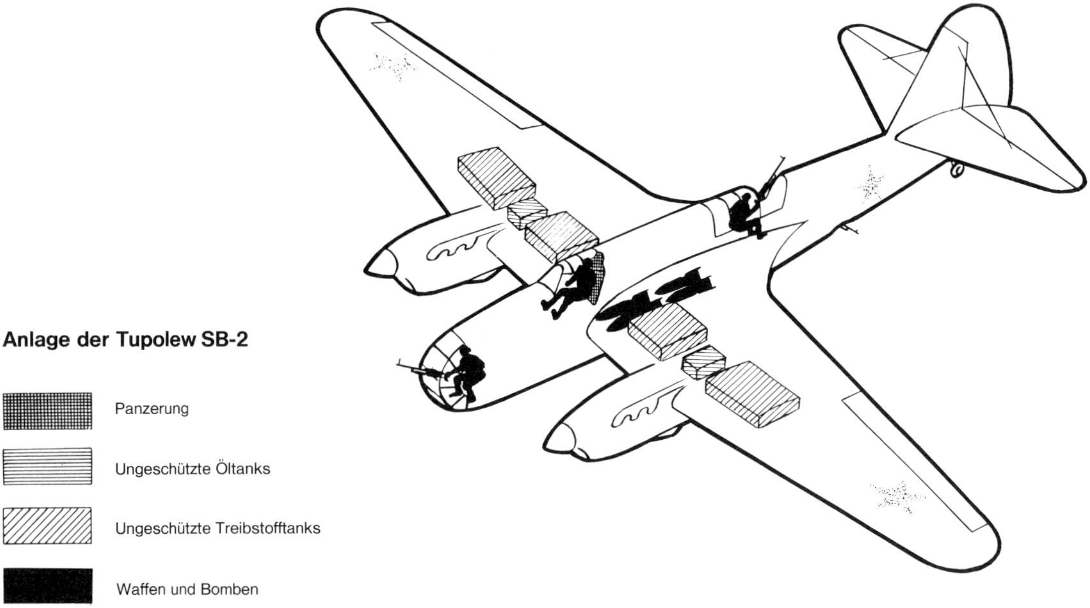

Von allen Bombern, die bei Kriegsbeginn in großer Stückzahl eingesetzt werden konnten, war die russische Tupolew SB-2 der einzig durch Panzerung geschützte. Die hier abgebildete SB-2bis hatte zwei 960 PS starke M-103 Reihenmotoren, sie erreichte eine Höchstgeschwindigkeit von 450 km/h. Mit 900 kg Bombenlast lag die Reichweite bei etwa 320 km. *(IWM)*

großer Flughöhe erheblich verbessert, und die Einsatzhöhe stieg gleich von 4200 m auf 7500 m. Anfangs waren die Turbolader sehr unzuverlässig, und die ersten Versionen der B-17 standen noch weit hinter denen zurück, die später folgen sollten. Aber die Bedeutung dieses Flugzeuges lag wohl vor allem darin, daß es eine vernünftige Basis darstellte, aus der sich noch etwas vielversprechendes entwickeln ließ, sobald sich der Bedarf dazu zeigte.

Soviel über die sechs Bombertypen, von denen sich sagen läßt, daß sie die Spitzenprodukte waren, die im September 1939 im Dienst geflogen wurden. Nun wollen wir uns der weiteren Entwicklung des Bombers während der folgenden sechs Jahre zuwenden und sie vom Standpunkt der Aerodynamik, der Struktur, der Motoren und der Bewaffnung betrachten.

Die Form des Bombers

Über die ganze Zeitspanne des Zweiten Weltkrieges muß man eine bemerkenswerte Ähnlichkeit in der Form des mehrmotorigen Bombers feststellen: die mit der B-10 geschaffene Basis behauptete sich. Die einzige ernstzunehmende Abweichung entstand in Italien, wo Savoia Marchetti und CANT dreimotorige Maschinen entwickelten, deren dritter Motor in der Rumpfnase steckte. Aber damit wollte man vor allem eine möglichst große Leistung mit den relativ schwachen Motoren erzwingen, es ging den Italienern nicht prinzipiell darum, sich nun auf dem Gebiet des dreimotorigen Schemas irgendwelche Verdienste zu erwerben.

In der ersten Kriegszeit wurden die schweren

Bomber in zwei unterschiedlichen Richtungen entwickelt: die einen, die sich auf ihre Bewaffnung zur Selbstverteidigung verlassen konnten, um sich den Weg durch die gegnerischen Jagdflugzeuge bei Tage freizukämpfen, und die anderen, die im Schutz der Dunkelheit operierten, wobei sie die Abwehrmaßnahmen des Gegners so weit wie möglich zu umgehen versuchten. Typische Repräsentanten dieser beiden Richtungen sind die US-amerikanische B-17 und die englische Lancaster. Beide Flugzeuge gehörten ungefähr zur selben Kategorie insofern sie ein normales Startgewicht um 27000 kg hatten; und beide konnten ein Gewicht zuladen, das für Treibstoff, Bomben, Bewaffnung und Panzerung etwa 11000 kg ausmachte. Die B-17 konnte 1600 kg an Bomben bei Tagesangriffen bis nach Berlin tragen, und ihre Bewaffnung zur Selbstverteidigung hatte ein Gewicht von etwa 3000 kg; die Lancaster flog in der Nacht mit 3800 kg Bomben bis Berlin, und die Bewaffnung wog nur 1360 kg.

Bestimmte Konstruktionsgrundzüge, die sich bereits vor dem Krieg abgezeichnet hatten, wurden während des Krieges weiterentwickelt. Die Tragflügel wurden im Verhältnis zu dem Gewicht, das sie zu tragen hatten, zusehends kleiner und die Tragflächenbelastung wurde dementsprechend vergrößert. Zu Beginn des Krieges hatte die Wellington 1A eine maximale Tragflächenbelastung von 160 kg/qm und die Ju 88 A-1 hatte eine solche von 195 kg/qm. In der Kriegsmitte hatte die Mosquito eine Tragflächenbelastung von 243 kg/qm, die Messerschmitt Me 410 hatte 263 kg/qm und die B-26 Marauder lag bei 273 kg/qm. Am Ende des Krieges hatte die deutsche Arado Ar 234 beim Start eine Tragflächenbelastung von 370 kg/qm

Die amerikanische Boeing B 17A war bei Ausbruch des Krieges der einzige moderne viermotorige schwere Bomber, der bei Luftstreitkräften geflogen wurde. Vier 930 PS starke Wright Cyclone Sternmotoren sorgten für eine Höchstgeschwindigkeit von 410 km/h. Mit 900 kg Bombenzuladung lag die Reichweite bei etwa 1450 km.

Stufe I		Der neue Bomber ist stromlinienförmig wie ein Fisch
Stufe II	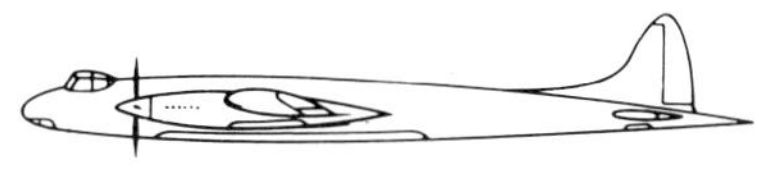	Der Geschwindigkeitsverlust von 8 km/h wird mehr als ausgeglichen, weil die Sicht nach hinten verbessert wurde, so daß man auch sehen kann, ob der Gegner von hinten angreift und überholt.
Stufe III	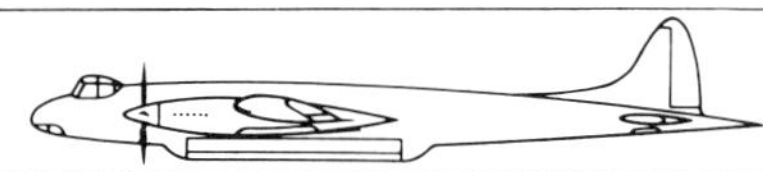	Der Geschwindigkeitsverlust durch die größeren Bombenklappen fällt kaum ins Gewicht (8 km/h)
Stufe IV	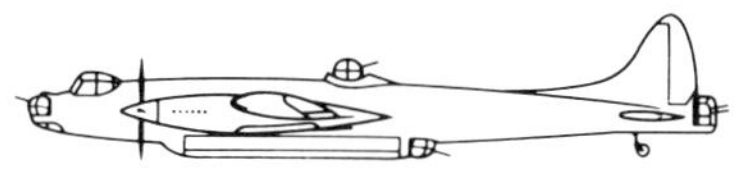	Wenn das Flugzeug sich selbst verteidigen soll, dann muß es das auch in alle Richtungen können – unwesentlicher Geschwindigkeitsverlust, die Marschgeschwindigkeit verringert sich weiter um etwa 8 km/h
Stufe V	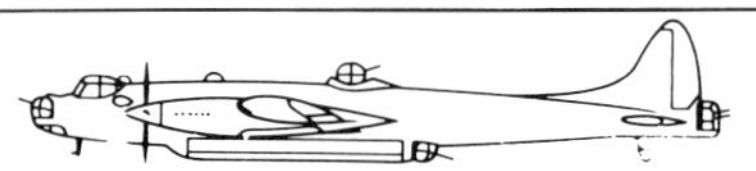	Natürlich müssen auch Navigationshilfen eingebaut werden – das kostet höchstens 8 km/h Fluggeschwindigkeit
Stufe VI	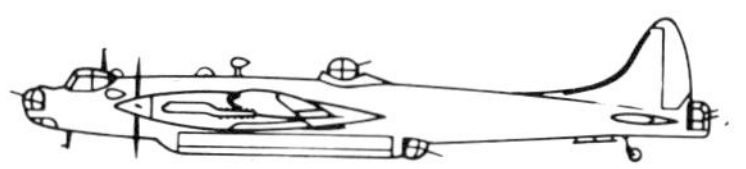	Die Funkausrüstung gehört heutzutage zu den Grunderfordernissen – die einzelnen Bestandteile werden nacheinander angebracht, keiner von ihnen verringert die Geschwindigkeit um mehr als jeweils 8 km/h.
Stufe VII	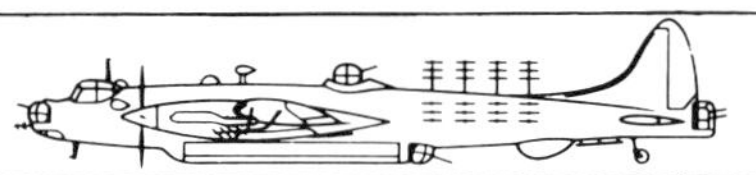	Wenn die Anbringung eines simplen Gerätes auch nur ein einziges Flugzeug retten kann, und man büßt dabei nicht mehr ein, als ein paar lumpige km/h, *dann ist es das wert!*
Stufe VIII	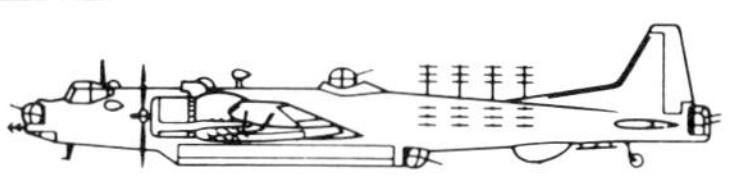	Wenn man die Konstruktion des Flugzeuges durch Vereinfachung im Zellenbau verbessert, kann man statt eines Flugzeuges deren zwei bauen; mit den neuen Sternmotoren mit erhöhter Leistung beträgt der Geschwindigkeitsverlust insgesamt jedoch höchstens 8 km/h.

Die Entwicklung eines Bombertyps im Zweiten Weltkrieg: eine nicht ganz ernstzunehmende Darstellung von G. H. Forster.

und die B-29, die »Superfortress« amerikanischer Herkunft, hatte 375 kg/qm. Nur mit der deutschen Junkers Ju 86R, dem einzigen echten Höhenbomber, der während des Krieges zum Einsatz kam, wich man von diesem Trend ab. Für Flüge in 12600 m und höher waren die riesigen Tragflächen, deren Spannweite wenig größer war als die der B-17, mit nur 117 kg/qm belastet; die Tragflächen liefen an den Flügelenden spitz zu zwecks Minderung des Widerstandes, den Wirbel in großer Flughöhe verursachen konnten.

Eine weitere Tendenz in der Kriegszeit zeichnete sich darin ab, daß man den Tragflächen zunehmend höhere Streckungsverhältnisse gab; mit anderen Worten, sie wurden länger und schmaler bei gleicher Fläche. Mit der Vergrößerung des Längenverhältnisses konnten die Konstrukteure den induzierten Widerstand (den Widerstand, verursacht durch den Auftrieb, der das Flugzeug in der Luft hält) mindern. Bei Kurzstreckenflügen konnte die Reduzierung des Widerstandes durch den gestreckten Tragflügel die Gewichtszunahme nicht kompensieren; bei Langstreckenflügen jedoch entschädigte die Treibstoffeinsparung reichlich für diesen Gewichtsnachteil.

Auch aus aerodynamischer Sicht wurden die Bomber zusehends schnittiger. Am Ende des Krieges war der große bemannte Geschützturm, der viel Luftwiderstand verursachte, verschwunden; er fand sich nur noch im Heck, aber da war er in die Stromlinienform eingefügt. Überall sonst fand man nun den kleineren ferngelenkten Waffenstand.

Die Tendenz zum aerodynamisch schnittigeren Bomber mit höherer Tragflächenbelastung, der eine höhere Landegeschwindigkeit hatte, machte rasch ein wirkungsvolles Bremssystem erforderlich, mit dessen Hilfe man das Flugzeug innerhalb einer annehmbaren Auslaufstrecke zum Stillstand bringen konnte. In der Praxis verursachten die Bremsen Schwierigkeiten, die sich durch unterschiedliche Umdrehung der Räder auf das Fahrwerk auswirken können. Und eine zu starke Bremsung konnte dazu führen, daß ein Flugzeug mit konventionellem Heckradfahrwerk auf die Nase kippt. Zur Überwindung dieses Problems versetzten die Konstrukteure das Hauptfahrwerk weiter nach vorn vor den Schwerpunkt des Flugzeuges. Das aber führte wieder zu einer größeren Belastung des Heckrades und dieses mußte, ebenso wie der Rumpf, verstärkt werden um die erheblich größere Belastung aufzufangen; dadurch wurde wiederum die Neigung des Flugzeuges zur Unstabilität und zum Überschlag bei der Landung vergrößert. Die Lösung brachte das Fahrwerk mit Bugrad, und gegen Ende des Krieges waren die meisten neuen Bombertypen damit versehen.

Im Vergleich zu einem Fahrwerk mit Heckrad für ein Flugzeug etwa gleichen Gewichtes war das Fahrwerk mit Bugrad um etwa 10% schwerer; aber die Vorteile des letzteren wogen die Nachteile bei weitem auf.

Abgesehen von einer einzigen Ausnahme wurden die Bomber in der Zeit des Zweiten Weltkrieges äußerlich nicht viel größer als die ursprüngliche B-17 mit ihrer Spannweite von 31,12 m. Die Ausnahme war die Boeing B-29, ein Bomber, der ebenso eine Klasse für sich darstellte, wie es die B-17 im Jahre 1939 getan hatte. Das aerodynamische Konzept der B-29 verdiente wohl eher die Note »ausreichend« als die Note »sehr gut«; man versuchte mit ihr nicht, den Stand der Technik weiter voranzutreiben, als man die Möglichkeit dazu vor

Italienische Savoia Marchetti 79 Bomber; die Konstrukteure bevorzugten ein dreimotoriges Modell, weil nur diese Anlage die Möglichkeit bot, aus den 750 PS starken Alfa Romeo 126 Sternmotoren eine annehmbare Leistung herauszuholen. Die SM 79 erreichte eine Höchstgeschwindigkeit von 430 km/h; mit 900 kg Bombenlast hatte sie eine Reichweite von etwa 950 km. *(Selinger)*

Der erste viermotorige Bomber moderner Bauart, der im Krieg zum Einsatz kam, war die deutsche Focke Wulf Fw 200 Condor. Sie war aus einem Verkehrsflugzeug zum Bomber abgeändert worden. Vier 1000 PS starke Bramo 323 Sternmotoren brachten sie auf eine Höchstgeschwindigkeit von 360 km/h. Mit einer Bombenlast von 900 kg erreichte sie eine Einsatzreichweite von etwa 1400 km..

Augen sah. Mit einer Spannweite von 43,05 m waren die Tragflügel um etwa 40% länger als die der B-17. Mit dem maximalen Startgewicht von 61155 kg war die B-29 mehr als dreimal so schwer, wie die B-17A aus dem Jahre 1939; und sie war immer noch doppelt so schwer wie die B-17G aus dem Jahre 1943, die B-24 Liberator, die Lancaster, Halifax und Heinkel He 177, Flugzeuge die ihr in der Gewichtsklasse am nächsten standen. Beim Angriff auf Ziele bis zu 1770 km vom Einsatzort aus entfernt, konnte die B-29B, eine um einen beträchtlichen Teil ihrer Verteidigungswaffen erleichterte und zu Nachtangriffen verwendete Version, eine Bombenzuladung von 10300 kg tragen – *ein Gewicht, das dem Fluggewicht einer ganzen Ju 88 A-1 entsprach.*

Tatsächlich stellte die B-29 eine überragende Leistung der Technik dar, und sie war zugleich der Gipfel der Bomberkonstruktion während des Zweiten Weltkrieges.

Die Condor hatte zwar eine recht annehmbare Reichweite, die ihren Einsatz gegen Schiffe ermöglichte, aber die verhältnismäßig schwache Zelle wurde im Kampf doch sehr rasch über Gebühr strapaziert, und von Zeit zu Zeit geschah es, daß eine Maschine nach einer harten Landung auseinanderbrach.

Eine Short Stirling mit ihren großen Landeklappen; sie vergrößerten sowohl den Auftriebskoeffizienten der Tragflügel als auch die Flügelfläche, die damit um $1/4$ zunahm. Die Stirling war der erste zielbewußt gebaute viermotorige Bomber, der im Krieg zum Einsatz kam. Vier 1590 PS starke Bristol Hercules Doppelsternmotoren brachten die Stirling I auf eine Höchstgeschwindigkeit von 435 km/h; mit 900 kg Bomben hatte sie eine Einsatzreichweite von etwa 1600 km oder mit 6300 kg Bomben von rund 400 km.

Die Leistung des Bombers

Ehe ich in der weiteren Abhandlung fortfahre, erscheint es mir angebracht, die Zahlenangaben zur Leistung von Bombern des Zweiten Weltkrieges einmal näher zu betrachten. Die Daten, die die Flugzeughersteller für Begriffe wie Höchstgeschwindigkeit, Marschgeschwindigkeit, maximale Bombenzuladung und Reichweite angeben, werden oft zitiert und von der Öffentlichkeit hingenommen, als seien sie unumstößliche Fakten, die die Einsatzfähigkeit eines Flugzeuges klar umreißen. Aber leider ist dem nicht so. Die Höchstgeschwindigkeit, die meist genannt wird, ist zum Beispiel die, die ein unbeladenes Flugzeug für sehr kurze Zeit durchhalten kann. Wenn wir hier einmal einen Bomber mit einem Zugpferd vergleichen können, dann entspräche eine solche Höchstgeschwindigkeit dem Tempo, in dem ein schwerer Hengst die Strecke eines kurzen Ackers durchstürmen würde, wenn er vor sich eine Stute sähe; vielleicht ist die Angabe solch einer Geschwindigkeit theoretisch ganz interessant, sie mag zu einem kurzen Wiehern Anlaß geben, aber gewiß könnte man daraus nichts über die Fähigkeit des Zugpferdes ent-

Eine Stirling wird mit 226 kg-Bomben beladen. Der Bombenschacht im Rumpfinnern der Stirling war der größte aller im Krieg geflogenen Bomber: der Hauptschacht war 12,6 m lang und 90 cm breit; ferner konnten noch Bomben in den Tragflügeln neben dem Rumpf untergebracht werden. *(C. Brown)*

Die Martin B 26 Marauder zeigt ihre hervorragende aerodynamische Linienführung aus ungewöhnlicher Sicht. Dieses Flugzeug hatte zwei 2000 PS starke Pratt und Whitney Double Wasp Doppelsternmotoren und erreichte eine Höchstgeschwindigkeit von 450 km/h; mit 900 kg Bombenlast hatte sie eine Einsatzreichweite von etwa 885 km. *(C. Brown)*

Die Petlyakow Pe-8 war der einzige moderne russische schwere Bomber, der im Krieg zum Einsatz kam; weniger als 80 davon wurden gebaut. Vier 1350 PS starke AM 35A Motoren brachten die Maschine auf eine Höchstgeschwindigkeit von 440 km/h; mit 900 kg Bomben konnte sie etwa 1450 km weit operieren. *(IWM)*

nehmen, Lasten in sinnvoller Weise irgendwohin zu transportieren.

Für die durchschnittliche Bomberbesatzung bedeutete der Flug in Höchstgeschwindigkeit soviel wie ein teurer und gefährlicher Luxus, denn der Treibstoffverbrauch stieg auf das Doppelte oder gar Dreifache dessen, was die normale Marschgeschwindigkeit kostete. Und gleichermaßen sind die Daten für die Marschgeschwindigkeit, die Bombentragfähigkeit und die Reichweite absolut bedeutungslos, es sei denn, sie seien sorgfältig aufeinander abgestimmt und bezögen sich auf ein Flugzeug mit voller militärischer Einsatzausrüstung und mit vollständiger Besatzung (logischerweise kann ein Flugzeug schneller und weiter fliegen, wenn die Waffen nicht geladen sind und nur die halbe Besatzung mitfliegt).

Zum allgemeinen Verständnis muß an dieser Stelle gesagt werden, daß die Flugzeughersteller ihre Maschinen ebenso verkaufen müssen, wie die Automobilproduzenten ihre Autos. Beide werden sich zwar kaum so weit gehen lassen, daß sie Unwahrheiten über ihre Produkte verbreiten, aber sie werden es doch wohl oft unterlassen, die reine Wahrheit zu offenbaren.

Deshalb wollen wir uns jetzt einmal die Daten eines Bombers aus dem Zweiten Weltkrieg, in diesem Fall der B-29, genauer ansehen. Und ehe die Firma Boeing jetzt eine Klage wegen Verleumdung gegen mich einreicht, die mich meinen letzten Penny kosten könnte, will ich darlegen, daß ich dieses Flugzeug gewählt habe, weil es schwerste Lasten über größere Entfernungen befördern konnte, als jede andere Maschine; deshalb kann mit Hilfe des Beispiels B-29 das komplizierte Verhältnis zwischen Treibstoffbedarf und Bombenzuladung am besten verdeutlicht werden. Keinesfalls möchte ich behaupten, daß die von Boeing veröffentlichten Daten in irgendeiner Weise irreführender seien, als die anderer Flugzeughersteller. Die Daten, die für

Die Mitsubishi G4M (von den Alliierten »Betty« genannt) ersetzte in vielen Einheiten der japanischen Marine die G3M. Wie ihre Vorgängerin hatte auch die G4M anfangs keine Panzerung und keine selbstschließenden Tanks; spätere Versionen hatten selbstschließende Treibstofftanks, aber die Panzerung blieb bis Kriegsende nur sehr dürftig. Die hier abgebildete G4M2 wurde von zwei 1850 PS starken Kasei 25 Doppelsternmotoren angetrieben und erreichte eine Höchstgeschwindigkeit von 435 km/h; mit 900 kg Bomben betrug die Reichweite etwa 2400 km. *(Selinger)*

Die Iljuschin Il-4 war während des Krieges der meistgeflogene russische Mittelstreckenbomber. Mit zwei 1000 PS starken M-88 Sternmotoren erreichte sie eine Höchstgeschwindigkeit von 430 km/h; bei einer Bombenzuladung von 900 kg hatte sie eine Reichweite von etwa 700 km.

Die mit der B 17 Fortress ausgerüsteten Verbände bildeten im Krieg das Rückgrat der in Europa stationierten US-Bomberwaffe. Die hier abgebildete B 17G hatte vier 1200 PS starke Doppelsternmotoren mit Abgas-Turbolader, sie erreichte

eine Höchstgeschwindigkeit von 485 km/h. Mit 900 kg Bomben flog sie ihre Einsätze mit einer Reichweite von über 1500 km. *(USAF)*

Anlage der Boeing B-17G Fortress

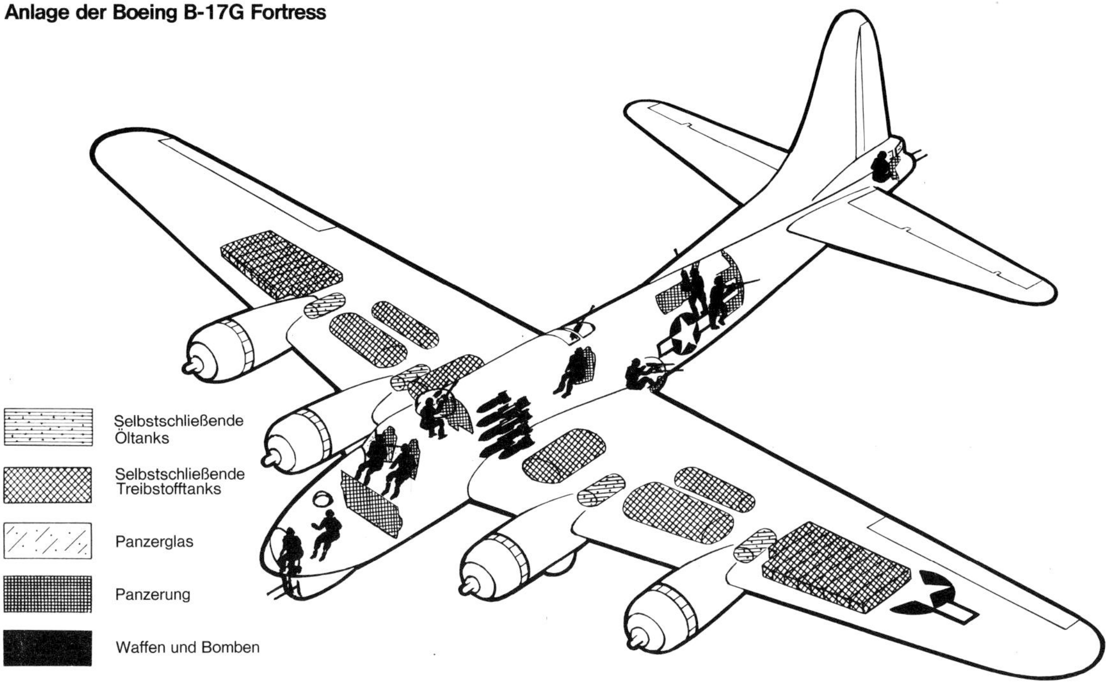

die B-29 im allgemeinen genannt werden, sind folgende: Höchstgeschwindigkeit 575 km/h; maximale Dauergeschwindigkeit 550 km/h; wirtschaftliche Marschgeschwindigkeit 354 km/h; maximale Bombenzuladung 9000 kg und praktisch verwendbare Bombenzuladung über eine Entfernung von 5250 km = 2300 kg. Inwiefern zeigen nun diese Daten ein Bild von der tatsächlichen Einsatzfähigkeit dieses Bombers?

Um das herauszufinden, müssen wir die Kalkulation von Treibstoff- und Bombenzuladung für einen typischen Angriffseinsatz der B-29 einmal näher betrachten; als Entfernung zum Angriffspunkt setzen wir die Strecke von 2785 km an (zur Vereinfachung der Berechnung lassen wir hier ausnahmsweise den Einfluß der Windverhältnisse außer Betracht, die bei einer realen Berechnung natürlich eine große Rolle spielen können). In unserem Beispiel soll der Angriff aus 6000 m Höhe erfolgen, und durch die gegnerische Abwehr hindurch muß das Flugzeug beiderseits des Zielpunktes in dieser Höhe fliegen.

Das maximale Startgewicht der B-29 war 61 155 kg. Um das Gewicht der Bombenlast, die zum Ziel geflogen werden konnte, zu errechnen, müssen wir uns erst einmal dem Gewicht zuwenden, das das Flugzeug nach der Rückkehr zum Einsatzflugplatz noch haben würde.

Zur Sicherung für den Fall, daß der Ausgangsflugplatz bei der Rückkehr nicht angeflogen werden konnte, betrug die Treibstoffreserve 1360 l. Falls ein Motor ausfiel, mußten die verbleibenden drei Motoren desto mehr arbeiten, um den Bomber zurückzubringen; und dafür wurde eine weitere Reserve von 1180 l veranschlagt. Wenn also nicht allzuviel Unvorhergesehenes eintrat und alles planmäßig verlief, dann mußte die B-29 zum Ausgangsflugplatz mit einem Gewicht von 39 865 kg zurückkehren können, und dieses Gewicht wäre folgendermaßen zu unterteilen:

Anlage der Nakajima Ki–49

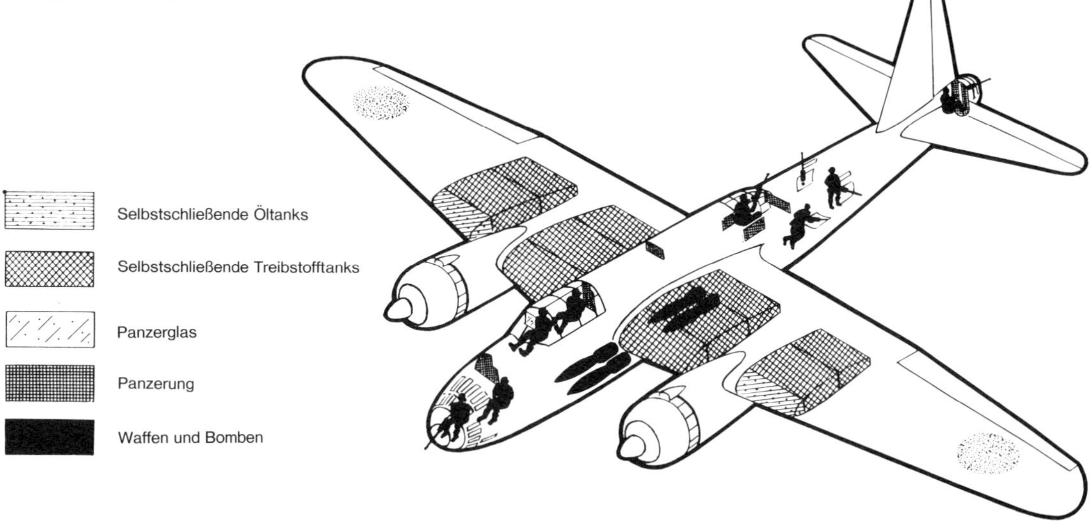

Die Alliierten nannten die Ki-49 »Helen«. Diese Abbildung macht deutlich, daß die Japaner ihre Bomber ebenso panzern und schützen konnten wie die Flugzeugbauer anderer Länder.

Die meistgebaute Version der Ki–49 wurde von zwei 1500 PS starken Nakajima Ha-109 Doppelsternmotoren angetrieben, sie erreichte eine Höchstgeschwindigkeit von 490 km/h; mit 900 kg Bomben war die Eindringtiefe 1125 km. *(Selinger)*

Grundgewicht	34380 kg
Besatzung 11 Mann	990 kg
Bombenbefestigung leer	360 kg
Öl	1030 kg
Munition 3000 Schuß	405 kg
Reservetreibstoff	2540 kg
Treibstoff zur Landung	160 kg

Zwanzig Minuten Laufenlassen der Motoren zum Aufwärmen und das Rollen zum Start kosteten den Bomber 225 l Treibstoff vor dem Start. Der Start des schwerbeladenen Flugzeuges nahm etwa zwei Minuten in Anspruch, bis die Maschine auf Kurs zum Ziel war, und das kostete weitere 110 l Treibstoff. Insgesamt also standen dem Bomber nach vollendetem Start 335 l weniger Treibstoff für den weiteren Flug zur Verfügung.

Das Startgewicht von 61155 kg weniger 40200 kg für Landegewicht plus Startbedarf ließ noch eine Zuladung von 20995 kg, aufgeteilt in Treibstoff und Bomben, zu. Im Fall unserer B-29 war errechnet, daß der gesamte Treibstoffverbrauch für den Einsatz, ausschließlich der Reserven, ein Gewicht von 15810 kg beanspruchte. So verblieben noch 5145 kg für Bomben; in unserem Fall war die Verwendung von 450 kg schweren Bomben vorgesehen, und so konnte der Bomber etwa 12 Bomben mitnehmen.

Folgen wir nun dem Bomber auf seinem Flug. Der Start verlief normal, und die B-29 legte auf ihrem Steigflug bis zur Höhe von 1500 m eine Entfernung von 55 km zurück; dabei gewann sie in jeder Minute 135 m an Höhe. In 1500 m Höhe flog die Maschine dann geradeaus weiter. Natürlich hätte der Pilot auch gleich bis auf 6000 m Höhe steigen können, aber der Bomber war jetzt noch sehr schwer; bei dem Steigflug hatte die Maschine bislang 8,5 l Treibstoff je zurückgelegtem Kilometer verbraucht. Der reibungslosere Flug in der dünneren Höhenluft von 6000 m hätte die Treibstoffmenge nicht aufgewogen, die der Bomber verbraucht hätte, um dorthin zu gelangen. Aus Gründen der Treibstoffeinsparung mußte der Anstieg auf 6000 m Höhe solange wie möglich hinausgezögert werden; bis dahin war dann ein beträchtlicher Anteil des Treibstoffs verbraucht, so daß das Flugzeug dann auch erheblich leichter war. Der Pilot nahm das Gas zurück und der Bomber brummte mit einer Geschwindigkeit von 330 km/h seinem Ziel entgegen; dabei wurden nur noch 3,2 l Treibstoff je km verbraucht. Der Flug in 1500 m Höhe dauerte fast sieben Stunden; in dieser Zeit legte der Bomber 2500 km Entfernung zurück.

Währenddessen war Treibstoff im Gewicht von 7350 kg verbrannt und gegen Ende drosselte der Pilot, bis der Verbrauch auf 2,8 l je km gesunken war. Jetzt aber, 270 km vor dem Ziel, mußte der Anstieg auf 6000 m Flughöhe beginnen, um so die Chancen der gegnerischen Flak und Jagdabwehr zu vermindern. Der Pilot steigerte die Leistungsabgabe der Motoren, und der Bomber setzte zum Steigflug mit 165 m je Minute an. Dieser zweite Steigflug dauerte 27 Minuten und erstreckte sich über 170 km, dabei wurden 6,5 l Treibstoff auf den km verbraucht.

Wenn die B-29 in 6000 m Höhe wieder zum Geradeausflug überging, hatte sie eine Geschwindigkeit von 420 km/h zum Anflug auf das Ziel; mit einem Fluggewicht, das nun auf 51870 kg gesunken war, glitt der Bomber leicht durch die dünne Höhenluft und verbrauchte 3,1 l Treibstoff pro km. Über dem Ziel wurde die Bombenlast von 5145 kg abgeworfen, und der Treibstoffverbrauch sank damit gleich auf 2,8 l pro km. War der Bomber dann wieder 100 km vom Ziel entfernt, drosselte der Pilot die Motorenleistung, und die B-29 setzte langsam zum Abstieg mit 60 m pro Minute an; das Flugzeug legte die nächsten 160 km in einer Geschwindigkeit von 390 km/h bei einem Treibstoffverbrauch von nur 2,2 l je km zurück.

In 4500 m Höhe fing der Pilot die Maschine dann zum Geradeausflug für den Rest der Strecke bis zum Heimatflugplatz ab. Der Heimweg nahm etwas mehr als fünf und eine halbe Stunde in Anspruch, und auf der Strecke von 2140 km lag der Treibstoffverbrauch im Durchschnitt bei 2,2 l pro Flugkilometer. Am Ende dieser Zeit hatte die Maschine noch ein Fluggewicht von 40770 kg, und der Einsatzflugplatz war noch 390 km entfernt. Nun drosselte der Pilot die Motoren wieder, und das Flugzeug stieg im Verlauf der nächsten 70 Minuten um 60 m je Minute ab, dabei sank der Treibstoffverbrauch auf 1,85 l je km. Fünfzehn Stunden und achtundzwanzig Minuten nach dem Start landete

Die Douglas A-26 Invader, die Ende 1944 noch zum Einsatz kam, läßt hier das Streckungsverhältnis ihrer Tragflügel deutlich erkennen, ebenso wie ihre aerodynamisch saubere Anlage. Zwei 2000 PS starke Pratt und Whitney Double Wasp Doppelsternmotoren brachten die Maschine auf eine Höchstgeschwindigkeit von 570 km/h; mit 900 kg Bombenzuladung flog sie auf einer Eindringtiefe von nahezu 1000 km. *(Douglas)*

Die überragende Boeing B-29 Superfortress, der Typ, der als die Spitzenkonstruktion im Bomberbau des Jahres 1945 gilt; Einzelheiten über das Leistungsvermögen dieser Maschine sind im Textteil beschrieben. Vier 2200 PS starke Wright Cyclone 18 Doppelsternmotoren mit je 2 General-Electric-Turboladern brachten sie auf eine Höchstgeschwindigkeit von 575 km/h. *(Boeing)*

die Besatzung müde, hungrig und mit schmerzenden Rücken auf dem Einsatzflugplatz. Die B-29 hatte die 5570 km lange Strecke mit einer Durchschnittsgeschwindigkeit von 360 km/h zurückgelegt.

Und jetzt zeigt sich, wie irreführend die allgemein veröffentlichten Daten für die B-29 sind. Einer dieser Bomber ohne Bombenlast und nahezu ohne Treibstoff konnte vielleicht mit einer Höchstgeschwindigkeit von 575 km/h daherzischen oder mit 550 km/h für eine etwas kürzere Zeit; aber was soll das?

Im allgemeinen leisteten Bomber mit Kolbenmotoren am meisten (das heißt mit anderen Worten: sie konnten die größte Bombenlast zu einem bestimmten Ziel befördern), wenn sie optimal in Marschgeschwindigkeit geflogen wurden; und diese lag bei etwa zwei Drittel der Höchstgeschwindigkeit in einer bestimmten Flughöhe. Im Verlauf des Krieges zeichnete sich eine leichte Zunahme der Höchstgeschwindigkeit ab, mit der Bomber mit Kolbenmotoren aus großer Flughöhe angriffen; ausgenommen davon waren allerdings die unbewaffneten Schnellbomber für Tagesangriffe. Da die Flak-Abwehr ständig stärker wurde, mußten die Bomber ihren Leistungsgewinn dazu verwenden,

immer höher zu fliegen, um so den Flakgranaten auszuweichen; die Angriffshöhen für Horizontalbomber stiegen von 3000 m zu Anfang des Krieges auf zwischen 6000 und 9000 m am Kriegsende. Bei Tiefangriffen war die Situation anders: die leichte Flak schoß so wirkungsvoll, daß die Angriffe in sehr hoher Geschwindigkeit geflogen werden mußten, auch wenn das zusätzlichen Treibstoff kostete, an dessen Stelle man sonst Bomben hätte mitnehmen können.
Die Charakteristika der Strahltriebwerke unterschieden sich sehr von denen der Kolbenmotoren, und daher war auch die Gesamtleistung des Düsenflugzeuges anders gekennzeichnet.
Ein Strahltriebwerk liefert die höchste Leistung beim Lauf mit größter Schubkraft in großer Flughöhe. Aus diesem Grunde flogen die deutschen Strahlbomber Me 262 und Ar 234 beim Angriff mit Geschwindigkeiten, die nahe an der erreichbaren Höchstgeschwindigkeit lagen. Der Jumo 004 Antrieb dieser Flugzeuge verbrauchte in 10000 m Höhe nur ein Drittel des Treibstoffs, den er bei gleichem Schub im Niedrigflug verbraucht hätte.

Die Konstruktion des Bombers

Gleich von Anfang an zeigte das Ganzmetallflugzeug klare Vorteile gegenüber seinem Rivalen, der noch aus einem einfachen Metall- oder Holzrahmen mit Stoffverkleidung bestand. Bei einem vorgegebenen Gewicht war die Ganzmetallkonstruktion sowohl stärker als auch steifer. Und da das Metall überdies in jede gewünschte Form gebracht werden konnte, ließ es sich besser an die nunmehr immer lauter werdende Forderung nach Stromlinienform anpassen.
Die Struktur des Bombers wurde zusehends größer und schwerer, Erfahrung und Erfindungsgabe bei der Konstruktion warfen nunmehr weit größeren Zins ab als jemals zuvor; und mit zunehmendem Wissen über die Belastung von Flugzeugen wurden auch die Zellenstrukturen zweckmäßiger. Gleichzeitig wurden die Werkstoffe, die bei der Konstruktion von Flugzeugen dienlich sein konn-

Obwohl die geodätische Konstruktion sich als besonders stabil erwies, so daß das Flugzeug, wie in diesem Fall die Wellington, trotz schwerster Treffer von der schweren Flak noch heimkehren konnte, übernahmen andere Flugzeughersteller die geodätische Methode nicht. *(IWM)*

ten, Schritt für Schritt weiterentwickelt: zwischen 1935 und 1945 wurde das Verhältnis Festigkeit/Gewicht bei Leichtmetallen um etwa ein Viertel verbessert. Man erreichte dies, indem man dem Grundstoff Aluminium kleine Quantitäten von Zink und Kupfer in unterschiedlichen Verhältnissen beimischte. Und als Ergebnis dieser fortschrittlichen Änderung waren die Bomber, die am Ende des Krieges zum Einsatz kamen, von wesentlich angepaßterer Struktur, als ihre Vorgänger am Anfang des Krieges.

Die Ganzmetallkonstruktion schien für Bomber nahezu allgemeingültig zu sein. Aber es gab in England einige hervorragende Konstruktionen, denen abweichende Prinzipien zugrunde lagen: Vertreter solcher verschiedenartiger Bauweisen waren die Vickers Wellington und die de Havilland Mosquito. Die Wellington war unter Verwendung der sogenannten geodätischen Methode konstruiert.

Eine geodätische Linie ist eine Kurve über einer gekrümmten Fläche, und die Struktur der Wellington bestand aus solchen geodätischen Gitterlinien, die der Form des Rumpfs und der Tragflügel folgten. Der so entstandene Gitterrumpf wurde mit Stoff bespannt.

Ein Vorteil dieser Konstruktionsmethode lag in der beachtlichen Stabilitätsreserve, die der Wellington den Heimflug oft noch mit schwersten Kampfschäden ermöglichte. Aber diese Bauweise hatte auch nachteilige Seiten. Die Fertigung war recht mühsam und kostete erheblich mehr Arbeitszeit, als ein gleichartiger Ganzmetallbomber. Und obwohl die geodätische Bauweise sich prinzipiell gut zu vollen Strukturen eignet, waren diese beim Flugzeug einfach nicht möglich. Große Löcher mußten für die Waffenstände in die Struktur geschnitten werden, ebenso für das Fahrwerk und gleichfalls für den Einstieg der Besatzung; diese Löcher mußten von schweren Rahmen umrandet sein, und die Stellen, an denen diese Rahmen mit der geodätischen Struktur verbunden waren, mußten besonders verstärkt werden. Das brachte wieder Gewichtsnachteile. Ob die Vorteile des geodätischen Systems diese Nachteile wieder ausgleichen konnten, mag Ansichtssache sein; jedenfalls wurde diese Bauweise nicht von anderen Bomberproduzenten übernommen.

Das Kanzelinnere einer B-29 mit der Steuerung für den Flugzeugführer und den Copiloten links und rechts. In der Mitte ist die Position des Bomben-/Bugschützen mit dem Norden Bombenzielgerät; das Visier des vorderen MG mit der Steuerung für die oberen und unteren Schwalbennester-Waffenstände ist zur Seite geklappt und noch über dem Instrumententräger des Copiloten zu sehen. *(Boeing)*

Der andere erfolgreiche Bomber, der nicht in Ganzmetallbauweise konstruiert war, war die Mosquito, deren Hauptbauelement das Holz war. Die Verwendung von Holz zum Flugzeugbau brachte zwei große Vorteile mit sich, die man in anderen als Kriegszeiten gewiß außer acht gelassen hätte: erstens konnte man Flugzeuge ohne Aluminium bauen, dessen Vorräte im Krieg nur begrenzt zur Verfügung standen; und zweitens konnte man auch die Holzindustrie direkt in die Rüstung einbeziehen, denn die Metallindustrie war ohnehin stark überlastet. Jedenfalls war Holz für einen Bomber mit einem Fluggewicht von etwa 9000 kg ein geradezu ideales Material.

Vor dem Kriege arbeitete die Firma de Havilland bereits damit und hatte reichlich Erfahrung gesammelt, so daß man bis 1940 mit den Anwendungstechniken vertraut war. Die Rumpfschale der Mosquito wurde in zwei Hälften gefertigt, deren Sperrholzschichten um einen dicken Zentralkern aus Balsaholz gelegt und unter Druck in einer Form verleimt wurden. Die Tragflügel wurden um zwei Tragholme aus Fichtenholz aufgebaut, sie hatten Fichten- und Sperrholzrippen und waren mit Sperrholz verkleidet. Das Ergebnis war eine sehr taugliche Konstruktion, die sowohl stark als auch verwindungssteif war. Da die Verbindungsstellen verleimt wurden, konnte man die Oberfläche sehr glatt halten, um Nietenköpfe brauchte man sich also keine Gedanken zu machen. Zwar hatte das ganze noch den Nachteil, daß eine Holzkonstruktion wetterempfindlich und ihre Lebensdauer somit kürzer

Die hölzerne Mosquito bewies, daß auch sie trotz schwerer Beschädigung noch heimkehren konnte. Dieses Flugzeug hatte bei einem Angriff auf eine V-1 Abschußbasis im Frühjahr 1944 einen Flaktreffer abbekommen. *(IWM)*

Die 30 t schwere Heinkel He 177, die in den ersten Versionen als Sturzbomber ausgelegt war, erwies sich für diese Aufgabe als viel zu schwer. Obwohl sie wie ein zweimotoriger Bomber aussah, war sie viermotorig. Zwei gekoppelte Motoren trieben je eine Luftschraube an (siehe Seite 63). Die hier abgebildete He 177A-3 erreichte eine Höchstgeschwindigkeit von 485 km/h; mit 900 kg Bombenlast hatte sie eine Einsatzreichweite von etwa 1950 km. *(Redemann)*

ist als die einer Metallkonstruktion; aber darüber machte man sich im Krieg keine Gedanken (welcher Bomber erreichte denn überhaupt eine solche Lebensdauer, daß er wegen Materialermüdung aus dem Einsatz genommen werden mußte?).
Gleich welcher Bauart die Bomber waren, mußten ihre Strukturen im allgemeinen eine Belastung bis zu etwa 4 g hinnehmen können, wie im Fall der Lancaster und der B-17; bei den mittelschweren Bombern, wie der Junkers Ju 88 und der Mosquito, betrug die Belastbarkeit sogar 8 g*.

*g = Zeichen für Erdbeschleunigung. 4 g bedeutet also 4 × 9,81 m/sek², also etwa 40 m/sek².

Kurz vor dem Krieg verfielen die Deutschen auf die Taktik der Sturzangriffe, und die deutsche Luftwaffe stellte zur Bedingung, daß alle neuen Bomber in der Lage sein sollten, in einem Sturzwinkel von wenigstens 60° anzugreifen. Vom Gesichtspunkt der Zielgenauigkeit hatte die Idee zu jener Zeit eine ganze Menge für sich; aber für die deutschen Konstrukteure barg sie die reinsten Alpträume. Das Stürzen selbst machte kaum Schwierigkeiten; aber an irgendeinem Punkt mußte die Maschine ja wieder abgefangen werden, und das bedeutete, daß die Zelle einer Belastung von etwa 6 g ausgesetzt war. Ein relativ kleiner Bomber, wie die Ju 88, konnte das noch schaffen; die Ju 88 hielt sogar mehr aus. Aber als man bei Dornier die etwa 13600 kg schwere Do 127 entwickelte, kam man aus den Sorgen nicht mehr heraus. Und als man bei Heinkel gar dasselbe Problem mit der 27000 kg schweren He 177 zu lösen versuchte, gab's ein Fiasko. Das Gewicht der Bomberzelle erhöhte sich im gleichen Verhältnis, in dem zusätzliche Sturzfähigkeit gefordert wurde, und das Ergebnis war schließlich, daß beiden Flugzeugen bereits im Entwicklungsstadium ein riesiges Zusatzgewicht aufgebürdet wurde – aber das reichte im allgemeinen immer noch nicht aus, um sie aus dem Sturz ohne Beschädigungen der Vernietung und der Oberfläche abzufangen.

Zum Glück für die deutsche Luftwaffe kam die Firma Zeiss mit einem Bombenzielgerät heraus, das exakte Horizontalangriffe ermöglichte (s. S.89); mit einem Seufzer der Erleichterung konnte man die Forderung aufgeben, nach der auch so ein schwerer Bomber ein Stuka hätte sein müssen.

Zu Beginn der vierziger Jahre waren die Einsatzbomber imstande, in Höhen über 10000 m zu fliegen, und das war nahe an der Grenze des Menschenmöglichen, selbst wenn die Besatzung reinen Sauerstoff atmete. Für die Jagdflieger war das Problem nicht so ernst, denn sie mußten sich ja nie sonderlich lange in diesen Flughöhen aufhalten. Aber für die Bomberbesatzungen bedeutete der lange Aufenthalt in großer Höhe zugleich eine Gefährdung durch Höhenkrankheit in der einen oder anderen Art ihrer grauenhaften Erscheinungsformen: Müdigkeit, Entschlußlosigkeit, Erstickungsgefühl, Schwindel, Kopfschmerzen, Übelkeit, Bewußtlosigkeit, Schleimhautblutungen usw. Die Antwort auf dieses Problem war eine luftdichte Druckkabine, in der die Besatzung ähnliche atmosphärische Verhältnisse hatte wie unten auf der Erde.

Der erste Bomber, der mit einer Druckkabine zum Einsatz kam, war die deutsche Ju 86R, die im Sommer 1942 Angriffe gegen Ziele in Südengland flog. Die zweiköpfige Besatzung saß in einer kleinen Kabine, die bei Flughöhen um 13500 m einen Druckunterschied von 0,562 kp/cm^2 zur Außenluft hatte; das reichte aus, den Fliegern normales Atmen ohne Sauerstoffmasken zu ermöglichen. Um zu verhindern, daß die Kabine wie ein Spielzeugballon zerplatzte, falls sie von gegnerischen Geschossen durchlöchert wurde, mußte die Besatzung den Überdruck ablassen, wenn sie angegriffen wurde, und danach die gewünschten Druckverhältnisse wiederherstellen.

Im Frühjahr 1944 gelangte die Mosquito Mark XVI zum Einsatz; sie hatte eine Druckkabine, die der der Ju 86 um nichts nachstand. Diese Kabine hatte einen Druckunterschied von nur 0,141 kp/cm^2 aufzuweisen, so daß die Besatzung mit Sauerstoffmasken fliegen mußte, aber jedenfalls war der Flug angenehmer, als er es sonst gewesen wäre.

Die B-29, die ab Sommer 1944 zum Einsatz kam, zeigte auf, daß eine Druckkabine nunmehr zum festen Bestandteil der Flugzeuge gehörte. Dieser hervorragende Bomber hatte gleich drei: im Bug, in der Rumpfmitte und eine im Heck für den Heckschützen; Bug- und Mittelkabine waren durch einen Druckkanal miteinander verbunden. Der Druckausgleich von 0,450 kp/cm^2 hielt die Kabinen auf dem Druck, der einer Höhe von 2400 m entsprach, wenn das Flugzeug in 9000 m Höhe flog. Das Druckniveau von 2400 m war wesentlich, weil so am Tage die Sauerstoffmasken überflüssig waren und Ermüdungserscheinungen weitgehend gemindert wurden. Bei Nacht mußten Piloten und Schützen Sauerstoffmasken tragen, wenn die Flughöhe über 1200 m lag; nur so konnten sie ihre volle Nachtsehtauglichkeit aufrechterhalten.

Wenn das Angriffsziel nicht zufällig in kurzer Entfernung vom Einsatzflugplatz lag, war der mitzuführende Treibstoff der Bomber meist viel schwerer als die Bombenzuladung. Der meiste, manchmal fast der ganze Treibstoffvorrat wurde in den Tragflügeln mitgeführt; das war der bestgeeignete Platz für diese Last, denn dort wirkte auch der Auftrieb. Um den Treibstoffverlust in erträglichen Grenzen zu halten, falls ein Tank durchschossen wurde, war der Treibstoff in verschiedenen, voneinander getrennten Tanks untergebracht.

Im Verlauf des Krieges wurde der selbstschließende Treibstoffbehälter zur Standardausrüstung der Bomber aller Länder. Darüberhinaus hatten einige russische und japanische Bomber Vorrichtungen, die Abgase oder Kohlendioxyd in die Tanks leiteten, so daß der allmähliche Verbrauch nicht zur Explosionsgefahr führte.

Die Junkers Ju 86R war der einzige echte Höhenbomber, der während des Krieges eingesetzt wurde; im Sommer 1942 flogen einige Maschinen dieses Typs Angriffe gegen Ziele in Südengland. Sie warfen ihre Bomben aus Höhen über 12000 m. Dieses Flugzeug war auch der erste Bomber, der seine Einsätze mit einer Druckkabine flog. Als Antriebsaggregate dienten der Ju 86R zwei 1000 PS starke Jumo 207B Zweitakt-Dieselhöhenflugmotoren mit Turbolader; in Einsatzhöhe flog die Maschine maximal 330 km/h. Die äußerste Bombenzuladung für Höhenangriffe war 250 kg, damit konnte sie auf einer Eindringtiefe von etwa 320 km operieren.

Schon bald nach Beginn des Krieges wurden die meisten Bomber mit einem begrenzten Panzerschutz für den Piloten und die wichtigsten Besatzungsmitglieder versehen. Aber die Panzerung erfolgte aus Gewichtsgründen nur in beschränktem Rahmen, denn jedes Mehr an Panzerung bedeutete stets zugleich ein Weniger an Treibstoff oder Bomben.

Falls ein Bomber vom Feindflug beschädigt zurückkehrte, wenn Teile weggeschossen oder Löcher in der Flugzeugzelle waren, dann mußte das Flugzeug vor dem nächsten Einsatz repariert werden. Die Zahl der Bomber, die für den nächsten Angriff zur Verfügung standen, hing natürlich von dem Tempo ab, in dem Reparaturen durchgeführt werden konnten; schnell abzuwickelnde Instandsetzungen hatten Dringlichkeitsstufe eins. Beim englischen Typ Lancaster steckten zum Beispiel etwa 500 kg des Flugzeuggewichtes allein in Schrauben und Flanschen, die nur dem Zweck dienten, spezielle Teile bei der Reparatur schneller ausbauen zu können; mit anderen Worten: hätte man alles aus einem Stück gefertigt, dann hätte das Flugzeug 500 kg mehr Bomben mitnehmen können, oder es hätte schneller oder höher fliegen können. Aber diese zusätzliche Kapazität wäre dann doch zu teuer erkauft gewesen, denn dann hätten die ständig erforderlichen Instandsetzungen das Flugzeug übermäßig lange in der Werft gebunden.

Eine der detailliertesten Informationsquellen über die Auswirkung der verschiedenen Arten von Beschädigungen an Bombern ist die Übersicht der US-Navy, deren Daten im Pazifik zwischen September 1944 und August 1945 gesammelt wurden. Zusammengetragen wurden hier 354 Fälle, in denen Bomber PB4Y Liberator durch Feindeinwirkung verloren gingen oder beschädigt wurden. Das Ergebnis sieht folgendermaßen aus:

Position der Treffer	Gesamtzahl der beschädigten Flugzeuge	Davon Totalverluste	Verluste stehen zu beschädigten Flugzeugen in %
Propeller	7	0	0
Antriebsaggregate	57	21	37
Flugzeugzelle	135	5	4
Pilot und/oder Steuerung	29	6	20
Steuerflächen	20	0	0
Ölsystem	9	3	33
Treibstoffanlage	31	8	26
Hydraulik	17	2	12
Elektrische Anlage	9	1	11
Sonstiges	40	0	0
	354	46	13

Diese B-17 kam noch auf eigenes Gebiet zurück, obwohl ihr Rumpf von einer dichtbei explodierenden Flakgranate aufgerissen worden war. *(USAF)*

Während des Krieges bewiesen die Bomber immer wieder, daß sie sich trotz beachtlicher Beschädigung ihrer Zelle in der Luft halten konnten. Wenn aber das Feuer schließlich auf den Treibstoff übergriff, dann bedeutete das fast immer das Ende. Dieses Foto zeigt eine B-26 Marauder kurz vor dem Absturz; sie war Anfang 1945 über Deutschland von der Flak getroffen worden. *(USAF)*

Beim Angriff auf Schiffsverladungen wurde diese Ju 88 des Kampfgeschwaders 51 über der Krim von einem russischen Jäger gerammt; dabei brach die rechte Hälfte des Höhenleitwerks weg während das Seitenleitwerk und die linke Seite des Höhenleitwerks um etwa 20 Grad verdreht wurden. Dem Flugzeugführer gelang es, die Maschine in dieser Verfassung noch etwa 160 km bis über eigenes Gebiet zu fliegen, ehe der Rest des Leitwerks endgültig abbrach. Die Besatzung konnte sich mit Fallschirmen retten. *(Dierich)*

In dieser Übersicht wurde ein Flugzeug als Verlust bezeichnet, wenn es nach Treffern nicht in die eigenen Linien zurückkehren konnte; als beschädigt wurde ein Flugzeug bezeichnet, wenn es zurückkehren konnte, gleich, ob es nun anschließend wieder instandzusetzen war oder nicht. Wie alle US-amerikanischen Bomber hatte auch die Liberator luftgekühlte Sternmotoren; wäre dieser Flugzeugtyp mit wassergekühlten Motoren ausgestattet gewesen, dann hätten Treffer in der Kühlung gewiß zu einer größeren Verlustzahl geführt. Ganz allgemein gesagt: wassergekühlte Motoren waren gegen Feindeinwirkung doppelt so empfindlich wie luftgekühlte.
Aus der Aufstellung lassen sich einige interessante Gesichtspunkte ablesen. Der größte Einzelposten, der zu Verlusten bei schweren Bombern führte, waren Treffer in den Triebwerken, aber die Chancen, nach einer Beschädigung dieser Art noch zurückzukommen, betrug statistisch immer noch 63%.
Die nächsten Punkte in der Reihenfolge der Verwundbarkeit waren die Hydraulik, die Treibstoffanlage und das Ölsystem; die Chance zur Rückkehr war hier jeweils noch 88%, 74% und 67%. Wenn aus diesen Gründen ein Totalverlust eintrat, dann lag es wohl stets daran, daß der Treibstoff oder das Öl Feuer fing (aus einem ähnlichen Bericht über die Verluste an schweren Bombern der US Army Air Force geht hervor, daß Feuer bei der Hälfte aller Totalverluste mit im Spiel war). Pilot und Steuerung waren ebenfalls verletzlich, aber als Ziel waren sie doch klein, und nur 13% der Totalverluste dieser Aufstellung sind auf Treffer in diesem Bereich zurückzuführen. Die übrigen Bestandteile eines Bombers waren gegenüber Feindeinwirkung verhältnismäßig unempfindlich.

Der Antrieb

Die Motoren der Jagdflugzeuge mußten ihre Höchstleistung in relativ kurzen Kampfphasen abgeben, während die der Bomber stundenlang mit Marschdrehzahl liefen. Aber diese Unterschiede waren gar nicht so unvereinbar, daß deshalb die Entwicklung verschiedenartiger Motorentypen für beide Flugzeugarten notwendig geworden wäre.
Einschränkend gilt, daß es tatsächlich ein oder zwei Motorentwicklungen speziell für Bomber gab. Bereits vor dem Zweiten Weltkrieg gab es Versuche, die Leistung vorhandener Motoren zu verdoppeln, indem man etwas unternahm, was ebenso

Der Rolls-Royce Vulture, ein 24-Zylindermotor in X-Form leistete 1845 PS, und war für die Avro Manchester bestimmt. Aber der Motor war eine Fehlentwicklung, und so ließ man das Projekt bald wieder fallen.

Bodenpersonal bei der Arbeit an den Wright Cyclone Doppelsternmotoren einer B-17 Fortress. Diese Aggregate leisteten im Tiefflug je 1200 PS und mit den Abgas-Turboladern in 7500 m Höhe immer noch 1000 PS. *(C. Brown)*

Der Daimler Benz DB 610 war ein Doppelmotor, der aus zwei parallel zusammengesetzten DB 605 mit je 1475 PS bestand; über ein Kopfgetriebe arbeiteten sie auf eine gemeinsame Luftschraubenachse. In der He 177 verursachte der DB 610 ständig Ärger und brachte der Maschine den Spitznamen »Reichsfeuerzeug« ein; die Schwierigkeiten ließen sich vor dem Zusammenbruch der deutschen schweren Bomberstreitkräfte nicht mehr beheben. *(IWM)*

leicht wie sinnvoll zu sein schien: zwei Motoren zusammenzukoppeln. Drei solcher Doppelmotoren wurden praktisch erprobt: der englische Rolls-Royce Vulture und die deutschen Daimler Benz DB 606 und DB 610. Keiner wurde ein Erfolg.
Rolls-Royce verwendete als Ausgangsmotor für den Vulture den Kestrel-Motor, ein gelungenes 715 PS starkes V-12 Aggregat mit 21 l Hubvolumen. Man wollte die Motorblöcke zweier Kestrel zusammenfügen, indem man den einen umgekehrt unter den anderen setzte, um so zu einem 24-Zylindermotor mit 42 l Kubikinhalt in X-Form zu kommen. Alle Kolben sollten auf einer gemeinsamen Kurbelwelle arbeiten.
Der Vulture leistete 1845 PS und kam Anfang 1940 für den zweimotorigen Bomber Avro Manchester in die Fertigung. Aber schon bald tauchten Schwierigkeiten auf. Abgesehen von allen Kinderkrankheiten, die in jedem neuen Motor stecken, wurde rasch deutlich, daß es ziemlich schwierig werden würde, aus dem Vulture eine wesentlich größere Motorleistung herauszuholen. Und im Krieg war die Motorleistung etwas, hinter dem alle anderen Gesichtspunkte zurückstehen mußten, denn man hatte ja ganz einfach nicht mehr die Zeit, völlig neue Motoren zu konstruieren, wenn man größerer Leistung bedurfte. Inzwischen wurde der Merlin von Rolls-Royce beständig auf größere Leistung gebracht, und er bewährte sich ausgezeichnet im viermotorigen Bomber Halifax. Die Royal Air Force mußte sich also ernsthaft mit dem Vorschlag von Avro auseinandersetzen, eine Manchester mit neukonstruierten Tragflächen, die vier Merlin-Motoren Platz boten, in Auftrag zu geben. Das Ergebnis war die Lancaster, einer der erfolgreichsten Bomber des Krieges. Das Projekt Vulture wurde fallengelassen.
Unabhängig davon versuchte man in Deutschland bei Daimler Benz, einen ähnlichen Weg zu gehen, im Schnellverfahren einen neuen Motor auf die Beine zu stellen. Ebenfalls mit unbefriedigendem Resultat. Unmittelbar vor dem Kriege verlangte Heinkel dringend neue Motoren mit 2500 PS Leistung für den neuen schweren Bomber He 177. Zu dieser Zeit gab es in Deutschland keinen Motor dieser Leistungsklasse, und deshalb nahm man bei Daimler Benz ein Paar der bewährten DB 601

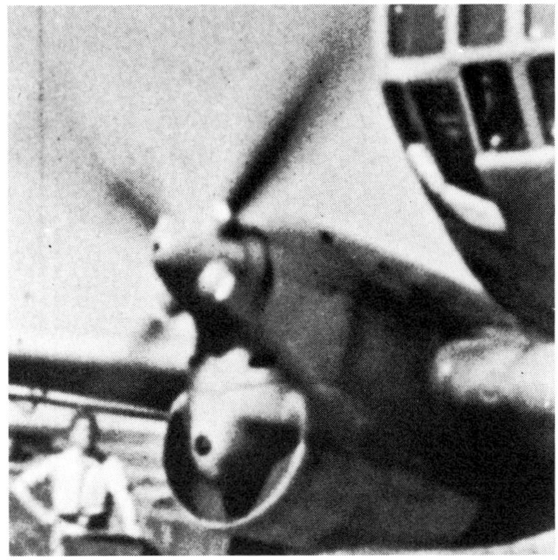

Nahaufnahme des Jumo 207B im Höhenbomber Junkers Ju 86R. Dieser Motor hatte einen Turbolader für die erste Stufe und einen mechanisch gesondert angetriebenen Kompressor für die zweite Stufe; zur Verbesserung der Höhenleistung hatte die zweite Stufe noch eine Stickstoffoxyduleinspritzung zur Kühlung bei zusätzlicher Sauerstoffanreicherung. *(Goetz)*

Die gespreizten Beine des Monteurs verdeutlichen den geringen Durchmesser des Jumo 004B Strahltriebwerkes einer Arado Ar 234; der Durchmesser betrug etwa 80 cm. *(Kg 76 Archiv)*

Motoren (der gleiche -12 Motor steckte in der Messerschmitt Bf 109), schaltete sie parallel in hängender M-Anordnung mit einem Kopfgetriebe, so daß die beiden Motoren eine gemeinsame Luftschraubenachse antrieben, und nannte das ganze DB 606. Der Pilot erhielt eine Vorrichtung zum Auskuppeln eines der beiden Motoren von der Propellerachse, so daß der Ausfall eines Motors den anderen nicht in seiner Arbeit behinderte. Der Siamesische Zwilling mit 67,8 l Inhalt hatte eine Startleistung von 2700 PS. Aber dann ging's los ... mit den Sorgen.

Dieses Diagramm zeigt die Wirkungsweise des Gegenkolbenmotors Jumo 207B. Dieser Dieselmotor war ein flüssigkeitsgekühlter Reihenmotor mit sechs solcher Doppelzylinder.

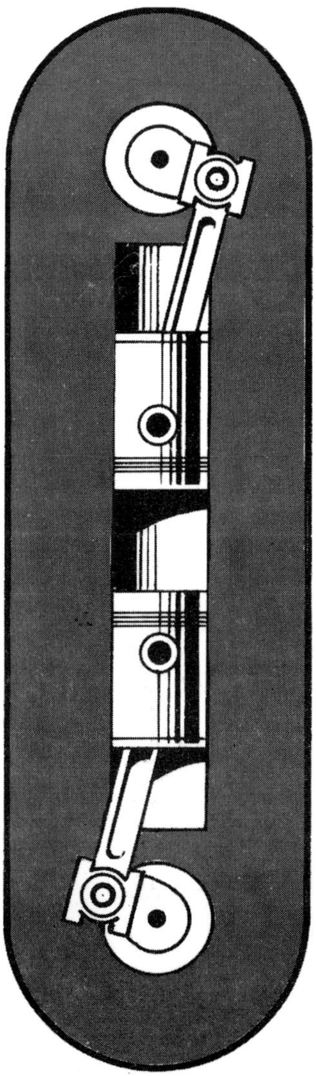

In den Firmen Daimler Benz und Heinkel hatte man geglaubt, eine besonders gute Lösung gefunden zu haben und bei der Erprobung schien sich dies auch zu bestätigen, aber dieser Doppelmotor sollte denen, die die He 177 fliegen mußten, eine Menge Ärger bringen. Der DB 606 war schwierig in der Handhabung; überdies war die Schmierung unzulänglich, und der Motor neigte zu Kolbenfressern, wenn die Drehzahl nicht sorgfältig reguliert wurde; schließlich geriet er auch leicht in Brand. Die He 177 wurde deshalb schnell als »Reichsfeuerzeug« berüchtigt.

Man hätte annehmen dürfen, das DB 606-Experiment habe jedermann deutlich genug bewiesen, daß man mit der Zwillingsbauweise für Motoren weder Bau- noch Entwicklungszeit einsparen konnte. Mitte 1942 drängte die Luftwaffe auf Lieferung des neuen schweren Bombers; die He 177 hatte ihren Jungfernflug etwa gleichzeitig mit der englischen Halifax gemacht, und die flog jetzt schon seit über einem Jahr im Einsatz. Statt nun den DB 606 wie eine heiße Kartoffel fallenzulassen, und statt dessen vier normale DB 601 einzubauen – eine gleichartige Lösung also, wie Avro sie mit der Lancaster vollzogen hatte –, entschloß man sich, den DB 610-Motor in die He 177 einzubauen; wieder einen Doppelmotor also, diesmal aus zwei DB 605 zusammengebaut. Dieser 71,4 l Motor hatte knapp unter 3000 PS Startleistung; aber viele der früheren Probleme blieben weiter bestehen, und der Motor mußte mit größter Sorgfalt und Vorsicht behandelt werden. Erst im Sommer 1943 war die Heinkel 177 als Bomber bedingt einsatzbereit; aber die Schwierigkeiten mit den Motoren waren ein Jahr später immer noch nicht behoben, als der Treibstoffmangel, verursacht durch die Angriffe der Alliierten auf die deutsche Ölindustrie, dem Einsatz schwerer Bomber in der deutschen Luftwaffe ein Ende setzte.

Abgesehen von einer einzigen Ausnahme waren die Kolbenmotoren, mit denen die Bomber des Zweiten Weltkrieges ihre Einsätze flogen, sämtlich Viertaktmotoren mit Kerzenzündung. Die Ausnahme war der deutsche Jumo 207 (Weiterentwicklung des Jumo 205), ein Zweitakt-Diesel-Höhenflugmotor mit Abgasturbolader und Spülluftkühler, der in die Junkers Ju 86 P und R, Höhenaufklärer

Das erste Düsenflugzeug, das zu Bombenangriffen eingesetzt wurde, war die Messerschmitt Me 262, ein Jagdflugzeug, in dem Hitler seinen »Schnellbomber« zu erkennen glaubte und das deshalb umkonstruiert werden mußte. Die deutsche Bombereinheit, Kampfgeschwader 51, von der hier zwei Flugzeuge abgebildet sind, begann ihre Operationen mit Me 262 gegen Ziele im Brückenkopf der Normandie im Juli 1944. Unter dem Bug der Flugzeuge kann man die zwei 250 kg-Bomben erkennen. Obwohl die Me 262 mit den extern aufgehängten Bomben eine Höchstgeschwindigkeit von 800 km/h und ohne diese sogar 870 km/h erreichte, bewährte sie sich nicht als Bomber, da sie in niedriger Flughöhe nur eine kurze Strecke fliegen konnte und weil ihr für horizontal geflogene Hochangriffe ein angemessenes Bombenzielgerät fehlte. *(Dierich)*

und Höhenbomber, eingebaut wurde. Zu den technischen Eigenarten dieses 16,6 l Motors gehörte es, daß er als Gegenkolbenmotor arbeitete, das heißt, in jedem der sechs Zylinder steckten zwei einander entgegenarbeitende Kolben.
Der Vorteil des Dieselmotors lag darin begründet, daß sein wesentlich höheres Verdichtungsverhältnis, etwa das Zweiundeinhalbfache eines hochgezüchteten Benzinmotors, mehr Leistung aus einer vorgegebenen Treibstoffmenge herausholte; dies bedeutete Treibstoffersparnis. Immerhin verbrauchte ein Dieselmotor etwa ein Fünftel weniger Treibstoff als ein konventioneller Motor. Und – wie zuvor bereits mehrfach festgestellt wurde – verminderter Treibstoffverbrauch hat größere Reichweite oder erhöhte Bombenlast als logische Folgerung. Aber auch diesen Vorteil mußte man – wie die meisten anderen auch – mit Nachteilen erkaufen: das höhere Verdichtungsverhältnis setzte einen durchgehend verstärkten Motor voraus, und dies brachte auch ein Mehr an Gewicht. Ein Dieselmotor wog fast doppelt so viel wie ein Benzinmotor gleicher Leistung.
Die Firma Junkers hatte sich bereits seit den zwanziger Jahren mit dem Problem befaßt, Dieselmotoren für Flugzeuge zu verwenden, aber selbst für Langstreckenflugzeuge waren die Gesamtvorteile dieser Antriebsaggregate nicht gerade überzeugend. Es gab andere Gründe, aus denen man den Jumo 207 in die Ju 86 einbaute.
Der Jumo 207 A/B leistete 800 PS beim Start, und mit zweistufiger Aufladung gab der Motor in 12000 m Höhe noch immer 750 PS ab. Mit einem solchen Motorenpaar führte die Ju 86R Bombenangriffe von Höhen bis zu 13000 m aus. Der leicht vergrößerte Jumo 207 D (18,23 l Gesamthubraum) brachte es auf 1000 PS Startleistung.
Der Dieselmotor ist für den Höhenflug nicht unbedingt besser geeignet als der Benzinmotor, aber seine Abgase treten mit einer etwas niedrigeren Temperatur aus, als die des Benzinmotors, und so konnte man auf deutscher Seite leichter mit den Problemen fertigwerden, die der technischen Lösung noch im Wege standen. Die Amerikaner hatten auf dem Gebiet der Turbolader schon einen beachtlichen Vorsprung.

Zwei verschiedene Typen von Düsenflugzeugen kamen im Zweiten Weltkrieg in Bombereinheiten zum Einsatz, *beide in der deutschen Luftwaffe:* die Messerschmitt Me 262 und die Arado Ar 234. Beide Flugzeuge hatten das Strahltriebwerk Jumo 004B mit einer Schubleistung von 890 kp als Antriebsaggregat.

In den meisten Ländern spielte man mit dem Gedanken, bei schwerbeladenen Flugzeugen Feststoffraketen als Starthilfe zu verwenden; aber in der Praxis kam diese Form der Schuberzeugung nur selten zur Anwendung. Eines der vielen Probleme bestand darin, daß die Feststoffraketen nicht zuverlässig und vorauskalkulierbar arbeiteten. Und wenn es beim Start die geringste Abweichung gab, raste der Pilot in seiner Maschine mit etwas weniger Schub die Startbahn entlang, als er zum Start mit der überladenen Maschine gebraucht hätte. Und die Erfahrung, die er dabei machte, war meist auch die letzte seines Lebens.

Mit einem Paar außen aufgehängter Bomben, noch eben unter der Motorverkleidung erkennbar, sieht man eine Arado Ar 234 mit einer Qualmspur beim Start durch den vereinigten Schub zweier Jumo 004B Strahltriebwerke mit je 890 kp Leistung, unterstützt durch zwei Walter 109-500 Starthilfe-Raketen mit je 490 kp Schub. Die Arado Ar 234 war der erste echte Bomber mit Strahlantrieb, der zum Einsatz gelangte. Mit zwei 500 kg–Bomben erreichte die Ar 234 eine Höchstgeschwindigkeit von 675 km/h; nach dem Bombenwurf lag die Höchstgeschwindigkeit bei 735 km/h. Die Reichweite mit Bombenlast im Höhenflug lag bei 480 km. *(KG 76 Archiv)*

Bodenpersonal beim Befestigen einer Walter 109-500 Rakete unter einer Arado Ar 234. Zusammen mit Wasserstoffperoxyd und Natriumpermanganat für 30 Sekunden Brenndauer wog der Behälter etwas über 270 kg; vor der Stirn des abwerfbaren Behälters ist der Fallschirmsack zu sehen. *(Goetz)*

Nur in Deutschland war es gelungen, einen zuverlässigen Raketenzusatzantrieb zu entwickeln, der auch in der Flugpraxis verwendbar war.
Es handelte sich dabei um die Walther Flüssigkeitsstartrakete 109–500 A, sauber in einem stromlinienförmigen Behälter untergebracht; das ganze Zusatzaggregat wog komplett mit genügend Wasserstoffperoxyd und Natriumpermanganat für 30 Sekunden Laufzeit bei voller Schubleistung 272 kg. Wenn der Treibstoff verbraucht war, warf der Pilot die Behälter ab; sie hatten einen Fallschirm, so daß sie wiederverwendet werden konnten. Für die Arado 234 mit voller Bombenlast war der zusätzliche Schub von 1000 kp aus zwei Zu-

satzantrieben gerade ausreichend, wenn die Startbahn sehr kurz war, denn die damals noch primitiven Strahltriebwerke beschleunigten nicht in ausreichendem Maße. Stärkere Startzusatzraketen (1500 kp Schub), komplizierter aufgebaut, fanden unter der Bezeichnung 109-501 bei He 111 und Ju 88 Verwendung.

Die Verteidigung des Bombers

Die meisten Bomber hatten zu Beginn des Krieges handgeführte MG, die schwenkbar auf einer Lagerung saßen, die mit der Zelle fest verbunden war. In der Praxis zeigten sich schon bald die schwerwiegenden Nachteile dieser Aufhängung: da die Muskelkraft der MG-Schützen gegenüber der Luftströmung von 320 km/h ihre Grenzen hatte, konnten sie auch nur ein einzelnes MG dieser Art bedienen. Das galt natürlich weniger für die MG im Bug oder im Heck des Flugzeuges. Das Schußfeld war jedenfalls immer eng begrenzt. Solche MG-Stände waren entweder offen oder geschlossen, aber im letzteren Fall war das Schußfeld noch enger begrenzt.
Die nächste Stufe bestand darin, daß der MG-Schütze einen Drehturm erhielt, wodurch das MG schon grob auf den angreifenden Jäger gerichtet wurde; das genauere Zielen erfolgte dann von Hand. Damit wurde alles erheblich erleichtert, und da das MG jetzt um den Schützen herumge-

Eine handbetätigte Ring-Lafette mit 13 mm Rheinmetall-Borsig MG 131 als offener Stand auf der Rumpfoberseite der Focke Wulf Condor. *(Jope)*

schwenkt wurde, statt um einen starren Drehpunkt in der Lagerung, vergrößerte sich auch das Schußfeld erheblich.

Das Problem für den Schützen, gegen den Druck des Luftstromes ankämpfen zu müssen, wenn er Ziele seitlich des Flugzeuges bekämpfen wollte, blieb bestehen; aber bei einigen italienischen Bombern hatte man dieses Problem in recht vernünftiger Weise gelöst. Im geschlossenen handbedienten MG-Stand im Rumpfrücken der CANT Z 1007, zum Beispiel, steckte ein 12,7 mm MG. Dieser MG-Stand wurde mittels eines umgekehrten Steuerknüppels und einem Rad an dessen unterem Ende bedient; eine Drehung des Rades brachte auch den MG-Stand zum Drehen, während eine Bewegung des Steuerknüppels hin zum oder weg vom Schützen das MG hob oder senkte. Entgegengesetzt zum MG ragte eine Röhre aus Aluminium aus dem MG-Stand heraus; sie war mit dem MG verbunden und hob oder senkte sich gleichzeitig mit der Waffe und diente so als Widerstandsausgleich. Das war eine vernünftige Lösung, den Luftwiderstand auszuschalten, aber ehe diese Ausführung zum Einsatz kam, war sie bereits durch die weit überlegenen kraftbetätigten Systeme überholt.

Die einfachste Art eines kraftbetätigten Drehturmes enthielt einen Elektromotor zum Schwenken des Turmes und des Waffendrehkranzes; der Schütze nahm dabei das präzise Richten in Höhe und Seite von Hand vor. Ein typischer Vertreter die-

Die einfachst Art, eine Abwehrwaffe anzubringen, bestand in der Lagerung eines handgeführten MG an der Rumpfwand. Hier stehen Bordschützen in der Seitenposition einer B-17 Fortress an ihren 12,7 mm Browning. *(USAF)*

Die CANT Z 1007bis mit dem handgeführten Drehturm auf dem Rumpfrücken, wie ihn viele italienische Bombertypen hatten. Als aerodynamischer Ausgleich für das 12,7 mm Breda MG fungierte eine Aluminiumröhre, die aus der entgegengesetzten Seite des Turmes herausragte und sich gleich mit dem MG hob oder senkte. Mit seinen drei 1000 PS Piaggio P XI Motoren erreichte dieser Bomber eine Höchstgeschwindigkeit von 450 km/h; bei einer Bombenzuladung von 900 kg erreichte er eine Reichweite von 800 km. *(via Ghiselli)*

ser Systeme war der Turm DL 131, der auf dem Rumpfrücken der Dornier Do 217 saß; er enthielt ein einzelnes 13 mm MG.

Aber schon zu Beginn des Krieges zeichnete sich ab, daß man zur Abwehr angreifender Jäger zumindest Waffendrehtürme mit voll kraftbetätigter Seiten- und Höhenrichtung brauchte. Diese Vorrichtungen mußten imstande sein, die Waffen rasch, das heißt in einem Tempo von 50° pro Sekunde, zu

Die einfachste Ausführung des kraftbetätigten Drehturmes führte die Schwenkung motorisch aus und überließ die präzise Ausrichtung in Höhe und Seite der Handführung des Schützen. Der hier abgebildete Turm ist ein DL 131 in der Dornier 217 E mit einem 13 mm Rheinmetall-Borsig MG 131. *(Redemann)*

Der voll kraftbetätigte Sperry Drehturm auf der B-17 Fortress; die Waffen sind 12,7 mm Browning MG. *(USAF)*

schwenken. Darüber hinaus mußten sie auch präzise genug konstruiert sein, um ein Schwenken oder Heben der Waffen mit einer Mindestgeschwindigkeit von etwa 1/4° pro Sekunde zu ermöglichen. Tatsächlich konnte diese Forderung erfüllt werden, und es gehörte zu den beliebten Kunststückchen von Bordschützen der RAF, einen Bleistift in einen MG-Lauf zu stecken und damit den Namen auf eine Karte zu schreiben, die man vor die Waffe hielt; damit ließ sich beweisen, wie leicht die Waffe zu handhaben war und wie sicher man sie beherrschte.

Hatte man nun solch einen Kraftantrieb im Waffenturm, dann war die Zahl der MG in diesem Waffenstand eigentlich keiner Beschränkung mehr unterworfen, aber aus praktischen Gründen verwendete man nie mehr als vier MG.

Zu Beginn des Krieges hatte nur ein Bombertyp, die französische LeO 451, ein MG mit größerer Feuerkraft, als die sonst üblichen leichten MG mit Gewehrkaliber. Aber gerade für Tageseinsätze waren zur Abwehr der gegnerischen Jagdflugzeuge schwerere Waffen notwendig. Das 12,7 mm MG bot den besten Kompromiß zwischen Gewicht und Feuerkraft, und im weiteren Verlauf des Krieges wurde dieses schwere MG die meistverwendete Waffe zur Verteidigung der Bomber.

Typisch für die kraftbetätigten Drehtürme der mittleren Kriegsperiode war der amerikanische Sperry-Turm auf der Rumpfmitte der B-17. Die elektrohydraulisch betriebene Vorrichtung wog etwa 450 kg, komplett mit zwei 12,7 mm MG mit je 400 Schuß Munition und Panzerschutz für den MG-Schützen; die schweren MG wurden elektrisch abgefeuert, und auch die Munitionszuführung war elektrisch gesteuert. Die Waffen konnten in einem Tempo von 45° je Sekunde um volle 360° geschwenkt werden, die Höhensteuerung konnte in einem Winkel von 85° mit 30° je Sekunde vonstatten gehen.

Bei der Verteidigung der Unterseite des Bombers entstanden ernsthafte Schwierigkeiten. Zu Beginn

Der »Mülleimer«-Waffenstand des Whitley-Bombers mit zwei 7,69 mm MG im ausgefahrenen und im eingefahrenen Zustand. Beim Ausbruch des Krieges waren solche Waffenstände in mehreren Bombertypen eingebaut, aber wenn sie ausgefahren wurden, verlor der Bomber durch den zusätzlichen Luftwiderstand erheblich an Geschwindigkeit. Der Nachteil war größer als der Vorteil, und so wurden sie aus allen Flugzeugen wieder ausgebaut. *(Crown Copyright)*

des Krieges hatten einige Bombertypen topfförmige einziehbare Bodenstände zu diesem Zweck; aber immer, wenn diese ausgefahren wurden, verursachte der Luftwiderstand dieser Töpfe von dürftiger Stromlinienform einen Geschwindigkeitsverlust von 30 bis 50 km/h, und das ausgerechnet in dem Augenblick, in dem der Bomber nichts von seiner Geschwindigkeit verlieren durfte. Deshalb hatten diese Bodenstände im Einsatz mehr Nachteile als Vorteile, und so wurden sie auch schon bald wieder aus den Flugzeugen ausgebaut, die ursprünglich damit ausgestattet waren. Der einzige, wirklich brauchbare bemannte, nach unten gerichtete Waffenstand war der amerikanische Sperry-Kinnturm unter dem Rumpfbug, mit dem die B-17 und die B-24 ausgestattet wurden. Dieser elektrohydraulisch angetriebene Waffenturm war so eingerichtet, daß der Schütze fast auf dem Rücken lag; deshalb war dies wohl auch einer der größten und schwersten Waffenstände, die zum Einsatz kamen; sein Durchmesser war 1,10 m und das Gewicht einschließlich der beiden 12,7 mm MG, der Munition und Panzerung betrug 585 kg.

Der bemannte kraftbetätigte Drehturm fand bei den meisten Luftstreitkräften der am Krieg beteiligten Länder Verwendung. Aber um 1942 konnte die Technik bereits etwas Attraktiveres anbieten: den unbemannten ferngelenkten Waffenstand. Im Vergleich zum bemannten Drehturm hatte der ferngelenkte Waffenstand acht Hauptvorteile:

1. der Schütze erhielt ein größeres Sichtfeld; da die Visiervorrichtung von der Waffe getrennt war, konnte man den Schützen da unterbringen, wo er auch die beste Sicht auf nahende feindliche Jäger hatte.

2. konnte das Schußfeld vergrößert werden; die Waffen konnten dort untergebracht werden, wo sich ihnen der beste Raum bot, ohne Rücksicht darauf, ob die Position der Waffe auch für den Schützen geeignet war (das war ein besonders wichtiger Gesichtspunkt für die Verteidigung nach unten).

3. gab es nun Vorteile bei der Gewichtsverteilung; durch die Trennung von Mann und Waffen konnten die letzteren im Heck untergebracht werden, ohne daß der Schwerpunkt des Flugzeuges dadurch wesentlich verlagert wurde:

4. verminderte sich nunmehr der Luftwiderstand; Visiergerät und Waffenstand konnten kleiner gemacht und in eine günstigere Stromlinienform gekleidet werden, so daß ihr gemeinsamer Luftwiderstand wesentlich geringer war als der eines bemannten Drehturmes.
5. war die Masse dessen, was da herumgeschwenkt werden mußte, geringer; die letzten bemannten Drehtürme mit ihren schwereren Waffen und dem notwendigen Munitionsvorrat sowie dem ganzen Hülsenauswurfsystem ließen nur wenig Platz für den Schützen im ohnehin engen Raum.
6. Es gab weniger Nachteile durch das Aufblitzen des eigenen Feuers; da der Schütze nunmehr von seinen Waffen entfernt saß, konnte das Aufleuchten des eigenen Feuers ihn im Luftkampf auch nicht mehr blenden (dieser Aspekt war bei Nachteinsätzen besonders wichtig).
7. Erleichterung im Druckausgleich; man konnte einen festen Zielsitz leichter mit dem erforderlichen Luftdruck versehen, als einen beweglichen bemannten Drehturm.
8. bot sich der Vorteil, die Feuerkraft zu konzentrieren; die Fernlenkung ermöglichte dem Schützen, mehr als einen Waffenstand zu bedienen und so konzentrierter auf einen nahenden Gegner zu feuern.
Das erste ferngelenkte Waffensystem, das zum Einsatz kam, befand sich im deutschen Zerstörer Me 210, der im Sommer 1942 zum Einsatz kam. Diese Maschine hatte einen Waffenstand FDL 131 auf jeder Rumpfseite, in dem je ein 13 mm MG 131 steckte, dessen linsenförmig verkleidete Drehringseitenlafette nur gering herausragte. Ohne Munition wog das vollständige System etwa 200 kg, und die beiden »Schwalbennester« gaben ein weit größeres Schußfeld frei, als dies ein einzelner bemannter Drehturm gehabt hätte. Zur Sicherheit für den Schützen und die Maschine hatten die Waffen ein einfaches Unterbrechersystem, das die Beschädigung der eigenen Maschine ausschloß, falls eine der Waffen soweit schwenkte. Die Me 210 war im Grunde ein Reinfall, aber das hatte nichts mit dem ferngelenkten Waffensystem zu tun. Dieselbe Vorrichtung wurde auch in der erfolgreicheren Me 410 untergebracht. Hier arbeitete sie zufriedenstellend.

Verschiedene Bombertypen der letzten Kriegszeit wurden mit ferngelenkten Waffenständen ausgerüstet, aber das bei weitem eindrucksvollste Verteidigungssystem, das zum Einsatz kam, wurde von General Electrics für die amerikanische B-29 Superfortress entwickelt. Die während der Kriegszeit eingebaute Ausführung enthielt fünf Waffenstände: je einen über dem vorderen Rumpfteil (mit vier 12,7 mm MG), unter dem vorderen Rumpfteil (zwei 12,7 mm MG), über dem hinteren Rumpfteil (zwei 12,7 mm MG), unter dem hinteren Rumpf (zwei 12,7 mm MG) und im Heck (zwei 12,7 mm MG und eine 20 mm MK). Zur Steuerung dieser Waffen gab es fünf Visierstände: ganz vorn in der Kanzel, über dem rückwärtigen Teil des Rumpfes, zu beiden Seiten des hinteren Rumpfteiles und im Heck. Ein vernünftig ausgetüfteltes Übergabesystem machte es möglich, daß die verschiedenen ferngelenkten Waffenstände jeweils von dem Mann bedient wurden, der dazu am besten in der Lage war; ein Rechner berichtigte dabei die Winkeldifferenz zwischen dem Visierstand und den Waffen. Dieses System war wohl das Nonplusultra in der Verteidigungsbewaffnung für Bomber während des Zweiten Weltkrieges.
An dieser Stelle sollte ich wohl noch etwas erwähnen, was vom technischen Gesichtspunkt her recht interessant (wenngleich taktisch völlig wertlos) war: ich meine die *starr nach hinten* gerichteten Waffen einiger deutscher Flugzeuge. Einige Do 217 zum Beispiel trugen zwei oder vier starr eingebaute 7,9 mm MG im hinteren Rumpfteil. Das Zielen erfolgte mittels eines Periskops, das über dem Kopf des Flugzeugführers angebracht war. Der Pilot sah das Ziel in seiner Visiervorrichtung so, als sei oben = unten und hinten = vorn, so daß ein Jagdflugzeug, das sich von oben rechts näherte im Visier den Eindruck erweckte, unten links zu sein. Diese falsche Darstellung erleichterte das Zielen, denn der Pilot mußte nun so fliegen, als hätte er den Gegner vor sich, um seine Waffen auf das Ziel zu richten. Die Methode bewährte sich nicht, denn der Flugzeugführer des Bombers mußte seine Maschine so fliegen, daß sie dabei genau in die Schußlinie des angreifenden Jägers geriet. Und da die Jagdflugzeuge eine Bewaffnung hatten, die wesentlich stärker war, als die starre Bewaffnung

Der Bomber mit der stärksten Abwehrbewaffnung der mittleren Kriegsperiode war die russische Pe-8. Die Türme auf dem Rumpfrücken und im Heck trugen je eine 20 mm ShVAK Schnellfeuerkanone, während in den ungewöhnlichen offenen Positionen im hinteren Ende der inneren Motorgondeln ein Stand mit einzelnem, handgeführtem 12,7 mm UBS MG steckte.

der Do 217, war es wohl kaum verwunderlich, daß die deutschen Bomberbesatzungen dem Kampf lieber auswichen, als daß sie sich auf den zweifelhaften Schutz ihrer eigenen Heckbewaffnung verließen.

Die Bomber waren zu Kriegsbeginn mit einfachen Ring- und Fadenkreuzzielgeräten ausgerüstet und erhielten an deren Stellen später Reflexvisiere; gegen Ende des Krieges hatten viele englische und amerikanische Bomber kreiselgestützte Visiervorrichtungen, die die Zielgenauigkeit des Feuers erheblich verbesserten.

In der Verteidigung der Nachtbomber lag das Hauptproblem darin, den gegnerischen Jäger zu entdecken, ehe dieser das Feuer eröffnen konnte.

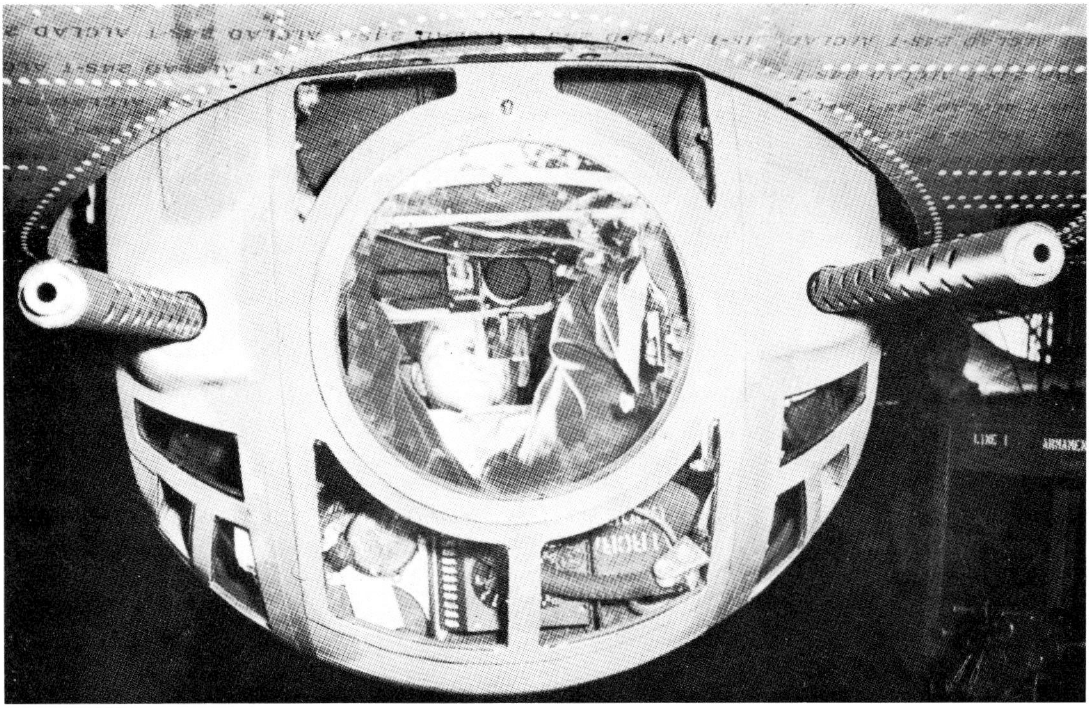

Als bester bemannter Drehturm unter dem Rumpf erwies sich der Sperry-Kugelturm, mit dem die amerikanischen Bomber B-17 und B-24 ausgerüstet waren; der Schütze lag auf dem Rücken und visierte das Ziel zwischen den gespreizten Beinen hindurch an. *(Boeing)*

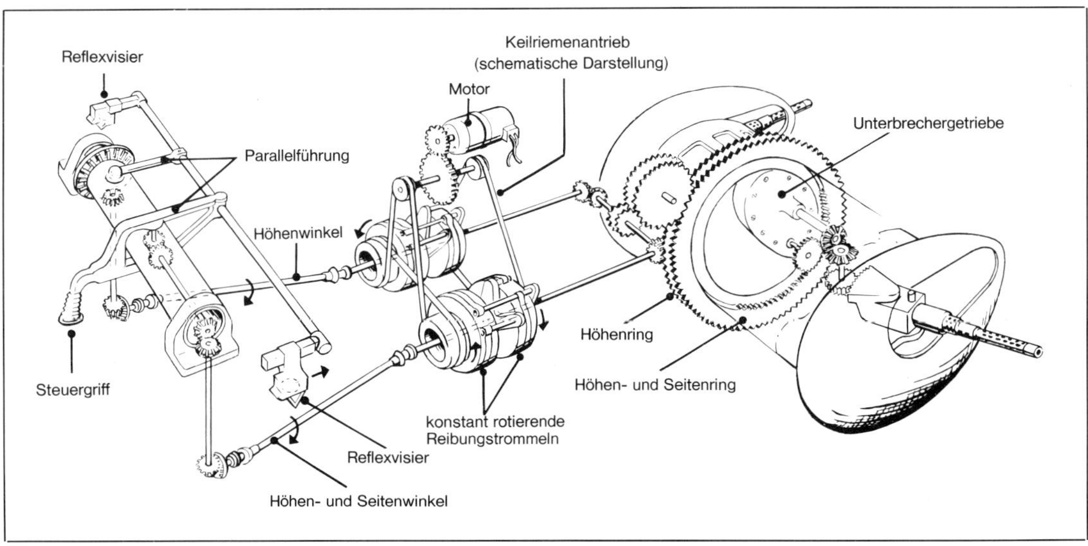

Ein Schnellbomber Messerschmitt Me 410 mit den ferngelenkten FDL 131 Schwalbennestern, in denen eine 13 mm Rheinmetall-Borsig MG 131 steckt.

◀ Diese schematische Darstellung zeigt die Wirkungsweise des ferngesteuerten FDL 131 Waffensystems. Als erstes System dieser Art, das im Kampf erprobt wurde, kam es in den Schnellbomberversionen der deutschen Messerschmit Me 210 und Me 410 zum Einsatz. Die Waffen wurden vom Funker gerichtet, der eines der beiden Reflexvisiere zu beiden Seiten seines Sitzes verwendete. Indem er das Visier mittels des Steuergriffs auf das Ziel richtete, kuppelte der Schütze den Antriebsschaft an einer oder beiden ständig drehenden Reibungstrommeln an und schwenkte und hob so eine der Waffen, bis sie auf das Ziel gerichtet war. Die Waffen konnten zwischen 45 Grad nach auswärts und 2 Grad einwärts geschwenkt, sowie nach oben und unten um je 70 Grad zur Flugzeugachse gehoben und gesenkt werden.

Der ferngelenkte Waffenstand auf dem hinteren Rumpfrücken einer B-29 mit zwei 12,7 mm MG, auch die obere und die seitliche Visierposition sind hier zu sehen. *(Boeing)*

Und falls man ihn entdecken konnte, dann war ein gewagtes Ausweichmanöver meist sinnvoller als die Erwiderung des Feuers. In der mittleren Kriegsphase waren die englischen und deutschen Nachtbomber mit einfachen, rückwärtsgerichteten Radargeräten versehen, die »Monica« bzw. »Neptun« genannt wurden. Sie warnten die Bomberbesatzung, falls sich Jäger von hinten näherten.
Beide Geräte bewährten sich in der Praxis jedoch nicht. In diesem Stadium des Krieges flogen die Bomber nämlich ihre Einsätze in konzentrierten Verbänden, und das hatte zur logischen Folge, daß im allgemeinen mehrere Flugzeuge während des ganzen Einsatzes auf dem Radarschirm erschienen; mit anderen Worten, die Geräte gaben oft Alarm, wenn dazu gar kein Anlaß gegeben war, so daß ihre Warnung schließlich auch dann mißachtet wurde, wenn sie einmal ernst zu nehmen war. Schlimmer war aber noch für die alliierten Flieger, daß die deutsche Luftwaffe das sehr gute Radar-Ortungsgerät »Flensburg« einsetzte, mit dessen Hilfe die Nachtjäger der Abstrahlung von »Monica«

Die wirkungsvollste Verteidigungswaffe, die in einem der Bomber des Zweiten Weltkrieges steckte, fand sich im Heck einiger B-29; hier sieht man eine 20 mm M-2 und zwei 12,7 mm Browning MG auf einer gemeinsamen kraftbetätigten Lafette. *(Boeing)*

Diese Zeichnung verdeutlicht, wie die Waffenstände und die Visierpositionen beim GEC-Verteidigungssystem der B-29 gewechselt werden konnten. Alle Waffenstände waren mit einem elektrischen Unterbrechersystem versehen, das das Feuer abbrach, sobald der Schütze die Waffe auf Bestandteile des eigenen Flugzeugs richtete. Der Heckschütze (1) bediente lediglich seine eigenen Waffen (A). Die Schützen an den Rumpfseiten (2) hatten vorrangig die Bedienung des hinteren Bodenwaffenstandes (B) und danach die des vorderen Bodenwaffenstandes (D) sowie der Heckwaffen (A) zur Aufgabe. Der Schütze auf dem hinteren Teil des Rumpfrückens (3) koordinierte das Feuer aller Schützen und bediente daneben den ihm nächstgelegenen Waffenstand (C) und danach auch den vorderen oberen Waffenstand (E). Der Bombenschütze in der Kanzel (4) bediente vorrangig die beiden vorderen Waffenstände (D und E). Wenn ein Schütze mehr als einen Waffenstand gleichzeitig steuerte, dann konnte er diese auch gleichzeitig zur Abwehr angreifender Jäger benutzen.

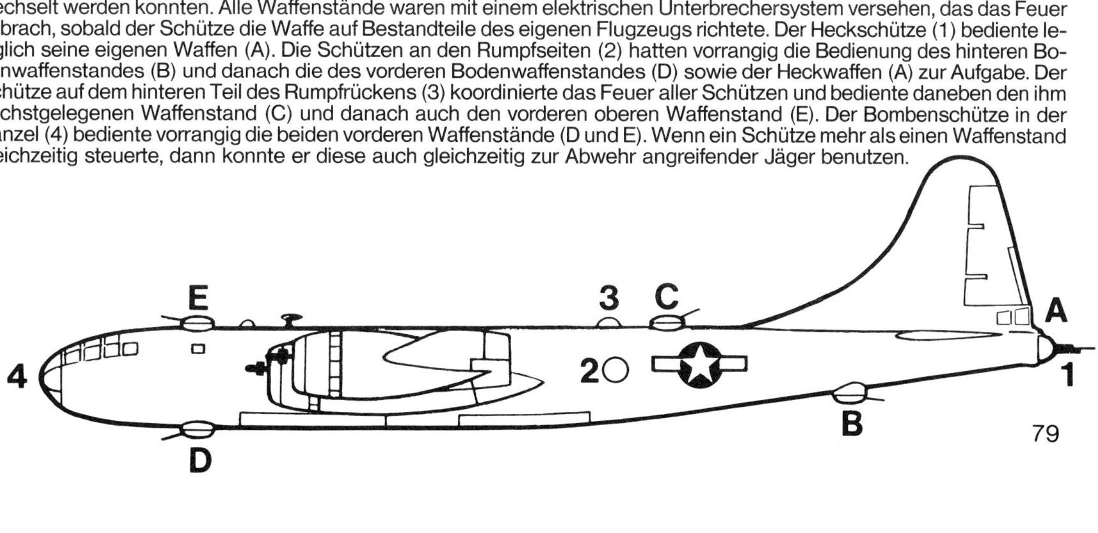

Eine Dornier Do 217E, ausgerüstet mit einem Paar nach hinten feuernder 7.9 mm Mauser MG 81, deren Läufe, die über das Heck der Zelle hinausragen, gerade noch zu erkennen sind. Das Anvisieren geschah über ein nach hinten gerichtetes Periskopvisier, das schräg über dem Flugzeugführersitz hing. Wenngleich aus technischer Sicht ganz interessant, war das starr nach hinten feuernde MG taktisch fast wertlos. Mit seinen zwei 1600 PS starken BMW 801 Doppelsternmotoren erreichte der Bomber eine Höchstgeschwindigkeit von 515 km/h; bei einer Bombenzuladung von 900 kg konnte er auf einem Einsatzradius von etwa 725 km operieren. *(Redemann)*

leicht folgen konnten. Als dies in der Royal Air Force bekannt wurde, entfernte man alle diese Warngeräte aus den Bombern.

Besser eignete sich zur Verteidigung der Nachtbomber das im Flugzeug mitgeführte Radar-Richtgerät, das in England unter dem Namen »Village Inn« entwickelt worden war. Das Radargerät dieser Anlage war klein genug, um im hinteren Drehturm eines schweren Bombers eingebaut zu werden. Das Radarbild wurde zusammen mit Angaben über den Vorhalt auf die Visiervorrichtung projiziert. Damit wurde es technisch möglich, Nachtjäger des Gegners zu bekämpfen, ehe sie zu sehen waren. Aber das Problem, das damit noch lange nicht gelöst war, stellte sich so: wenn die Schützen auf alles, was hinter ihnen flog, feuerten, dann lag die Gefahr nahe, daß sie eine große Zahl eigener Bomber abschossen. Als das »Village-Inn«-Gerät im Sommer 1944 zum Einsatz kam, wurden die Schützen ausdrücklich angewiesen, nur solche

Das »Village Inn« Radar-Höhenrichtgerät im Heckturm eines Halifax Bombers; als Waffen dienten 12,7 mm Browning MG.

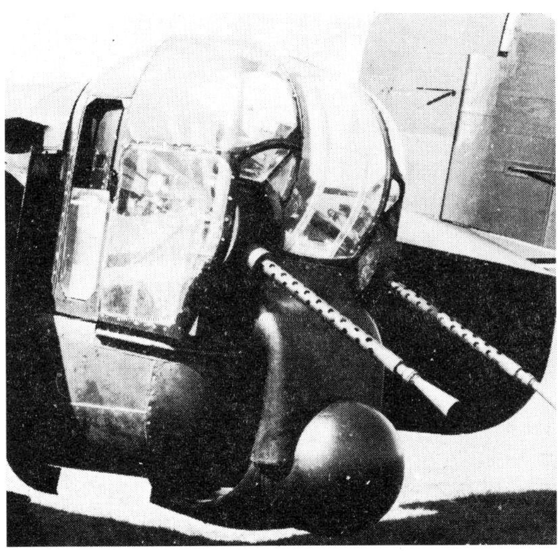

Ziele zu bekämpfen, die eindeutig als gegnerische identifiziert waren. Ein spezielles Infrarot-Gerät zur Identifizierung wurde gefertigt und in zahlreiche Bomber eingebaut, aber der Krieg endete, bevor die Aktion ganz durchgeführt war und ehe die Schützen das »Village-Inn«-Gerät effektvoll nutzen konnten.

Störung gegnerischer Abwehr

Während der ersten drei Kriegsjahre setzte ein wahrer Zustrom elektronischer Ausrüstung zur Luftverteidigung bei den größeren beteiligten Mächten ein: Radar zur Frühwarnung, zur Bodenkontrolle der Jagdflieger, als Richthilfe für Flak und Scheinwerfer und zur Unterstützung der Nachtjäger bei der Suche nach ihrer Beute; ebenso wichtig waren die Sprechfunkkanäle, die die Jagdflugzeuge mit den Bodenstellen verbanden. Ein Luftverteidigungssystem ließ sich mit einer Kette vergleichen, einer Kette, die nur dann standhalten konnte, wenn ihre sämtlichen Glieder gleich stark waren. Je mehr sich die Verteidigung des Luftraumes auf Radargeräte (im deutschen Sprachgebrauch damals: Funkmeßgeräte) und Funkverkehr stützen mußte, desto näher lag auch der Gedanke, diese Systeme zu stören. Gelang es, nur eine oder gar mehrere Glieder dieser Verteidigungskette zu schwächen, dann wurden auch die Maßnahmen zur Verteidigung behindert und verzögert; konnte man sie erheblich verzögern, dann mußten sich auch die Verluste der Bomberformationen beim Anflug über dem Gebiet des Gegners bzw. beim Abflug beträchtlich vermindern.

Harmlos, aber von verheerender Wirkung: das Töchterchen des Autors mit einem Streifen »Window«. Window war die Kodebezeichnung für die Düppelstreifen, mit denen die deutschen Funkmeßgeräte im Sommer 1943 ausgeschaltet wurden.

Den ersten ernsthaften Versuch zur Unterstützung anfliegender Bomber durch Störsender unternahm die Royal Air Force Ende 1942; die Bomber führten »Mandrel«-Störsender mit. »Mandrel« störte auf der Frequenz, die das deutsche Frühwarnsystem *Freya* verwendete und schränkte den Bereich ein, in dem dieses Ziele ausmachen konnte. Von deutscher Seite reagierte man mit einer Weiterentwicklung von Freya, die auf verschiedenen Frequenzen arbeitete, um so den Störeinfluß zu umgehen. So begann die Schlacht im Äther, und diese wurde intensiver, je länger der Krieg dauerte.
Schon bald nach der Einführung von »Mandrel« erhielten die Bomber ein leicht abgewandeltes Funkgerät mit der Bezeichnung »Tinsel«: ein Mikrophon wurde in einer der Motorverkleidungen des Bombers untergebracht und mit einem Sender in der Kanzel verbunden. Der Funker des Bombers suchte nun die deutsche Jägerleitfrequenz; fand er sie, dann stellte er diese ebenfalls auf seinem Sender einschaltete das Mikrophon dazu und überlagerte so die Sprechverbindung des Gegners mit einem Höllenspektakel aus dem Motor. »Tinsel« war aber nur von begrenzter Wirkung. Es hatte nicht genug Kapazität, um auch Rundfunkausstrahlungen zu stören. Später wurde ein speziell entwickelter

Störsender, der den Namen »Jostle« trug, in einige Flugzeuge der RAF eingebaut; er strahlte einen besonders lauten Krach auf den deutschen Jägerleitfrequenzen aus; der Lärm war eine Mischung aus Polizeisirene und Dudelsack, und bewährte sich im Einsatz gut.

Es gab aber noch eine einfachere Methode, die deutschen Funkmeßgeräte zu stören, als durch Störsender: der massenweise Abwurf von Aluminiumfolien, etwa halb so lang wie die Wellenlänge der Radargeräte, die sie stören sollten. Wurden sie in kleinen Bündeln abgeworfen, dann riefen sie auf dem Radarschirm die Anzeige zahlloser falscher Ziele hervor; wurden sie dagegen in großen Mengen abgeworfen, dann zeigten die Bildschirme nur noch »Schnee«. Während der beiden letzten Kriegsjahre wurde diese Gegenmaßnahme in großem Umfang eingesetzt; in der Royal Air Force sprach man dabei von »Window«, in der US-Army Air Force und der US-Flotte verwendete man die Bezeichnungen »Chaff« oder »Rope«. Die deutsche Luftwaffe gebrauchte das Wort »Düppel« und die japanische Armee und Flotte den Ausdruck »Giman-Shi«. Gegen Ende des Krieges verbrauchte allein die USAAF monatlich etwa 2000 t dieser Folien.

Es läßt sich kaum in exakten Zahlen ausdrücken, welchen Wert die gegen die elektronischen Geräte gerichteten Störmaßnahmen dadurch erhielten, daß sie den Einsatz der Bomber besser schützten; man kann ja nicht mit Sicherheit behaupten, welche Flugzeuge nun abgeschossen worden wären und welche nicht, wenn es diese Störmaßnahmen nicht gegeben hätte. Aber kluge Statistiker haben glaubhaft nachgewiesen, daß die Störmaßnahmen der Royal Air Force etwa 1000 Nachtbomber einschließlich ihrer Besatzungen in der Zeit von Anfang 1943 bis zum Ende des Krieges in Europa vor dem Abschuß bewahrt haben. Zum Verständnis dieser Zahl sei noch ergänzt, daß die Einsatzstärke der RAF erst im letzten Kriegsjahr die Zahl von 1000 Bombern erreicht hatte. Die US Army Air Force, die ebenfalls Störmaßnahmen in großem Umfang durchführte, flog die meisten Bombenangriffe am Tage, wo die Jäger und die Flak des deutschen Gegners ihre Waffen optisch richten konnten. Aus diesem Grunde waren dabei Störmaßnahmen nicht so wirkungsvoll wie bei Nachtangriffen. Dennoch darf man annehmen, daß elektronische Gegenmaßnahmen auch etwa 400 US-amerikanischen Bombern halfen zu überleben.

Nur in zwei Fällen brachten die Radargegenmaßnahmen ein Luftverteidigungssystem vorübergehend zum völligen Zusammenbruch. Zum ersten Mal bei den Flächenangriffen auf Hamburg im Juli 1943, als die Düppel zu einem Überraschungserfolg der englischen Bomber führten. Aber die Fassungslosigkeit auf deutscher Seite dauerte nicht lange, und bald darauf stand die Abwehr wieder. Der zweite Fall trat im Jahre 1945 ein, als die Amerikaner bei Nachtangriffen das primitive japanische Radarnetz wirkungslos machten, indem sie gleichzeitig mit Störsendern arbeiteten und Metallfolien in riesigen Mengen abwarfen. Im übrigen Verlauf des Krieges bewährten sich die Störmaßnahmen insofern, als sie die Verluste relativ gleichbleibend etwa um 1/6 senken halfen; wenngleich es kein spektakulärer Erfolg war – der Einsatz hat sich dennoch gelohnt.

Zielsuche

Für die Bomberbesatzungen, die bei klarem Himmel am Tage über Land flogen, war die Orientierung nach der am Boden sichtbaren Landschaft relativ einfach. Bei großen Entfernungen über See, über den Wolken oder bei Nacht war die Navigation beträchtlich schwieriger. Wenn unter dem Flug-

Das Lorenz-Verfahren

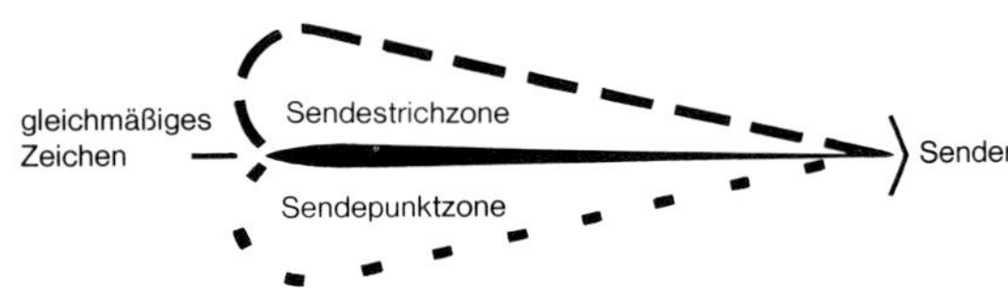

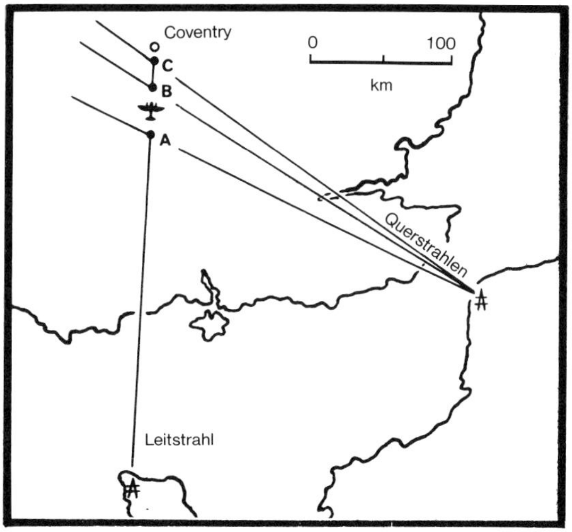

Die Leitstrahlen beim Angriff auf Coventry am 14. November 1940.

A Der erste Querstrahl diente als Bereitschaftssignal, das andeutete, daß das Ziel nahe war und daß das Flugzeug zentral im Leitstrahl fliegen mußte.

B Beim Zeichen des Dauersignals des zweiten Querstrahls, 20 km vor dem Bombenwurfpunkt, drückte der Beobachter im Flugzeug einen Knopf, der die Bombenwurfzeituhr einschaltete.

C Auf das Zeichen des dritten Querstrahls, 5 km vor dem Bombenwurfpunkt, drückte der Beobachter wieder den Knopf der Bombenwurfzeituhr. Der Uhrzeiger stoppte und ein zweiter Uhrzeiger begann sich mit dreifacher Geschwindigkeit auf ihn zuzubewegen. Sobald die beiden Zeiger sich überlappten und damit einen elektrischen Kontakt auslösten, erfolgte der automatische Bombenwurf.

zeug keine markanten Orientierungshilfen zu erkennen waren, konnte selbst eine erfahrene Bomberbesatzung weit vom geplanten Kurs abkommen, ohne das zu bemerken. Daher bestand ein dringendes Bedürfnis an elektronischen Hilfsmitteln, die die Flieger beim Aufsuchen ihres Zieles unterstützten.

In den dreißiger Jahren setzte bei einigen Techniken der Funknavigation eine rapide Entwicklung ein; dabei war auch ein erheblicher Ansporn von den privaten Luftverkehrsgesellschaften ausgegangen, die ihre Flugpläne ungeachtet der Wetterverhältnisse aufrechterhalten wollten. Die ersten Hilfsgeräte, die in Flugzeugen Verwendung fanden, waren simple Funkpeiler, mit deren Hilfe die Verkehrsmaschinen von Stadt zu Stadt flogen; dabei benutzten sie Radiosender oder Funkbaken als Peilhilfe. Der nächste Schritt war die Einrichtung von Leitstrahlsendern am Boden, die einen Richtstrahl auf den Kurs setzten und so gewissermaßen einen Weg durch die Luft markierten. Eine hervorragende Variante war das deutsche Lorenz-System, eine UKW-Landeleitstrahlanlage, die durch eine besondere Antennenschaltung links des Leitstrahls eine Strichtastung und rechts des Leitstrahls eine Punktastung bewirkte, während direkt auf dem Leitstrahl selbst ein Dauerton gesendet wurde. Entsprechend dem, was der Pilot über seinen Bordempfänger hörte, wußte er, ob er links oder rechts vom Leitstrahl oder direkt auf diesem flog. Ende der dreißiger Jahre wurden die Lorenz-Sendegeräte auf zahlreichen Flugplätzen installiert, um Flugzeuge bei der Annäherung und Landung unter schlechten Sichtverhältnissen zu unterstützen.

Inzwischen begann man in der deutschen Luftwaffe mit UKW-Leitstrahlen weiter zu experimentieren, um die Bomber durch diese an ihr Ziel heranzuführen. Das Verfahren, das so entstand, erhielt den Namen »Knickebein«, weil durch Phasenverschiebung in den Strahlern »geknickte« Leitstrahlen erzeugt wurden. Man konnte so auf einer Frequenz quasi »um die Ecke« fliegen. Große Reichweiten wurden u. a. mit einem leistungsfähigen Lorenz Bodensender mit einem riesigen Richtantennennetz von 95 m Breite und 30 m Höhe, das auf einem Schienenkreis drehbar gelagert war, erzielt. Diese große Anlage brachte eine Bündelung des Leitstrahls auf nur 1/3 Grad. Das bedeutete zugleich, daß in einer Entfernung von etwa 300 km vom Sender nur eine seitliche Abweichung um etwa 1,5 km zustandekommen konnte, zu jener Zeit eine überragende Präzisionsleistung. Durch einen anderen Strahl von einem zweiten Knickebein-Sender, der den des ersten Senders an der Stelle kreuzte, an der die Bomben auszulösen waren, erfuhr die Bomberbesatzung ganz genau, wann der Abwurf zu erfolgen hatte, und so kamen die Bomben recht genau ins Ziel, selbst bei Dunkelheit oder wenn das Ziel unter Wolken verborgen war. Das ganze war eine sehr brauchbare Einrichtung, zumal sich die Lorenz ILS-Empfänger dazu verwenden ließen, die bei allen Bombern der deutschen Luftwaffe zur Standardausrüstung gehörten.

Es wäre nun naheliegend gewesen, daß man sich auf den Lorbeeren ausgeruht hätte, da man ein so hervorragendes System wie Knickebein zur Verfügung hatte, das allen anderen Bomberleitsystemen weit voraus war. Aber die deutsche Luftwaffe ließ das Verfahren der Lorenz-Leitstrahlen noch weiterentwickeln, es enstand das sogenannte X-Gerät, ein Präzisions-Bombenzielverfahren. Zur weiteren Verengung des Flugwegs arbeitete das X-Gerät mit einer Wellenlänge, die etwas kürzer war, als die des Knickebein-Gerätes. Ferner wurden nicht zwei Strahlen verwendet, sondern vier: ein Anflugleitstrahl und drei Kreuzstrahlen, die diesen an bestimmten Punkten vor dem Ziel querschnitten. Der Flugzeugführer hielt seine Maschine einfach im Zentrum des Anflugstrahls, und der Beobachter bediente eine spezielle Uhr, nachdem er die Signale vom zweiten und dritten Kreuzstrahl gehört hatte; damit wurde die Vorrichtung eingeschaltet, die dann automatisch die Bomben auslöste, sobald das Flugzeug über den vorbestimmten Auslösepunkt hinwegflog. Technisch war das ein überragendes System, das bereits 1934 durchentwickelt war – aber es verlangte Denkvorstellungen, die bei damaligen Militärs noch nicht verbreitet waren. Die Kombination von Uhr und Leitstrahlen setzte voraus, daß der Bomber eine bestimmte Zielanflug-Geschwindigkeit genau einhielt, denn nur so ließ sich der präzise Bombenabwurf bewerkstelligen. Das X-Gerät war zweifellos viel genauer als das Knickebein, aber es war auch erheblich komplizierter.

Zu seiner Verwendung mußte das Flugzeug mit speziellen Empfängern ausgerüstet werden, und zum wirkungsvollen Einsatz bedurften die Bomberbesatzungen einer besonderen Schulung. Ende 1939 flog die *Kampfgruppe 100,* die erste Präzisions-Nachtangriffseinheit der Erde, mit He 111 die ersten Angriffe, ausgestattet mit dem X-Gerät.

Geräuschlos aber tödlich: ein Oboe-Bodensender mit den beiden Antennenanlagen, mit denen zwei Flugzeuge gleichzeitig beim Zielanflug geleitet werden konnten. *(Crown Copyright)*

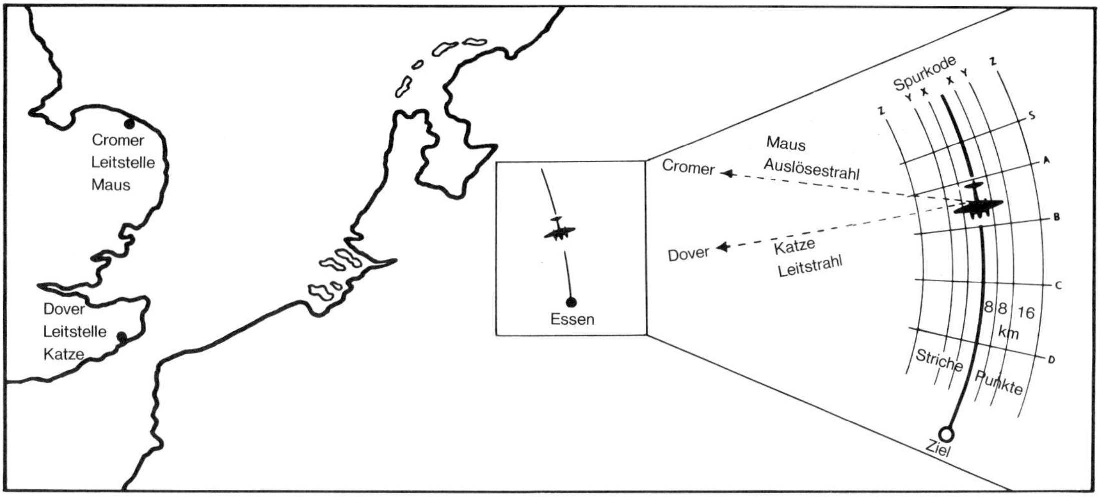

Die Methode des Oboe-Verfahrens: eine Bodenleitstelle (Katze) führte das Flugzeug auf einem Bogen mit gleichmäßigem Radius, der über das Ziel hinweg führte; eine zweite Bodenleitstelle (Maus) führte ständig Richtungsmessungen zum Ziel aus und gab Funkzeichen, wenn das Flugzeug an dem Punkt ankam, über dem die Bomben ausgelöst werden mußten.

Als gegen Ende des Frühjahrs 1940 der harte Luftkrieg begann, wurde das brillant angelegte deutsche Richtstrahlsystem in einer Weise genutzt, die taktisch recht naiv war. Bei ein paar relativ bedeutungslosen Versuchsangriffen gegen England wurde das Knickebein-System getestet, und dabei wurde sein Geheimnis gelüftet und preisgegeben. Sehr beeindruckt vom hohen Niveau des gegnerischen Systems und schockiert durch die sich daraus ergebenden Möglichkeiten, flickte man in der Royal Air Force hastig ein Störverfahren zusammen, um der deutschen Bombergefahr zu begegnen. Das Ergebnis zeigte sich dann, als die deutsche Luftwaffe auf die einwandfreie Funktion des Knickebein-Verfahrens angewiesen war und damit Bomber während der großangelegten Nachtangriffe im September 1940 leiten wollte; da war das britische Störverfahren bereits so wirkungsvoll entwickelt, daß das Knickebein-System über der Britischen Insel weitgehend neutralisiert wurde, wenngleich es auch nicht gelang, die Strahlen vorsätzlich abzulenken (es wurde des öfteren behauptet, daß dies möglich sei).

Die Deutschen blieben dann zunächst beim X-Gerät. Die *Kampfgruppe 100* wurde als Pfadfinder-Einheit eingesetzt, die im Zielgebiet zunächst große Brände verursachte, die nun den folgenden Bombereinheiten den Weg zum Ziel wiesen. Diese Taktik wurde beim Vernichtungsangriff auf Coventry, Mitte November 1940, angewendet.

Aber bereits nach kurzer Zeit kannte die RAF-Führung die Geheimnisse des X-Geräts, und so wurde auch dieses schon bald durch Störsender zur Wirkungslosigkeit verurteilt.

Anfang 1941 verwendete man in der deutschen Luftwaffe dann ein drittes Leitstrahlsystem, das Y-Gerät, bei dem nur noch eine einzelne Bodenstation ausstrahlte. Der Bomber näherte sich seinem Ziel auf einem recht komplizierten Leitstrahl, der sich erheblich von den Leitstrahlen der vorhergehenden Systeme unterschied. Zum Messen der Entfernung *auf* dem Leitstrahl gab die Bodenleitstelle ein gesondertes Signal, das vom Flugzeug aufgenommen und dann reflektiert wurde. Damit konnte man in der Leitstelle die Position des Flugzeuges mit großer Genauigkeit errechnen und der Besatzung schließlich auch das Signal zum Ablösen der Bomben geben, sobald das Flugzeug am vorberechneten Punkt ankam. Aber die bald ergriffenen englischen Störmaßnahmen funkten – sehr zum Leidwesen der deutschen Seite – wieder in solcher Weise dazwischen, daß man mit dem Y-Gerät nicht mehr ausrichten konnte als mit seinen Vorgängern. Die englische Störfunkorganisation machte sich einen richtiggehenden Sport daraus, falsche Entfernungssignale in das System einzuschleusen, so daß die deutschen Bodenleitstellen völlig verrückte Werte erhielten, die in keinem Verhältnis zur wirklichen Position des Bombers standen und jegliche genaue Steuerung ausschlossen. Danach war es natürlich leicht, das deutsche Leitstrahlsystem zu bespötteln und sich über die Hilflosigkeit gegenüber den Störmaßnahmen lustig zu machen. Ehe aber diese Störmaßnahmen jeweils so weit entwickelt waren, daß sie wirkten, bewiesen die deutschen Systeme ihre Qualifikation, wenn sie die Bomber bei Nacht und Nebel ans Ziel führten. Und nach geflogenem Angriff waren diese Systeme immer noch nützlich als Navigationshilfe beim Rückflug. Man kann die Bedeutung der deutschen Verfahren wohl nur richtig würdigen, wenn man sich einmal klarmacht, wie die Bombereinheiten der Royal Air Force in den ersten zweieinhalb Jahren ihrer Einsätze gegen Deutschland ohne solche Leitsysteme operierten. Wenn die Ergebnisse der deutschen Nachtangriffe auf England als nur mittelmäßig bezeichnet werden, dann muß man die Wirkung der damaligen RAF-Angriffe im Verhältnis dazu als geradezu miserabel beschreiben. Eine Untersuchung aus der Mitte des Jahres 1941, die sich auf Luftaufnahmen stützte, wies nach, daß nur eine von drei englischen Bomberbesatzungen ihre Bomben innerhalb eines Umkreises von 8 km vom Ziel gesetzt hatte; und im Ruhrgebiet, mit seinen fast durchweg ähnlich aussehenden Industrieanlagen, war das Verhältnis sogar eins zu zehn. Winston Churchill machte dem Inspekteur der Luftstreitkräfte, Sir Charles Portal, heftige Vorwürfe: »Ich finde den Gedanken unerträglich, daß etwa drei Viertel unserer Bomben zum Teufel gehen... Wenn wir die Fehlerquote halbieren könnten, dann würde sich die Wirkung unserer Bomben dadurch verdoppeln.«

Die blamablen Enthüllungen führten dazu, daß die Entwicklung elektronischer Navigationssysteme in England eine gewaltige Förderung erfuhr. Das erste, das Anfang 1942 zum Einsatz gebracht werden konnte, war GEE. Bei diesem Hyperbel-Verfahren sandten drei Bodenfunkstationen, die je etwa 160 km voneinander entfernt waren, auf derselben Frequenz eine komplexe Folge von Impulsen in zuvor festgelegter Reihenfolge aus. Mit einem Spezialempfänger konnte der Bordfunker die Laufzeitdifferenzen zwischen den unterschiedlichen Impulsen feststellen; aufgrund dessen konnte er seine Position von einer Spezialkarte ablesen. Das GEE-System war über Deutschland nicht so präzise, wie Knickebein es über England gewesen war. Dennoch saßen die Bomben von da an viel genauer im Ziel – bis dann die Deutschen ebenfalls den Beweis erbrachten, daß sie auf dem Gebiet der Störsender auch ein Wörtchen mitreden konnten.

Anfang 1943 führte die Royal Air Force ihr erstes Radar Präzisions-Bombenzielsystem ein, es trug den Namen »Oboe«. Dabei wurde der Umstand ausgenutzt, daß Radar die *Entfernung* eines Flugzeuges recht genau messen kann (wogegen es beim Messen des Peilwinkels nicht ganz so präzise Werte vermittelt). Bei diesem System wurden zwei Bodenleitstellen eingesetzt. Die eine leitete das Flugzeug auf einem Bogen mit konstanter Entfernung, der über das Ziel hinwegführte; falls das Flugzeug von diesem Bogen abwich, erhielt es Korrektursignale. Inzwischen wurde von der zweiten Bodenleitstelle aus die Position auf dem Kreiskurs überwacht, und sobald die Maschine den zuvor festgelegten Bombenabwurfpunkt erreicht hatte, löste die Bodenstelle (nicht die Bombenbesatzung) die Bomben aus.

Um die Reichweite von »Oboe« so weit auszudehnen, wie es die Rundung der Erdoberfläche zuließ, hatte das Flugzeug einen Empfänger und Gegensender, die die Signale verstärkten, ehe sie sie wieder zur Bodenleitstelle zurückstrahlten; diese Geräte waren klein und leicht, so daß sie ohne Schwierigkeiten in die Flugzeuge eingebaut werden konnten. Im Einsatz bewährte sich Oboe als zuverlässig und genau. Der Hauptnachteil lag darin, daß seine Wirkung – eben wegen der Erdkrümmung – bei einer Flughöhe von 10000 m auf eine Zone von etwa 450 km von beiden Bodenleitstellen aus beschränkt war, die natürlich auf eigenem Gebiet stehen mußte. Ein weiteres Problem lag

Eine Consolidated B-24 Liberator mit ausgefahrener H2X-Radarkuppel beim Abwurf von Spreng- und Brandbomben über dem Ziel. *(USAF)*

darin, daß ein Paar von Boden-Sender/Empfängern nur einen Bomber bei seinem Zielanflug leiten konnte, das heißt: etwa zehn Minuten lang.
In der Praxis zog sich ein Bogen von 450 km von Englands Ostküste über das ganze industrialisierte deutsche Ruhrgebiet hin. »Oboe« wurde in Pfadfindermaschinen vom Typ Mosquito verwendet, die dann die Ziele für die nachfolgenden großen Bomberverbände markierten. Für die deutsche Luftabwehr brachten die erforderlichen Störmaßnahmen erhebliche Schwierigkeiten mit sich, vor allem, wenn Geräte in Kurzwellenausführung, wie sie später zum Einsatz kamen, verwendet wurden.
Zweifelsohne war man in Deutschland von dem Oboe-System sehr beeindruckt, und deshalb wurde das Prinzip hier für das *Egon*-System kopiert, das bei den Angriffen gegen England im Frühjahr 1944 eingesetzt wurde.
Die britischen GEE-H bzw. die amerikanischen »Shoran« Systeme waren dem von Oboe im we-

sentlichen ähnlich, lediglich wurde der Sendevorgang vom Flugzeug ausgelöst und die Berechnungen wurden ebenfalls im Flugzeug durchgeführt. Die Bodenleitstellen hatten die Impulse nur zu beantworten, und das bedeutete, daß sie zugleich von Hunderten von Flugzeugen angepeilt werden konnten, ohne daß das System damit überlastet gewesen wäre.

Alle elektronischen Hilfsmittel, die hier beschrieben wurden, litten jedoch am selben Übel: ihre Verwendung war nämlich auf eine Entfernung von etwa 450 km von der Bodenleitstelle beschränkt. Sollten Bomber in größerer Entfernung Präzisionsangriffe durchführen, dann war ein System vonnöten, das von Bodenleitstellen unabhängig war. Anfang 1943 setzte man bei den Pfadfindereinheiten der Royal Air Force so etwas ein: das H2S Radar. H2S war für jene Zeit ein hochentwickelter Radartyp, der den Boden unter dem Flugzeug abtastete. Das reflektierte Echo kam am stärksten von bebauten Zonen, weniger stark von ländlichen Gebieten und am schwächsten von Wasserflächen. Machte man diese reflektierten Strahlen auf einer Kathodenstrahlröhre sichtbar, dann erhielt man ein recht brauchbares Bild von dem überflogenen Gelände, das sich dann mit der Landkarte vergleichen ließ. Die ersten Versionen des H2S-Gerätes waren so groß und schwer, daß sie nur in schwere Bom-

Ein H2S Bildschirmgerät im Raum des Flugnavigators einer Lancester. *(Secker)*

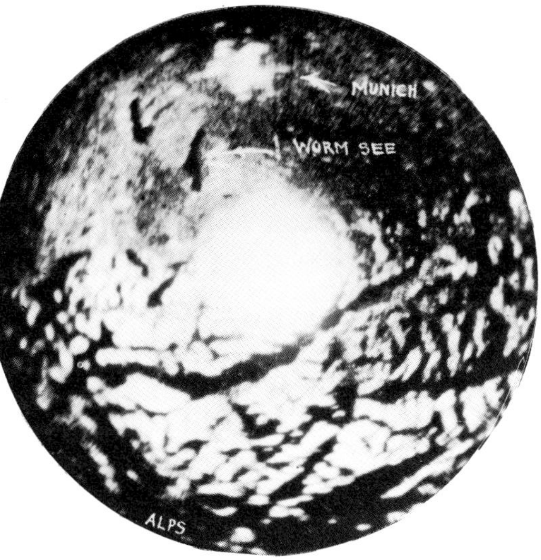

Ein H2X-Bild über Süddeutschland aufgenommen. Wie immer bei solchen Aufnahmen von einem Radar-Sichtgerät blieb der Kameraverschluß für die Zeitdauer einer kreisrunden Abtastung geöffnet. Die Stadt München im oberen Teil und die Alpen, die sich durch den unteren Teil der Aufnahme erstrecken, reflektieren stark. Der Ammersee und der Starnberger See (Würmsee) im Südwesten und Süden von München reflektieren kaum, auf dem Radarschirm erschienen sie als dunkle Flecken. *(USAF)*

ber eingebaut werden konnten. Im Einsatz war die Reichweite unbegrenzt; das Gerät konnte selbst in größter Entfernung noch verwendet werden und übertraf die Reichweite der Flugzeuge jedenfalls. Die Zielgenauigkeit hing von der Art des Geländes um das Ziel herum ab: einige Ziele, wie zum Beispiel Hamburg mit seinem großflächigen Fluß- und Mündungssystem, riefen deutlich zu unterscheidende Reflexe hervor; andere Ziele, besonders im Landesinnern, umgeben von zerklüftetem Gelände, verursachten nur schwer zu unterscheidende Reflexe und waren deshalb schwieriger zu finden und zu treffen.
Das H2S-Gerät in den Versionen Mark I, II und III wurden bei der Royal Air Force bis zum Kriegsende verwendet. Einige Geräte wurden auch an die US Army Air Force geliefert, und dort wurden sie in B-17 und B-24 Bombern eingebaut, bis schließlich das ähnlich funktionierende H2X-System zur Verfügung stand. Das einzige, was gegen diese Vorrichtung sprach, war ihre Größe und ihr Gewicht, daneben konnten die Signale aber auch relativ leicht vom Gegner ausgewertet werden. Die Deutschen richteten eine Bodenorganisation ein, die die Bomber aufgrund ihrer H2S- und H2X-Ausstrahlungen leicht verfolgen konnte und darüber hinaus entwickelten sie noch einen Spezialempfänger, der den Namen *Naxos* trug, mit dessen Hilfe die Nachtjäger die Bombenverbände des Gegners orten konnten. Seit dem Zweiten Weltkrieg gehört das den Boden abtastende Radargerät als Standardausrüstung zu allen mittleren und schweren Bombern.

Bombenwurf ins Ziel

Der Erfolg und die Wirkung eines Bombenangriffs hingen von der Genauigkeit ab, mit der die Bomben ins Ziel gesetzt wurden. Wenngleich funk- und radargeleitete Zielgeräte im Verlauf des Krieges an Bedeutung zunahmen, vornehmlich bei Pfadfindereinsätzen , wurde die überwiegende Mehrzahl der Bomben doch nach optischem Zielen abgeworfen. Überdies erfolgten die meisten Angriffe aus Bombern, die horizontal in großer Höhe flogen, auch wenn es aufsehenerregende Ausnahmen von dieser Regel gab. Wenden wir uns deshalb hier einmal den Bombenzielgeräten zu, die beim Horizontalangriff aus großer Höhe eingesetzt wurden; es gab zwei Grundtypen, das Vektorzielgerät und das tachometrische Zielgerät.
Beim Vektorzielgerät mußte der Bombenschütze Geschwindigkeit und Flughöhe der Maschine einstellen, ferner die ballistischen Daten und die voraussichtlich vorherrschende Windgeschwindigkeit und Windrichtung. Dann schaute er auf das Zielkreuz (es bestand entweder aus einem Fadenkreuz oder aus Lichtlinien auf einem Reflektor), das den Punkt auf dem Boden markierte, den die

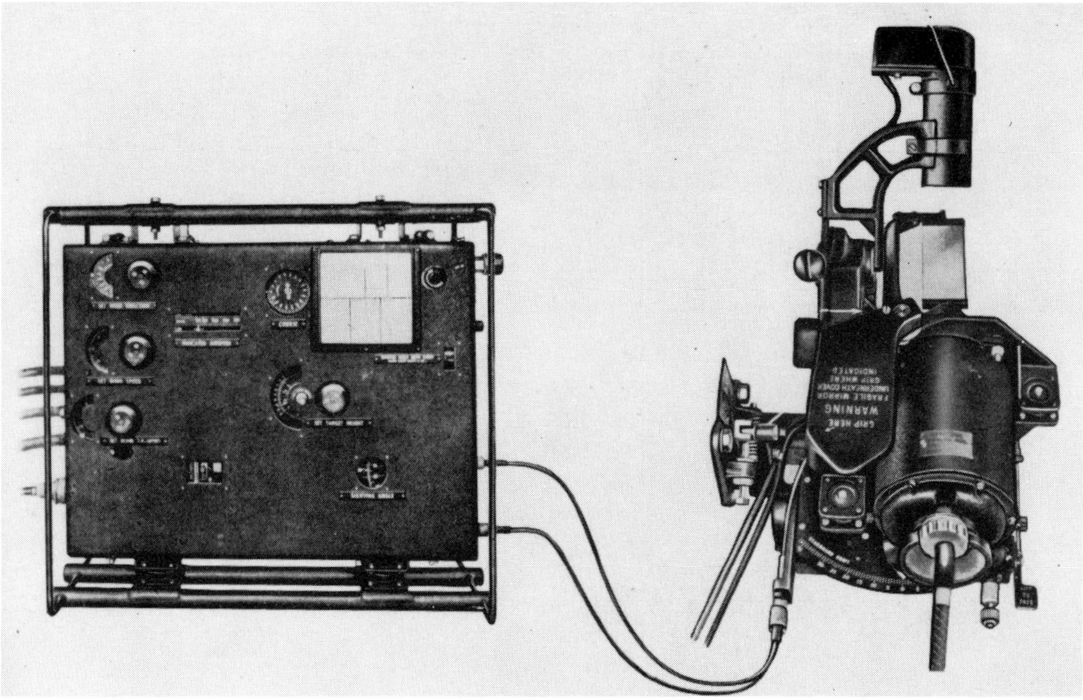

Das englische Mark XIV gilt als bestes Vektor-Bombenzielgerät, das im Krieg zum Einsatz kam. Das Zielgitter wurde auf das stabilisierte Glas vor dem Zielgerät projiziert. *(Crown Copyright)*

Bomben treffen würden, falls sie in diesem Augenblick ausgelöst wurden. Das Zielkreuz gab auch Sicht auf die Anfluglinie, und der Bombenschütze dirigierte den Flugzeugführer so, daß die Anfluglinie genau über das Ziel hinwegführte; wenn das Ziel dann unter dem richtigen Punkt des Zielkreuzes lag, wurden die Bomben ausgelöst.

Das recht simple Vektorzielgerät entsprach den Flugzeugen der Hinaidi-Aera, die noch ohne nennenswerte Schwierigkeiten »flache« Kurven d. h. ohne Neigung um die Rollachse beim Zielanflug drehen konnten.

Aber bei den Eindeckern, die als Bomber flogen, sah die Sache anders aus; mit diesen aerodynamisch sauber gestalteten Flugzeugen konnte man flache Kurven nur mit niedriger Geschwindigkeit fliegen, sonst konnte es leicht geschehen, daß der Bomber »abschmierte«. Daher kam es, daß die Vektorzielgeräte, die zu Beginn des Krieges verwendet wurden, das englische Mark IX, das französische Bronzavia und das italienische Jozza, nur zu mittelmäßigen Resultaten führten. Und eben diese Ungenauigkeit führte bei der deutschen Luftwaffe dazu, daß man sich stärker auf den Sturzkampfbomber konzentrierte; diese Angriffsmethode führte zu weit besseren Ergebnissen, wenngleich damit auch wieder ganz neue und andersartige Probleme entstanden.

In der Royal Air Force war man der Meinung, daß das Prinzip des Vektorzielgerätes den Anforderungen noch am besten entspreche; die Gründe für diese Ansicht werden aus den nachfolgenden Ausführungen klar erkennbar werden. Man setzte deshalb Druck hinter die Entwicklung eines krei-

Das amerikanische Norden und das deutsche Lotfe 7D (rechts) Zielgerät. Das tachometrische Zielgerät brachte bessere Ergebnisse zutage als das Vektorzielgerät, vorausgesetzt das Wetter war klar und das Ziel wurde während des langen Zielanfluges nicht von Dunst oder Rauch verhüllt. Wenn die Bedingungen nicht gerade ideal waren, führte das Vektorzielgerät zum besseren Ergebnis.

selstabilisierten Vektorzielgerätes. Dabei kam dann das berühmte Mark XIV Zielgerät heraus, das Ende 1942 erstmals zum Einsatz kam und mit leichten Änderungen bis lange nach dem Krieg verwendet wurde. Dieses Zielgerät lieferte gute Ergebnisse und ermöglichte auch den Kurvenflug mit starker Querneigung während des Zielanflugs. Eine interessante Neuerung war dabei der sogenannte »bomber's mate« (zu übersetzen etwa mit »Gehilfe des Bombers«), ein hervorragender Analogrechner, der die unterschiedlichen Faktoren aufeinander abstimmte, die den Bombenwurf beeinflussen.

Das tachometrische Zielgerät unterschied sich in seiner Konstruktion und Wirkungsweise erheblich vom Vektorzielgerät. Beim tachometrischen System beobachtete der Bombenschütze das Ziel während des Zielanfluges durch ein Teleskop. Dieses Zielteleskop wurde durch einen Elektromotor mit variabler Drehzahl bewegt, und nachdem der Bombenschütze die Flughöhe und die ballistischen Daten in das Zielgerät eingegeben hatte, bediente er die Steuerung, um das Fadenkreuz des Teleskops über dem Ziel zu halten. Die Steuerbühne, die das Teleskop trug, war kreiselstabilisiert, und durch das Richten des Teleskops auf das Ziel erhielt der Zielcomputer genaue Informationen über die Bewegung des Flugzeuges im Verhältnis zum Boden. Der Computer gab Kurskorrektursignale, die sofort auf einen Fluglagenanzeiger vor dem Piloten übertragen werden konnten.

Wenn sich das Flugzeug dem Ziel näherte, wurde der Winkel des Teleskops nahezu vertikal; und wenn dann der vom Zielcomputer errechnete Auslösewinkel erreicht wurde, schloß sich ein Paar elektrischer Kontakte, wodurch die Bomben automatisch ausgelöst wurden. Repräsentative Zielgeräte, die nach dem tachometrischen Prinzip arbeiteten, waren das deutsche *Lotfe* (das Ergebnisse lieferte, die denen der Sturzangriffe absolut gleichwertig waren, so daß man schließlich auf den Sturzbomber verzichten konnte), das US-amerikanische *Norden* und das britische *SABS*. Wenn auch die Flieger aller Länder auf ihr eigenes Zielgerät schwörten, so muß man doch sagen, daß die Vorrichtungen einander in technischer Hinsicht sehr ähnlich waren; die Unterschiede, die sich nach Angriffen im Ergebnis zeigten, waren wohl eher auf die Erfahrung der Bombenschützen zurückzuführen, als auf die Überlegenheit eines tachometrischen Zielgerätes gegenüber einem anderen.

Die tachometrischen Zielgeräte erzeugten elektrische Korrektursignale, und bei den späteren Versionen der *Norden* und *Lotfe* Bombenzielgeräte konnten diese direkt auf den Autopiloten des Flugzeuges aufgeschaltet werden. Genau genommen war es also so, daß der Bombenschütze die Möglichkeit hatte, das Flugzeug zum Bombenauslösepunkt »selbst hinzufliegen«, indem er sein Zielteleskop auf das Ziel richtete.

Unter idealen Bedingungen war das tachometrische Zielgerät erheblich genauer als das stabilisierte Vektorzielgerät. Typische 50%-Fehlwürfe[1]) beim Einsatz in Angriffshöhe 3000 m waren etwa mit 90 m Radius für tachometrische und 200 m Radius für stabilisierte Vektorzielgeräte anzusetzen, in beiden Fällen bei Tageslichtangriffen mit wolkenlosem Himmel; nahm die Flughöhe zu, dann vergrößerte sich die Zahl der Fehlwürfe im entsprechenden Verhältnis.

Aber in der Praxis gab es nur selten ideale Konditionen mit klarem Himmel oder wenigstens freier Sicht in den unteren 6000 m. Sollte das Zielteleskop lange genug auf das Ziel gerichtet sein, um dem tachometrischen Zielgerät die Berechnung des Auslösepunkts zu ermöglichen, war ein ununterbrochener Zielanflug von wenigstens 20 Sekunden Dauer notwendig; wenn das Ziel bei Nachtangriffen nicht schon von weitem deutlich zu erkennen war, oder wenn es am Tage von Rauch oder Wolken verhüllt war, dann konnte man mit dem Vektorzielgerät zu besseren Ergebnissen kommen. Das letztere zeigte den Aufschlagpunkt der Bomben während des ganzen Zielanfluges an und gestattete so dem Bombenschützen eine ständige Zielbeobachtung. Aus diesem Grunde war das stabilisierte Vektorzielgerät im Durchschnitt doch das besser Verwendbare.

Rauch von Bränden, die die ersten Bomberverbände bereits am Ziel verursacht hatten, beeinträchtigte die Zielgenauigkeit für die nachfolgenden Einheiten, so daß die Präzision der Abwürfe im Verlauf eines Angriffes ständig nachließ.

Aber für dieses Problem gab es eine ausgekügelte Lösung, die sich nur mit dem Vektorzielgerät durchführen ließ, indem man einen Hilfszielpunkt verwendete. Vor dem Angriff wurde ein deutlich zu erkennender Zielpunkt in der Nähe des eigentlichen Zieles bestimmt und von Pfadfindermaschinen markiert. Während des Anfluges hatten die Besatzungen anderer Pfadfinderflugzeuge die Windverhältnisse im Zielgebiet untersucht und die Ergebnisse an den Leitbomber übermittelt. Im Leitbomber wurden diese Werte von einem speziell geschulten Navigator zur Berechnung verwendet; das Ergebnis wurde dann vektorisch kombiniert, mit der Entfernung zwischen der Markierung am Hilfszielpunkt und dem tatsächlichen Ziel. Auf diese Weise errechnete der Navigator eine »Falschwind«-Einstellung, die den nachfolgenden Bombern durchgegeben und von den Bombenschützen in die Zielgeräte eingegeben wurde. Die Bombenschützen zielten bei der Markierung auf den Hilfszielpunkt und setzten ihre Bomben – aufgrund der Falschwindeinstellung im Zielgerät – genau ins Ziel. Da der Hilfszielpunkt vom eigentlichen Ziel um einiges entfernt war, beeinträchtigten die Rauch- und Staubwolken am Zielobjekt die Arbeit des Bombenschützen nicht mehr.

[1])Der 50%-Fehlwurfkreis ist der Kreis um das Ziel, innerhalb dessen 50% einer Anzahl von Einzelbomben oder Bombenreihen fallen, die nach einer bestimmten Zielmethode oder mit Hilfe eines bestimmten Bombenzielgerätes ausgelöst wurden. Die Zahl der Fehlwürfe konnte sich erheblich vergrößern, wenn die Bombenschützen nicht hinlänglich geschult waren, wenn die Sicht schlecht war, oder wenn die Verteidigungsmaßnahmen des Gegners allzusehr störten. Die hier angeführte Fehlwurfquote soll nur in etwa andeuten, welche Genauigkeitsunterschiede sich mit den verschiedenen Bombenzielgeräten und Zielmethoden bewirken ließen.

Eine etwas weniger präzise wirkende Variante dieser Technik, die aber sowohl mit tachometrischen als auch mit vektorischen Zielgeräten angewandt werden konnte, bestand darin, das Ziel aus einer bestimmten Richtung über einen Hilfszielpunkt anzufliegen, als sollte dieser bombardiert werden, dann aber die Bomben erst nach einer Verzögerung von einigen Sekunden auszulösen. Diese Angriffstaktik, genannt »Timed Overshoot« (zu übersetzen etwa mit »vorausberechnete Verzögerung«), wurde sowohl von Tag- als auch von Nachtbombern gegen Kriegsende häufig angewandt.

Fast während des ganzen Krieges stand die Präzision nächtlicher Bombenangriffe weit hinter der von Tagesangriffen zurück; der 50%-Fehlwurfkreis war in der Nacht oft etwa zehnmal so groß wie am Tage. Aber gegen Ende des Krieges hatte man in der Royal Air Force die Nachtangriffstechnik so weit entwickelt, daß gutgeschulte und geübte Besatzungen Resultate erzielen konnten, die sich mit den Ergebnissen von Tagesangriffen vergleichen ließen, wenn den Bomberverbänden Pfadfinder-Mosquitos vorausgeflogen waren, die in geringer Höhe Markierungen genau über den Hilfszielen gesetzt hatten.

2. Sechs hervorragende Bomber

In diesem Kapitel wollen wir einmal Einzelheiten sechs wichtiger Bombertypen untersuchen, die während des Zweiten Weltkrieges zum Einsatz kamen: die deutschen Bomber Heinkel He 111 und Junkers Ju 88; die englischen Bomber Lancaster und Mosquito; und die amerikanischen Typen B-24 Liberator und B-25 Mitchell. Nachfolgend gebe ich Auszüge von Berichten wieder, die nach Versuchsflügen mit diesen Flugzeugen unter Einsatzbedingungen geschrieben wurden; ausgeführt wurden diese Testflüge von der Air Fighting Development Unit der Royal Air Force.

Die Heinkel He 111 H

Die He 111 fand ab 1937 in der deutschen Luftwaffe Verwendung, und bei Beginn des Krieges stellten die Versionen H und P das Rückrat der deutschen Bombereinheiten dar. Diese Stellung konnte die He 111 während des ersten Kriegsjahres behaupten, aber anschließend wurde sie in vielen Einheiten allmählich durch die Ju 88 ersetzt. Die hier beschriebenen Testflüge wurden im September 1941 durchgeführt, und die Hinweise im Be-

Nahaufnahme der Kanzel einer He 111H; man sieht, welch ausgezeichnete Sicht der Beobachter nach vorn und unten hatte. Mit seinen zwei 1200 PS starken Jumo 211 Zwölfzylinder-V-Motoren erreichte der Bomber eine Höchstgeschwindigkeit von 415 km/h; bei einer Bombenzuladung von 900 kg konnte die He 111 bis zu einer Reichweite von 800 km operieren. *(Jope)*

Anlage der Heinkel 111H

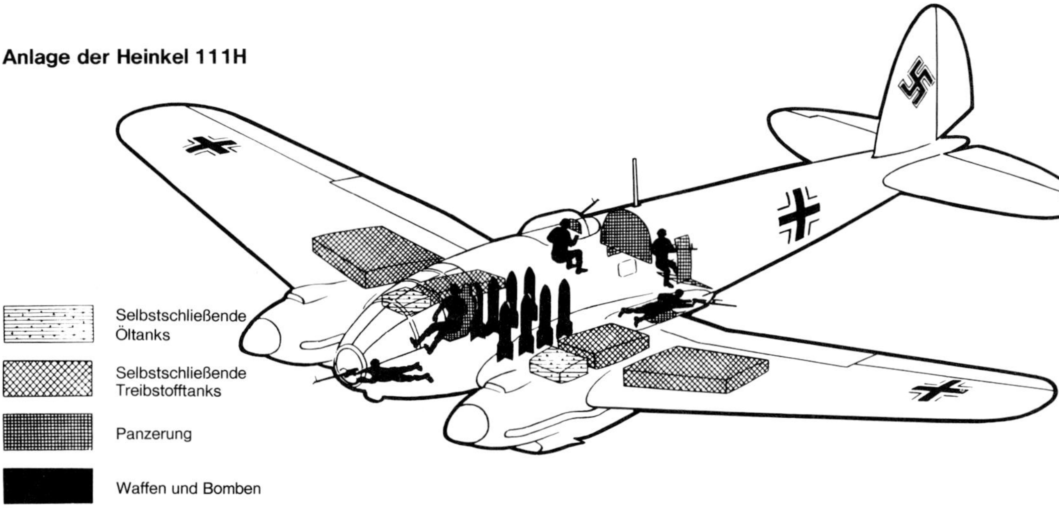

richt beziehen sich auf die Maschinen und die Situationen jener Zeit.

Kurze Beschreibung des Flugzeuges

Die He 111H-3 ist ein zweimotoriger Tiefdecker, ausgestattet mit Jumo 211 D-1 Motoren, von denen jeder 1200 PS leistet. Die Maschine kann eine Bombenlast von 2000 kg tragen.

Besatzung

Bei Tag besteht die Besatzung im allgemeinen aus fünf Mann und bei Nacht aus vier: Flugzeugführer; Beobachter, dessen Aufgabenbereich den des Flugnavigators, des Bombenschützen und des MG-Schützen in der Bugkanzel umschließt; oberer MG-Schütze, der zugleich Funker ist; Schütze in der Bodenwanne; und schließlich ein dritter Schütze, der beim Flug am Tage die MG in den Flanken bedient.

Flugzeugführersitz

Der Flugzeugführersitz liegt über der vorderen Profilkante der Tragflügel. Beim Flug ist der Pilot im allgemeinen von der Kanzel umschlossen, aber er kann seinen Sitz zusammen mit der Steuerung auch anheben, so daß sein Kopf durch eine Gleitluke in der Kabinenüberdachung herausragt. Diese Position dient zum Rollen, zum Starten und zur Landung, und ermöglicht dem Flugzeugführer eine gute Rundumsicht. Die normale Sitzweise im geschlossenen Cockpit, die während des Fluges ein-

Im Innern der He 111 bemerkt man die dürftige Sicht, die der Flugzeugführer in seinem geschlossenen Cockpit hatte. Zur Landung mußte er seinen Sitz anheben, so daß er seinen Kopf durch die Lucke stecken konnte, die während des Fluges geschlossen war. *(von Lossberg)*

genommen wird, schränkt die Sicht des Piloten ein. Über und vor dem Flugzeugführer wird die Sicht durch den Hauptinstrumententräger behindert, und auch nach rechts ist die Sicht nur dürftig, da hier der Motor und die massiven Rahmen des Führerraumes im Wege sind. In der Sicht nach rechts und nach hinten gibt es für den Piloten einen großen toten Winkel, dafür ist die Sicht zur linken Seite hin verhältnismaßig gut.

Beobachter/Bugschütze
Das Steuerhorn kann auf die andere Seite zum Sitz des Beobachters hinübergelegt werden, so daß dieser als Zweiter Pilot fungieren kann, aber in dem Fall sind keine weiteren Steuerungsgeräte in seiner Reichweite. Wenn der Beobachter nach vorn über dem Bombenzielgerät liegt oder das vordere MG bedient, hat er eine gute Sicht, weil die Rumpfnase fast ausschließlich aus Plexiglas besteht.

Oberer MG-Schütze/Funker
Der obere MG-Schütze hat seinen Sitz im Rumpfrücken, kurz vor der Hinterkante der Tragflügel, und er hat eine gute Rundumsicht. Sein Sitz besteht aus einem Leinengurt, dessen beide Enden in der Lafette eingehängt sind. Zum Aufstützen der Füße dient ein Eisenring. Sein Körpergewicht gleicht in etwa das der Waffe aus und ermöglicht damit ein freies Schwenken des Lafettenringes. Zum Schutz von Kopf und Schultern gegen den Luftstrom dient eine Gleitkuppel, aber wenn er seine Waffe um mehr als 20° vom Heck wegschwenken will, muß er die Kuppel zurückschieben, und dadurch wird seine Position kalt und zugig. Man darf wohl annehmen, daß er sich bei Nachtflügen meist auf den kleineren Schußwinkel beschränkt, sonst dürfte die Kälte wohl unerträglich sein; im Ernstfall kann er die Überdeckung dann immer noch für einen kurzen Moment zurückschieben. Die Funkanlage befindet sich auf der linken Flugzeugseite, und der Höhenmesser sowie der Blindlande-Anzeiger sind übersichtlich untergebracht.

Schütze in der Bodenwanne
Der untere MG-Schütze liegt in einer Bodenwanne, die unter dem hinteren Teil des Rumpfes herausragt. Er liegt nicht verkrampft, aber die Position wäre für längere Zeit dennoch sehr unbequem, so daß er sich vermutlich auf den Rand unter den Seitenfenstern setzen wird, wenn nicht gerade Gefahr droht. Seine Sicht nach unten und zur Seite wird durch Panzerplatten beschränkt, die einen großen Teil der Plexi-Verglasung abdecken, aber seine Sicht nach hinten ist recht gut, außer in unmittelbarer Hecknähe, wo er nicht viel erkennen kann.

Flankenschütze
Der Flankenschütze kniet auf dem Fensterrand oder steht rittlings im Rumpf, denn sonst müßte er sich auf den Schützen in der Bodenwanne stellen; ohne Zweifel wird das in der Hitze eines Feuergefechts hin und wieder auch geschehen. Er hat gute Sicht.
Der Bombenschacht nimmt den Raum zwischen der Kabine des Flugzeugführers und dem hinteren Raum für die Besatzung völlig in Anspruch, aber zur Verbindung wurde ein schmaler Steg gelassen. Die Besatzung besteigt das Flugzeug durch eine Bodenluke.

Merkmale der Bewaffnung
Die Bewaffnung dieses Flugzeuges ist technisch überholt; sie steht weit hinter der gleichartiger Flugzeuge zurück. Da mit den vorgenommenen Versuchsflügen nützliche Informationen für Jagdflieger gewonnen werden sollen, wird hier nicht über Einzelheiten der Bewaffnung des zur Verfügung stehenden Flugzeuges berichtet, sondern es werden moderne Waffen besprochen, wie sie nach Einschätzung in den augenblicklich geflogenen neueren Flugzeugen Verwendung finden. Unter diesem Gesichtspunkt wurde auch die für den Jagdflieger sinnvolle Taktik zur Bekämpfung dieses Flugzeugtyps behandelt.
Eine He 111 hat im allgemeinen insgesamt sechs 7,9 mm MG, die in folgender Weise angebracht sind: ein bewegliches MG 15 im Bug (»A-Stand«), ein MG 15 in einer Drehringlafette im Rumpfrücken (»B-Stand«), ein einzelnes MG 15 auf jeder Rumpfseite, das aus einem Seitenfenster feuert, ein starres MG 17 als »Vogelscheuche« im Heck

(nur wenige Flugzeuge waren damit ausgerüstet) und ein MG 15 in der Bodenwanne (»C-Stand«), das beweglich nach hinten feuerte. Möglicherweise könnte das letztere bei Flugzeugen der neuesten Ausführung durch eine 20 mm Oerlikon MK ersetzt worden sein (diese Vermutung bewahrheitete sich nicht, sondern einige He 111 wurden mit einer 20 mm MK in der Kanzel im Rumpfbug ausgestattet). Alle MG haben Visiervorrichtungen mit Stachel und Kreiskorn.

Wirkungsweise und Bedienung
Feuerversuche mit diesen Waffen wurden nicht unternommen, da von früheren Tests mit MG 15 aus einer Ju 88 hinreichende Erfahrungswerte vorlagen. Die Waffe hat sich als brauchbar und wirkungsvoll erwiesen. Die Schlußfolge beträgt 1000 Schuß pro Minute, und wenngleich die Magazine nur jeweils 75 Schuß aufnehmen, können sie doch innerhalb von fünf Sekunden ausgewechselt werden. Die 20 mm MK feuert 350 Schuß pro Minute, und es kommen Magazine von 15 Schuß zur Verwendung. Die MG 15 haben eine Kardanaufhängung, die freie Bewegung ermöglicht, aber im Vergleich zu den Drehtürmen der englischen Flugzeuge sind die Waffen weniger wendig. Eine gleichmäßige anhaltende Feuerfolge einzuhalten ist sehr schwer, und diese Feststellung wird ebenfalls durch eine Analyse von Luftkampfberichten bestätigt.

Schußwinkel
Theoretisch sollte jedes angreifende Jagdflugzeug in den Schußbereich wenigstens einer Waffe kommen, aber es gibt gewisse Richtungen, in denen dem Schützen in der Bodenwanne das Zielen außerordentlich erschwert ist.

Panzerung
Gegen Angriffe von hinten sind die Besatzungsmitglieder gut geschützt. Der Sitz des Flugzeugführers hat einen gepanzerten Rücken und ein ebensolches Kopfstück. Der obere MG Schütze hat einen Gesichtsschutz, und die obere Hälfte der hinter ihm befindlichen Abdeckung ist mit einer halbkreisförmigen Panzerung ausgestattet. Die untere Hälfte der Kabine wird durch eine hinter dem Einstieg über den Rumpfboden gezogene Ablenkplatte geschützt. Die seitlichen MG werden durch gebogene Panzerschilde, die an der Rumpfseite hinter den Fenstern befestigt sind, gesichert, und der größere Teil der Bodenwanne wird von Panzertafeln geschützt, die sich allerdings nicht vor der Sichtscheibe befinden, durch die der Schütze zielt und schießt. Das Gesamtgewicht der Panzerung beträgt 270 kg. Alle Treibstoff- und Ölbehälter sind in selbstschließender Ausführung, aber die Motoren sind ungeschützt.

Taktische Versuche

Flugeigenschaften
Die Heinkel 111, die uns zur Verfügung stand, durfte nicht voll ausgeflogen werden, so daß hinsichtlich der Wendigkeit nicht viel ausgesagt werden kann (die Maschine war bei der Landung in England beschädigt). Bei den Versuchsflügen mit 4- oder 5-köpfiger Besatzung war die Maschine leicht hantierbar, und es entstand der Eindruck, als sei die Steuerung bequemer, als die der Wellington. Die Steuerung war gut abgestimmt.
Die Maschine kann so getrimmt werden, daß der Flugzeugführer die Steuerung nicht zu halten braucht. Der Instrumentenflug ist besonders leicht. Nachtflüge wurden nicht gemacht. Einmotorige Flüge mit jeweils dem anderen Propeller in Segelstellung wurden durchgeführt; dabei zeigte sich, daß die Maschine mit nur einem Triebwerk immer noch hervorragend zu steuern war. Wenn sie unbeladen ist, kann sie bei einer Fluggeschwindigkeit von etwa 225 km/h leicht Höhe halten; auch kann sie über den laufenden wie über den stehenden Motor noch ohne Schwierigkeiten kurven.

Formationsflug: Die Heinkel 111 ist in geschlossener Formation leicht zu fliegen, da sie auf Gas geben oder Gas wegnehmen gut reagiert. Für den linken »Kettenhund« ist der Flug in Formation wegen der Sichtbehinderung schwieriger; für den rechts fliegenden ist die Sicht nur gut, wenn die Maschine auf gleicher Höhe mit dem Staffelführer oder unter ihm fliegt.

Eine He 111H mit geöffneten Bombenklappen beim Zielanflug. Der Bombenschacht konnte nur Bomben bis zu 250 kg oder kleiner aufnehmen, die senkrecht aufgehängt wurden. Größere Bomben mußten außen mitgeführt werden. *(Schliephake)*

Luftkampf

Allgemeines: Die Heinkel 111 wurde unter Luftkampfbedingungen gegen eine Spitfire I und eine Hurricane II geflogen. Die Jäger benutzten dabei Schießkameras. Die Heinkel hat offenbar eine Fluglage mit leicht hängendem Heck; das sollten Jagdflieger bei der Kalkulation des Vorhaltwinkels berücksichtigen.

Angriff von hinten. Ein von oben angreifender Jäger wird das MG auf der Rumpfoberseite zu spüren bekommen. Da das MG in einem Lafettenring kardanisch aufgehängt ist, läßt es sich nicht sehr schnell bewegen, und ein gezieltes Dauerfeuer ist damit sehr schwierig. Der MG-Schütze läuft auch Gefahr, das Seitenleitwerk der Heinkel zu beschädigen; dieses ist groß genug, dem angreifenden Jäger durch den toten Winkel einigen Schutz zu verleihen. Falls der Jäger aus derselben Höhe oder leicht unter der der Heinkel angreift, schützt das Leitwerk ihn gegen das obere MG, aber er kommt dann in die Schußlinie des starren MG 17 im Heck oder des MG bzw. der Oerlikon-Kanone in der Bodenwanne.

Die Visiereinrichtungen der unteren Waffen aber werden in ihrer Nutzbarbeit zum Teil durch die Verrahmung der Bodenwanne und durch den Schwenkring der MG beeinträchtigt. Die Oerlikon kann im Winkel von etwa 15 Grad nach beiden Seiten des Hecks und etwa 20 Grad nach unten feuern. Da das Zielen außerordentlich erschwert ist, darf man annehmen, daß mit dieser Waffe im allgemeinen nach hinten im Winkel von etwa 10 Grad nach unten gefeuert wird. Die günstigste Angriffsposition für Jäger liegt daher unmittelbar über dem Leitwerk oder im Winkel von 30 Grad von unten. Da der Rumpf gut gepanzert ist, sollte der angreifende Jäger besser die Motoren anvisieren. Aus dem Angriff sollte er sich nach unten lösen.

Flankenangriff. Ein Flankenangriff von oben oder aus gleicher Höhe kann durch das obere und die seitlichen MG abgewehrt werden. Für das MG auf der Rumpfoberseite bringt die Verteidigung die gleichen Probleme wie beim Angriff von hinten. Das MG im Seitenfenster hat ein ziemlich großes Schußfeld, aber genaues Zielen wird durch die unbequeme Stellung des Schützen erschwert. Falls der Angriff von unten geflogen wird, kommt der Jäger zwar in den Schußbereich des Seiten-MG, das aber voraussichtlich nicht präzise schießen wird, und den des MG in der Bodenwanne, das bis zu 30 Grad zur Seite feuern kann. Für den Schützen in der Bodenwanne ist es aber schwierig, den Gegner unter diesem Winkel anzuvisieren, und die Behinderung ist noch größer, falls er eine Oerlikon MK bedienen muß. Da die He 111 keinen Panzerschutz gegen seitliche Angriffe hat, bietet der Flankenangriff die größte Aussicht auf Erfolg, und wenn der Angriff von der linken Seite her erfolgt, hat der Angreifer durchaus die Möglichkeit, den Flugzeugführer tödlich zu treffen.

Frontalangriff. Die He 111 hat keinen Schutz gegen Frontalangriffe, und deshalb ist diese Taktik den Jagdfliegern besonders zu empfehlen, insbesondere beim Kampf gegen Bomberformationen, deren Flugzeuge sich gegenseitig gegen Angriffe von hinten oder aus der Flanke schützen. Die Waffe im Bug hat nur ein begrenztes Schußfeld und das Anvisieren ist für den Schützten dadurch erschwert, daß er das drehbare Fenster mit der einen und die Waffe mit der anderen Hand betätigen muß.

Angriff durch Nachtjäger. Die Jäger sollten normalerweise von hinten und unten angreifen. Wenn sich eine gute Gelegenheit zum Flankenangriff von links bietet, wird das Risiko, Treffer aus der MK abzubekommen, erheblich gemindert.

Jagdflugzeuge mit beweglichem MG (wie die Boulton Paul Defiant) sollten sich unter den Bug der He 111 schieben, denn dort ist ein toter Winkel und das Feuer kann nicht erwidert werden.

Luftschraubenstrahl. Hinter der Heinkel 111 drückt der Luftschraubenstrahl leicht nach oben. Auf der linken Seite ist er etwas stärker. Ein Jäger, der beim Angriff von hinten nicht zu hoch anfliegt, wird durch den Strahl kaum gestört werden, bevor er auf etwa 100 m herangekommen ist.

Die Junkers Ju 88 A-6

Die Junkers Ju 88 kam zu Beginn des Krieges – noch in geringen Stückzahlen – gerade zur Auslieferung an die deutsche Luftwaffe. Mitte 1941 war sie zum meistverwendeten deutschen Bombertyp geworden. Das blieb sie auch bis zum endgültigen Zusammenbruch der deutschen Bomberstreitkräfte im Sommer 1944. Die Version A-6 kam im Frühjahr 1941 heraus, und die hier beschriebenen Versuchsflüge fanden im darauffolgenden August statt.

Kurze Beschreibung des Flugzeuges

Die Junkers Ju 88 ist ein zweimotoriger Mitteldekker mit zwei Jumo 211-Motoren, die je 1200 PS leisten. Die maximale Bombenzuladung beträgt 3000 kg, und damit hat sie eine Reichweite von 885 km. Ihre äußerste Reichweite ist eigentlich 3500 km, jedoch kann sie dann nur eine Bombenlast von 500 kg tragen. Die Ju 88 hat Sturzflugbremsen, die einen Sturzwinkel bis zu 70 Grad zulassen. Ferner hat sie einen Autopiloten und einen zweiten Steuerknüppel, den der Bombenschütze benutzen kann. Zum weiteren Zubehör gehören Enteisungsanlage für Luftschrauben und Leitwerk sowie Vorrichtungen zur Anbringung eines winkligen Ballon-Abschneidegerüsts vor den Tragflächen. (Anm. d. Red.: von der A-6 wurden nur wenige Exemplare hergestellt. Mit Gerüst war die Maschine schwer zu fliegen. Deshalb erfolgte ein Umbau. Die verbliebenen A-6 wurden nach Ausbau des Schneidgerüsts und der Bodenwanne hauptsächlich zur Schiffsbekämpfung eingesetzt.)

Kabine

Die vierköpfige Besatzung ist in einem kleinen Führerraum im vorderen Rumpfteil untergebracht.

Anlage einer Junkers 88A-6

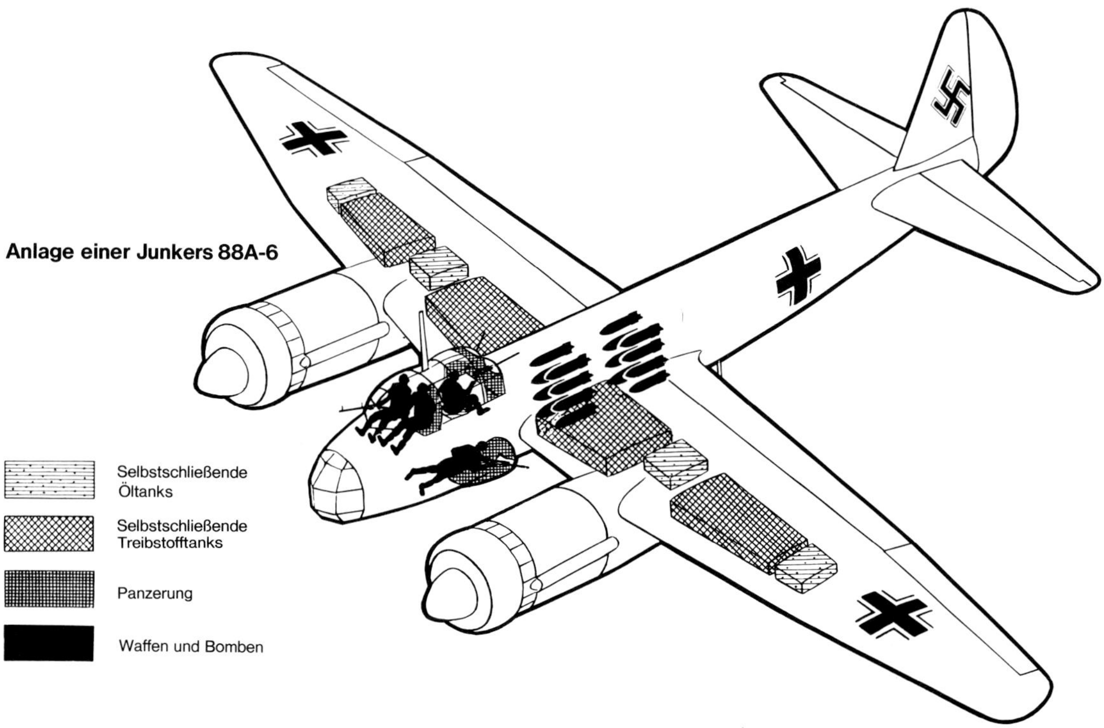

Flugzeugführer und oberer Schütze, der zugleich auch als Funker fungiert, haben bequeme Sitze und hinlänglich Raum zur Erfüllung ihrer Aufgaben; der Bombenschütze und der MG-Schütze nach unten, der in einer Bodenwanne unter der rechten Seite der Kabine liegt, sind dagegen eng und unbequem untergebracht. Es dürfte dem Schützen in der Bodenwanne kaum möglich sein, länger als eine Stunde in seiner unbequemen Stellung an der Waffe zu verbleiben. Deshalb hat er unmittelbar über der Bodenwanne einen kleinen Ruhesitz. Der Bombenschütze sitzt sehr beengt neben dem Flugzeugführer, wenn er nicht gerade über seinem Zielgerät liegt; dieses wiederum ist viel zu nahe an der Pedalsteuerung für das Seitenruder und der Bombenauslöseanlage untergebracht.

Merkmale der Bewaffnung

Das Flugzeug, das für die Versuche zur Verfügung stand, hatte vier MG 15 in Kardanaufhängung. Zwei von ihnen sind im oberen rückwärtigen Teil der Kabine in gesonderten drehbaren Linsenlafetten untergebracht. Das dritte MG feuert aus der Bodenwanne nach hinten und das vierte ist starr nach vorn gerichtet in der rechten Hälfte des Führerraumes. In 22 Magazinen mit je 75 Schuß stehen insgesamt 1650 Schuß zur Verfügung. Die Magazine sind an Aufhängevorrichtungen seitlich und im hinteren Kabinenteil untergebracht, wo immer sich der Platz dazu bot. Die Bewaffnung ist offenbar die modernste und wirkungsvollste, die den Deutschen für ein solches Flugzeug zur Verfügung stand. Frühere Versionen hatten die kardanische Aufhängung nur in der rückwärtigen Kabinenüberdachung und eine weitere ähnliche Aufhängung beiderseits des Rumpfes zur Flankenverteidigung. Diese vier MG müssen den hinteren Schützen wohl erheblich in der Sicht behindert und in der Bewegung gestört haben.

Visiereinrichtungen

Die Visiereinrichtungen für alle MG sind mit einem eigengeschwindigkeitsgesteuerten Visier mit Stachel und Kreiskorn ausgestattet. Der Stachel ist dem Schützen am nächsten, das Kreiskorn an der Mündung der Waffe.

Funktion

Mit einem MG wurde am Boden auf Zielscheiben gefeuert. Die drei nach hinten gerichteten MG wurden über See vom Flugzeug aus abgefeuert. Ladehemmungen traten dabei nicht ein, der Rückstoß war in allen Lagen unerheblich. Die Schußfolge liegt bei 1000 Schuß pro Minute, und es entsteht nur wenig Qualm. Die Munition wurde nicht in einer bestimmten Reihenfolge zugeführt, aber etwa ein Fünftel war rote Leuchtspur- oder grüne Brandmunition. Der Rest besteht aus hochexplosiven und panzerbrechenden Geschossen.
Eine Nachtschießübung wurde durchgeführt. Die Leuchtspurmunition hatte dabei keinen Blendeffekt. Ganz allgemein gewann man den Eindruck, daß das MG 15 eine sehr einfache aber wirkungsvolle Waffe ist. Der Magazinwechsel dauerte jeweils 5 Sekunden.

Schußfeld

Die oberen nach hinten gerichteten MG bestreichen ein weiträumiges Feld von etwa 75 Grad zu beiden Seiten und von 35 Grad nach oben. Das untere MG kann in einem Winkel von je 40 Grad nach links und rechts von der Flugrichtung feuern, aber es ist leichter, in Flugrichtung rechts zu schießen als nach links; das liegt an der Position des Schützen, der den Kolben gegen seine rechte Schulter drückt. Die Waffe kann nur genau nach hinten bis zu 30 Grad gesenkt werden, dieser Winkel wird bis auf 15 Grad zu den Seiten hin reduziert. Hinter dem Leitwerk ist kein toter Winkel. Das vordere MG ist nur begrenzt verwendungsfähig. Es kann, falls erforderlich, in horizontaler Stellung arretiert werden; vermutlich soll es dann durch den Flugzeugführer bedient werden können, aber das zur Verfügung stehende Flugzeug hatte dazu keine Vorrichtung.

Panzerung

Die Besatzung ist gegen Angriffe von hinten und schräg hinten hervorragend geschützt. Der ganze rückwärtige Kabinenteil ist mit Panzerung und Panzerglas bis hinunter zu den Knien des oberen MG-Schützen gesichert. Der Schütze in der Bodenwanne liegt über einer gewölbten Panzerplatte; als Gesichtsschutz dient eine halbrunde Kopfpanzerung, die sich mit der Waffe bewegt.

Eine Junkers 88 bei einer Landung mit nur einem laufenden Motor. Nur sehr erfahrene Piloten konnten die Ju 88 heil auf den Boden bringen, wenn ein Triebwerk ausgefallen war. Mit zwei 1200 PS starken Jumo 211 D Zwölfzylinder-V-Motoren erreichte die Ju 88A-6 eine Höchstgeschwindigkeit von 450 km/h; bei einer Bombenlast von 900 kg lag die Reichweite bei 970 km.

Am Sitz des Flugzeugführers befindet sich eine Panzerplatte als Kopfschutz; dieser Schutz zieht sich bis über den Rücken hinunter. Die Unterseite des Sitzes für den oberen MG-Schützen ist ebenfalls gepanzert.

Da die Besatzung im vorderen Rumpfteil sitzt, erhält sie weiteren Schutz durch die selbstschließenden Treibstofftanks im Rumpf und durch das Funkgerät im hinteren Teil der Kabine, das möglicherweise auch als Kugelfang fungieren könnte, wenn Geschosse genau von hinten auftreten. Alle Treibstoff- und Öltanks sind selbstschließend, aber die Motoren sind weder von vorn noch von hinten geschützt.

Taktische Versuche

Flugeigenschaften

Die Ju 88 ist für ein Flugzeug dieser Größe und Tragflächenbelastung außergewöhnlich wendig. Die Steuerung leicht gängig, alle Teile haben eine Funktionsverstärkung, so daß sie auch bei hoher Geschwindigkeit nicht mehr Kraft erfordern. Dadurch kann das Flugzeug auch am Ende eines langen Sturzfluges hart abgefangen werden. Ein erfahrener Pilot müßte sich mit dieser Maschine im Luftkampf gut behaupten können, weil die Berechnung des richtigen Vorhaltewinkels für den gegnerischen Jäger dadurch sehr schwierig werden dürfte.

Die Ju 88 kann eine hohe Spitzengeschwindigkeit fliegen. Bei Vergleichsflügen mit einer Blenheim IV – beide Flugzeuge waren dabei unbeladen – zeigte sich, daß die Ju 88 sowohl in 600 m als auch in 4500 m Höhe etwa 40 km/h schneller flog. Im Sturzflug beschleunigt die Maschine stark.

Die Sturzflugbremsen lassen sich leicht betätigen und erweisen sich als wirkungsvoll. Bei Sturzflügen über 2000 m in einem Neigungswinkel von 60 Grad ging die angezeigte Geschwindigkeit niemals über 425 km/h hinaus; das Flugzeug gehorchte der Steuerung absolut zur Ausrichtung nach dem Bombenzielgerät. Das Abfangen geschah automatisch.

Das Flugzeug ist leicht zu trimmen, so daß es ohne Handkorrektur fliegt; der Instrumentenflug ist bequem. Während der Versuche wurden keine Nachtflüge gemacht, aber die Beleuchtung des Führerraumes bei Nacht erscheint zufriedenstellend, ohne daß störende Reflexe auftreten. Flüge mit nur einem Motor wurden durchgeführt, dabei stand die andere Luftschraube jeweils in Segelstellung. Mit nur einem Motor ist die Ju 88 nicht gerade einfach zu fliegen, aber sie hält Höhe, wenn sie unbeladen mit einer Geschwindigkeit von etwa 260 km/h fliegt. Kurven gegen den arbeitenden Motor ist nicht leicht und die anschließende Rückkehr in den Geradeausflug ist dabei ebenfalls schwierig. Man darf daher annehmen, daß Flugzeuge des Typs Ju 88, denen im Luftkampf ein Motor beschädigt wurde, nur dann aus großer Entfernung zum Heimatflugplatz zurückkehren können, wenn sie von einem sehr erfahrenen Piloten geflogen werden.

Sicht. Der Flugzeugführer hat, zumindest nach unseren Begriffen, keine gute Sicht. Er muß ganz gerade sitzen, so daß sein Kopf fast die Überdachung berührt, und selbst dann kann er nur nach vorn und zur linken Seite hin blicken (wo er sitzt). Seine Sicht nach rechts wird durch das bewegliche MG im Bug und durch das Gerippe der Kabinenverglasung behindert. Er sitzt hinter der Schnittlinie der Luftschrauben, aber über die Motoren hinweg kann er leichter hinweg blicken als der Pilot einer Blenheim. Positiv ist allerdings der Umstand, daß die Verglasung aus einer Reihe von flachen Scheiben besteht, durch die das Licht nicht abgelenkt wird. Die Rundumsicht des oberen Schützen ist gut. Die Tragflügel verdecken natürlich einen Teil des Blickfeldes, aber dafür hat der Schütze in der Bodenwanne nach unten gute Sicht in rückwärtiger Richtung. Der einzige einigermaßen tote Blickwinkel liegt, ausgenommen wenn der Bombenschütze in Bereitschaft ist, vorn und unten, wo Zielgeräte und Armaturen die Sicht beeinträchtigen.

Formationsflug. Die Ju 88 ist in geschlossener Formation leicht zu fliegen, da sie rasch beschleunigt und ebenso leicht die Geschwindigkeit verliert. Allerdings müssen die Maschinen auf gleicher Höhe mit oder wenig unter dem Staffelführer fliegen, da die Motoren den seitlichen Blick nach unten behindern.

Luftkampf

Allgemeines. Die Ju 88 wurde unter Luftkampfbedingungen gegen Hurricane II und Spitfire I geflogen. Die Jagdflugzeuge waren mit Schießkameras ausgestattet. Die Ju 88 wurde dabei stets ohne Bombenlast geflogen; ihr Fluggewicht betrug 10200 kg.

Es stellte sich heraus, daß das Jagdflugzeug bei keiner Angriffsart in das Schußfeld von mehr als einer Waffe gleichzeitig geriet. Da die MG in der Kardanaufhängung von Hand geführt werden, ist ein anhaltendes gezieltes Feuer äußerst schwierig. Jagdflieger sollten sich einprägen, daß die Ju 88 ständig mit leicht hängendem Leitwerk fliegt. Beim Geradeausflug ist das Heck um etwa 10 Grad nach unten geneigt.

Der obere MG-Schütze hat durch das hängende Leitwerk ein vergrößertes Schußfeld, wenn er von hinten angegriffen wird.

Die Junkers 188 wurde aus der Ju 88 entwickelt. Sie hatte stärkere Motoren, abgeänderte Tragflügel und ein vergrößertes Leitwerk zur Verbesserung der Flugleistung in großer Höhe. Mit ihren zwei 1700 PS starken BMW 801 Doppelsternmotoren erreichte die Ju 188E eine Höchstgeschwindigkeit von 500 km/h; bei einer Bombenlast von 900 kg lag die Reichweite bei etwa 1250 km. *(via Roosenboom)*

Angriff von hinten. Der angreifende Jäger fand hinter dem Leitwerk keine Deckung. Der obere Schütze konnte die MG schneller wechseln, als der Jäger von einer Seite zur anderen hinüberwechseln konnte, und der Schütze in der Bodenwanne fand immer Gelegenheit zum Feuern, wenn der Jäger unter dem Schußfeld des oberen Schützen wegtauchte. Falls der Angriff aus gleicher Höhe erfolgt, kann der obere Schütze leicht in Funktion treten, weil das hängende Heck ihm die Sicht freigibt. Deshalb sollten Angriffe von hinten immer etwas niedriger angesetzt werden, als das Heck der Ju 88 fliegt. Da die Kabine nach hinten gut gepanzert ist, sollten sich Angriffe mit 7,69 mm MG auf die ungeschützten Motoren richten.

Die Ausweichmanöver der Ju 88 bestanden aus Slippen, wellenförmigem Fliegen, Sturzflügen mit hoher Geschwindigkeit und Kurven. Von diesem Manöver erwies sich das Slippen, das infolge der leichten Steuerung besonders schnell erfolgen kann, als nicht sonderlich aussichtsreich, und die Jäger konnten leicht folgen. Aber beim Flug in Wellen bekamen die Jäger ernsthafte Schwierigkeiten mit dem Zielen. Dieser Wellenflug ist leicht durchzuführen, weil die Motorenleistung der Ju 88 nicht nachläßt, wenn die Steuersäule nach vorn ge-

drückt wird. Für die verfolgenden Jäger war es das Beste, auf dem Scheitelpunkt der Wellenbewegungen zu folgen, und nur dann zu schießen, wenn die Ju 88 oben und im ersten Teil der Abwärtsbewegung flog. Die Motoren der Spitfire verloren an Leistung, wenn sie versuchten, der Ju 88 zu folgen. (Anmerkung d. Red.: Die englischen Jagdflugzeuge waren mit Vergasermotoren ausgerüstet und hatten demzufolge Aussetzer beim Andrücken zum Sturzflug.)
Nach einer Analyse von Luftkampfberichten aus jüngerer Zeit scheint der Sturzflug das beliebteste Ausweichmanöver von Ju 88-Piloten zu sein. Deshalb wurde die Ju 88 auf eine Flughöhe von 4500 m gebracht; eine Hurricane folgte ihr dabei unmittelbar, während eine weitere Hurricane und eine Spitfire im Abstand einer Meile (etwa 1,6 km) folgten. Dann setzte die Ju 88 zum Bahnneigungsflug an, wobei sie bei voller Motorleistung etwa 450 m/min an Höhe verlor; nach einem Höhenverlust von 2400 m näherte sich die Spitfire auf Schußweite, dabei war eine Strecke von 43 km zurückgelegt worden. Die ebenfalls angreifende Hurricane konnte sich nur sehr langsam auf Schußweite heranarbeiten. Die begleitende Hurricane kam in der Motordrehzahl nicht über 2550 U/min hinaus. Der Geschwindigkeitsanzeiger der Ju 88 gab als Höchstgeschwindigkeit 490 km/h an. Die Seitensteuerung der Ju 88 reagierte leicht, und mit sanften Bewegungen des Leitwerkes wurde die Sicht für den rückwärtigen Schützen freigegeben. Die Ju 88 weicht auch zuweilen durch Kurven aus, vor allem wenn sie dadurch im Schutz der Wolken verschwinden kann. Es wurde festgestellt, daß der Wendekreis selbst bei hoher Geschwindigkeit sehr klein ist, aber die Jäger konnten sie dennoch leicht im Visier behalten. Die Steuerung der Ju 88 ist so gut, daß die Kurvensteilheit sich leicht ändern läßt; läßt der Flugzeugführer die Maschinen dabei noch seitlich slippen, dann wird der gezielte Beschuß zu einer äußerst schwierigen Angelegenheit.

Flankenangriff. Die Panzerung zum Schutz der Kabine und der Besatzung gegen Angriffe, die im spitzen Winkel gegen die Flanke geflogen werden, ist nur schwach. Deshalb muß der Jäger, falls er nur über 7,69 mm MG verfügt, versuchen, seine Treffer aus einem Winkel von 45 bis 30 Grad anzubringen. Der obere Schütze kann seine Waffe mit Leichtigkeit fast ganz zur Seite wenden, aber der untere Schütze hat nur ein Schußfeld im Winkel von 40 Grad nach jeder Seite. Hinzu kommt, daß der untere Schütze besser zur rechten Flugzeugseite sehen und feuern kann; deshalb sollten die Angriffe am besten leicht von unterhalb gegen die linke Flanke der Ju 88 geflogen wreden. Nach dem Angriff sollte der Jäger sich nach links unten ablösen. Noch ein Vorteil kommt beim Angriff auf die linke Flanke hinzu: der Flugzeugführer sitzt auf dieser Seite und ist so dem Beschuß preisgegeben.

Frontalangriff. Gegen Frontalangriffe ist die Ju 88 völlig ungeschützt, und die Ringkühler bieten mit ihrer großen Fläche ein gutes Ziel. Diese Angriffsart ist geradezu ideal, wenn der Jäger unbemerkt anfliegen kann; ist er bei der Annäherung gesichtet worden, dann macht die hohe Geschwindigkeit der Ju 88 das Vorhaben zunichte. Das vordere MG der Ju 88 hat nur ein begrenztes Schußfeld und ist schwierig zu handhaben, weil die Position des Bombenschützen sehr beengt ist. Da er zu nahe am Flugzeugführer sitzt, kann er leichter nach links als nach rechts feuern.

Die Ju 88 als Sturzbomber.
Sturzflüge in Winkeln zwischen 50 und 60 Grad wurden mit Hilfe der Sturzbremsen durchgeführt. Dabei wurden Angriffe mit Jagdfliegern geflogen, die dabei feststellen konnten, daß sie während des Sturzes einen wirkungsvollen Feuerstoß abgeben konnten, ehe sie das Ziel überflogen, aber dann konnten die Jäger den sicheren und somit wirkungsvolleren Feuerstoß nicht mehr in dem Augenblick abgeben, in dem die Ju 88 aus dem Sturzflug abgefangen wurde.
Aus diesem Grunde dürfte es empfehlenswert sein, daß der verfolgende Jäger während des Sturzfluges in Spiralen folgt und die Ju 88 erst dann angreift, wenn sie abgefangen wird. Die Piloten der Ju 88 verwenden auch die Sturzbremsen mit sehr gutem Erfolg zu einem Ausweichmanöver, vor allem wenn sie im Schutz der Wolken verschwinden wollen.

Luftschraubenstrahl. Dieser ist an keiner Stelle besonders stark. Die Jäger konnten auf weniger als 100 m von hinten herankommen, ohne wesentlich behindert zu werden.

Tiefflug. Bei einer Fluggeschwindigkeit ab etwa 260 km/h ist die Ju 88 absolut voll steuerbar und kann daher zu Tiefangriffen eingesetzt werden.

Angriff durch Nachtjäger. Die alliierten Jäger sollten von hinten und von unten her angreifen, da Sicht und Schußfeld des unteren Schützen eng begrenzt sind. Jagdflugzeuge mit beweglichem MG können einen großen toten Winkel unterhalb der Flugzeugmitte nutzen. Von der Seite her können sie dort unbehelligt hingelangen.

Die de Havilland Mosquito IV

Die de Havilland Mosquito IV war die erste Bomberversion dieses hervorragenden Flugzeuges in Holzbauart (die Modelle I, II und III waren Aufklärungs-, Jagd- und Schulflugzeuge). Das Modell IV kam ab Frühjahr 1942 zum Einsatz; die Versuchsflüge, die hier beschrieben sind, fanden zwischen November 1941 und März 1942 statt. Dabei wurde eines der ersten Serienflugzeuge verwendet.

Kurze Beschreibung des Flugzeuges

Allgemeines
Die Mosquito ist ein Mitteldecker in Holzschalenbauweise. Als Antriebsaggregate dienen zwei Merlin 21-Motoren mit je 1150 PS Leistung. Die Bomberversion ist unbewaffnet. Das derzeitige Fluggewicht beträgt 8800 kg. In diesem Gewicht

Anlage der de Havilland Mosquito IV

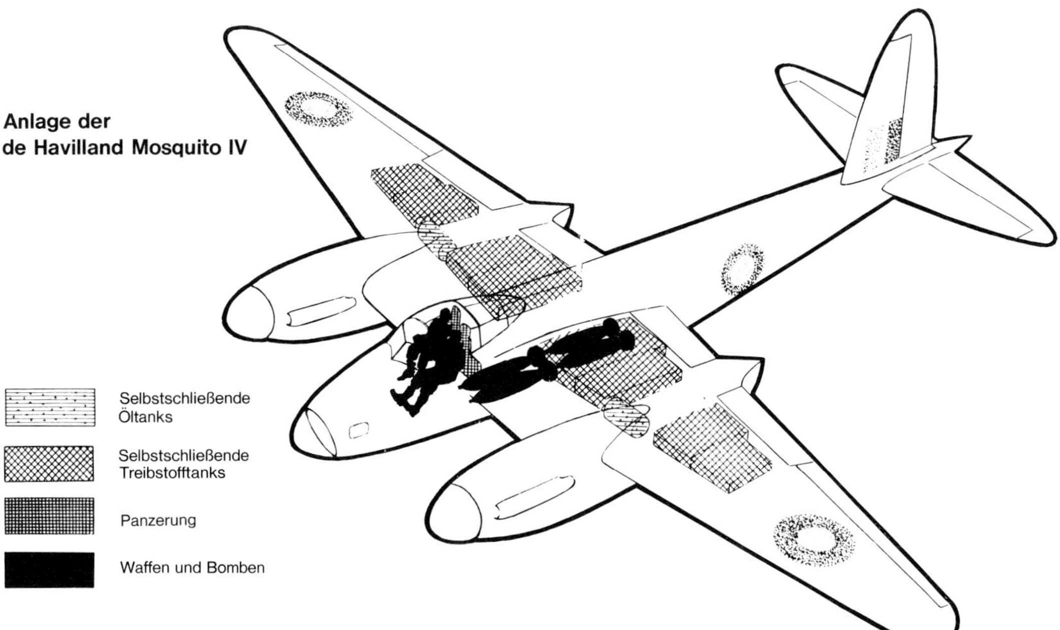

eingeschlossen sind die volle Treibstoffladung und 680 kg Bombenzuladung. Unter diesen Bedingungen hat die Maschine eine operative Reichweite von 2250 km. Mit Langstreckentanks in den Bombenschächten kann die Reichweite auf 2900 km ausgedehnt werden.

Besatzung
Die Besatzung besteht aus einem Flugzeugführer und einem Beobachter, der zugleich als Bombenschütze, Funker und Navigator fungiert.

Cockpit
Der Flugzeugführerraum ist recht gut ausgelegt, wenngleich er ein bißchen beengt ist. Die aufrechte Sitzweise des Piloten kann in Verbindung mit der räumlichen Beengung auf einem langen Flug Müdigkeit verursachen. Instrumente und Steuerung sind bequem zu übersehen und zu handhaben. Der Flugzeugführer sitzt auf der linken Seite und der Beobachter sitzt normalerweise neben dem Piloten, wo er seine Aufgaben als Flugnavigator, Funker und Beobachter ausführen kann. Das Bombenzielgerät liegt im Bug vor dem Piloten, und der Beobachter muß sich vor dem Bombenwurf dorthin begeben. Eine Klarsichtscheibe erleichtert das Zielen. Die Kabine ist hervorragend geheizt, so daß selbst im Winter beim Flug in großer Höhe keine unbequeme Flugbekleidung getragen werden muß. Im Sommer könnte sich das Cockpit leicht als zu warm erweisen.

Sicht
Die Besatzung hat in der Horizontalen gute Sicht zu den Seiten, nach vorn und oben; auch nach hinten sind die Sichtverhältnisse noch annehmbar. Aber die Sicht gerade und in schräger Richtung rückwärts nach unten, in der Richtung also, in der die Flieger sorgfältig beobachten sollten, ist sehr schlecht. Das liegt teilweise am toten Blickwinkel und teilweise an dem Umstand, daß beide Besatzungsmitglieder den Kopf nach vorn gewandt haben, so daß sie bei der Suche in der genannten Richtung über die Schulter blicken müssen. Deshalb kniete der Beobachter zuweilen in seinem Sitz, das Gesicht nach hinten gewandt, um so ein besseres Blickfeld zu haben. Während der Versuchsflüge geschah es oft, daß ein Jagdflugzeug sich von hinten unten näherte, ohne daß die Besatzung den bevorstehenden Angriff bemerkte. Zu beiden Seiten des Cockpits wölben sich kleine Kuppeln nach außen zur Verbesserung der Sicht, aber in voller Fliegermontur kann man davon kaum Gebrauch machen. Es wurde mit Spiegeln in diesen Kuppeln experimentiert; sie erwiesen sich als brauchbar, denn die Sicht nach hinten und zum Teil auch nach unten wurde damit erheblich verbessert.

Panzerung
Der Flugzeugführer ist von hinten mittels einer 7 mm starken Panzerplatte geschützt; diese reicht von der Sitzhöhe bis über den Kopf. Der Beobachter hat hinter sich einen ähnlichen Panzerschutz von 9 mm Stärke, wobei aber hinter seinem Kopf eine Panzerglasscheibe ist, so daß die Sicht nach hinten nicht durch die Panzerung beeinträchtigt wird. Der obere Teil der Panzerplatte hängt an Scharnieren, damit der Funker das dahinter befindliche Funkgerät bedienen kann. Die Motoren sind nicht durch Panzerung geschützt.

Treibstoff- und Ölbehälter
Der Treibstoff wird in 10 selbstschließenden Tanks mitgeführt. Davon sind:

4 in den äußeren Tragflügeln mit	536 l
4 in den inneren Tragflügeln mit	1314 l
2 in der Rumpfmitte mit	618 l
zusammen	2468 l
2 Langstreckentanks im Rumpf (falls eingebaut)	704 l
Fassungsvermögen insgesamt	3172 l

Öl wird in zwei selbstschließenden Tanks mitgeführt, von denen je einer beim Motor liegt. Ein dritter Ölbehälter kann im Rumpf untergebracht werden, sofern die Langstreckentanks eingebaut sind.

Bombenzuladung
Die maximale Bombenzuladung beträgt gegenwärtig 680 kg, das sind zwei Bomben von je 227 kg und zwei von je 113 kg. Es wird aber behauptet,

daß die Bombenzuladung auf 1130 kg erhöht werden kann, wenn Bomben mit ausklappbaren Steuerflossen zur Verfügung stehen.

Funkanlage
Das Flugzeug hat die Standard-Funkanlage für Bomber, die zufriedenstellend arbeitet. Die Eigenverständigung zwischen Flugzeugführer und Beobachter ist sehr gut.

Flugeigenschaften
Sowohl im beladenen wie im unbeladenen Zustand ist die Mosquito sehr wendig. Die Steuerung reagiert bei allen Fluggeschwindigkeiten leicht und zuverlässig; die Seitensteuerung geht dabei etwas schwerer als das Höhenruder oder die Querruder.

Die zweiköpfige Besatzung vor der Mosquito verdeutlicht, wie klein dieser Schnellbomber eigentlich war. Mit den beiden 1150 PS starken Rolls-Royce Merlin 21 Motoren erreichte die Mosquito IV eine Höchstgeschwindigkeit von 620 km/h; bei einer Bombenlast von 900 kg lag die Reichweite bei 965 km/h. *(C. Brown)*

Leistungsvermögen
Die Mosquito erreicht eine hohe Spitzengeschwindigkeit. Vergleichsflüge wurden zusammen mit einer Spitfire VB durchgeführt; dabei hatten beide Maschinen das volle Fluggewicht unter Einsatzbedingungen. Bei den meisten Flügen waren die Tanks der Mosquito voll, und eine Bombenlast von 450 kg wurde ebenfalls mitgeführt. Wenn die Bomben einmal nicht mitgenommen wurden, änderte sich das Flugverhalten der Maschine kaum merklich. In 6300 m Flughöhe erwies sich die Mosquito ohne Benutzung der Notleistungsanlage um etwa 6 bis 8 km/h schneller als die Spitfire, die mit Hilfe des Notleistungsaggregats versuchte, am Ball zu bleiben. Damit erreichte die Mosquito eine Höchstgeschwindigkeit von 604 km/h. In 180 m Höhe erreichten beide Flugzeuge annähernd dieselbe Geschwindigkeit, aber die Spitfire flog dabei im Gegensatz zur Mosquito wiederum unter Zuhilfenahme des Notleistungssystems. In 7200 m Flughöhe fällt die Mosquito im Vergleich zur Spitfire zurück. Die Mosquito steigt rasch, vor allem wenn sie leicht ist. Mit ihrer höchsten Steiggeschwindigkeit kann sie in knapp über 9 Minuten vom Zeitpunkt des Starts aus über 6000 m Höhe gelangen, und damit braucht sie nur etwa 2 1/2 Minuten länger als die Spitfire. Diese Leistung der Mosquito wird durch die Zuladung von Bomben kaum spürbar gemindert. Die Dienstgipfelhöhe liegt offenbar um 9000 m. Im Sturzflug beschleunigt die Mosquito gut und bei einer geringen Sturzneigung erreicht sie in großer Höhe schon rasch die Höchstgeschwindigkeit von 580 km/h.
Der Flug mit nur einem Motor wurde ebenfalls durchgeführt; dabei war dann jeweils der andere Propeller auf Segelstellung gebracht. Hier zeigte sich, daß die Mosquito mit nur einem Motor sowohl Höhe halten als auch steigen kann. Das Seitenruder konnte so getrimmt werden, daß die Maschine sich auch mit nur einem Motor freihändig fliegen ließ. Auch hier wieder brachte eine Bombenlast von 450 kg nur geringe Unterschiede zum Flug ohne Zuladung zutage. Kurven über dem stehen-

den wie dem laufenden Motor war ohne weiteres möglich.

Instrumentenflug
Die Blindfluggeräte sind übersichtlich angeordnet, und der Instrumentenflug macht keine Schwierigkeiten. In Marschgeschwindigkeit ist das Flugzeug sehr stabil, und es läßt sich leicht trimmen, so daß die Hände vom Steuer genommen werden können. Der Nachtflug brachte keine Probleme, alle notwendigen Instrumente sind gut beleuchtet. Störende Spiegelungen wurden nicht festgestellt. Aber die Auspuff-Flammen, die vom Cockpit aus nicht zu sehen sind, leuchten für ein genau hinterher fliegendes Flugzeug sehr hell.

Formationsflug
Zum Test der Eigenschaften im Formationsflug stand leider keine zweite Mosquito zur Verfügung, aber es kann darauf geschlossen werden, daß hier keine Schwierigkeiten entstehen. Da der Formationsflug üblicherweise nur mit bewaffneten Flugzeugen gemacht wird, die sich gegenseitig Feuerschutz geben können, hat es für diese Flugzeuge ohne Verteidigungswaffen kaum einen Sinn, Einsätze in Formation zu fliegen. Das gäbe der gegnerischen Flak nur eine größere Zielfläche, angreifende Jäger könnten ihre Opfer leichter stellen und für die Mosquito würden die Ausweichmanöver erschwert.

Luftkampf

Allgemeines
Abfangen und Angreifen wurde mit Spitfire V in unterschiedlichen Flughöhen versucht. Wenn der Jäger nahe genug herankommen konnte, konnte die Mosquito ihn nicht mehr abschütteln, da ihr niedriger Bruchlastfaktor 6 keine riskanten Flugmanöver zuläßt.
Infolge der hohen Fluggeschwindigkeit und der dabei leicht zu handhabenden Höhensteuerung kann die Besatzung leicht unter nachteiligen Einfluß von Beschleunigungskräften kommen, aber die Gefahr wird durch die aufrechte Sitzposition gemindert, die die Gravitationswirkung soweit reduziert, daß kein »black out« eintritt. Wenn die Mosquito schnell fliegt, müssen die derzeitigen Jagdflugzeuge aus der Höhe herabstoßen, um durch den Sturzflug die zum Angriff notwendige Geschwindigkeit zu erhalten. Gegnerische Jagdflugzeuge, die im Steigflug angreifen wollen, werden dabei zu langsam sein, um sich auf Schußweite zu nähern. Ist der Gegner auf gleicher Höhe wie die Mosquito, dann kann die Mosquito ihm davonfliegen, sofern der Gegner frühzeitig bemerkt wurde; die Beschleunigung der Mosquito ist dazu ausreichend.

Überwachung des Luftraumes
Da die Mosquito unbewaffnet ist, verbleibt ihr nur eine einzige Taktik für den Luftkampf: ausweichen, sei es mit Hilfe ihrer Fluggeschwindigkeit oder ihrer Wendigkeit. Der Schlüssel zum Erfolg liegt dabei in der Frage, ob der Gegner zeitig bemerkt wird. Die Sichtverhältnisse für die zweiköpfige Besatzung sind gut nach vorn und oberhalb der Horizontalen, aber schlecht nach unten und sogar sehr schlecht nach hinten unterhalb der Waagerechten. Eine sorgfältige Überwachung des Luftraumes ist zu allen Zeiten erforderlich, besonders aber über gegnerischem Gebiet, und der Flug in weiten Serpentinen empfiehlt sich, um auch die toten Blickwinkel ins Sichtfeld einzubeziehen. Andernfalls kann ein gegnerischer Jäger leicht von oben herabstürzen, um erst unter der Mosquito abzufangen, unterhalb zu überholen und dann ungesehen anzugreifen. Wie es sich zeigte, ist es außerordentlich schwierig, einen einzelnen gegnerischen Jäger zu sichten, der mehr als 300 m tiefer fliegt, auch wenn die Mosquito weit hin und her kurvt. Bei den Versuchsflügen konnten Jäger einige Male völlig unbemerkt angreifen, obwohl die Mosquitobesatzung den Angriff erwartete. Das lag zum Teil am toten Blickfeld und zum Teil daran, daß die Suche in anderer Rich-

Die Mark XVI Mosquito, die Anfang 1944 zum Einsatz kam, ▶ hatte eine Druckkabine, einen bauchartig ausgewölbten Bombenschacht zur Aufnahme der 1800 kg-Bombe und Zusatztanks unter den Tragflügeln für 2250 l Treibstoff. *(C. Brown)*

tung als nach vorn außerordentlich erschwert ist. Das gilt insbesondere in Zielnähe, wenn der Beobachter über dem Bombenzielgerät liegt und der Flugzeugführer auch den ganzen Raum hinter und unter sich überwachen muß. Diese schwierige Aufgabe konnte durch eine entsprechende Ausrichtung des Spiegels in der rechten Seite der Kabinenverglasung erheblich erleichtert werden.

Flug in großer Höhe

Da die Mosquito in 6300 m Höhe die beste Leistung aufweist, wurden die meisten Angriffe gegen sie in dieser Höhe oder kurz darüber geflogen. Infolge der Geschwindigkeitsüberlegenheit gegenüber der Spitfire unterhalb 7200 m war Gas geben die beste Methode, den Jäger außerhalb Schußweite zu halten. Wenn die Spitfire mit einem Höhenvorteil von 900 m angriff, konnte die Mosquito aus der Marschgeschwindigkeit heraus nicht mehr ausreichend beschleunigen, um einem Angriff von oben mit langem Beschuß zu entkommen. Wenn aber die Spitfire nur einen Höhenvorteil von 600 m hatte und etwa 300 m weiter zurücklag, konnte die Mosquito wohl entkommen. Der Pilot der Mosquito konnte die Beschleunigung noch erhöhen, wenn er zu einem leichten Bahnneigungsflug ansetzte. Aus diesem Grunde erscheint die Höhe von über 6300 m für die Mosquito empfehlenswert, denn dadurch kann sie immer durch einen Sturzflug in die für sie vorteilhafteste Flughöhe hineinbeschleunigen.

Während dieser Versuchsflüge mußte die Mosquito hin und her fliegen und kurven, um die Spitfire beim Angriff zu beobachten. Sobald der Jäger sich auf Schußweite näherte, mußte die Mosquito versuchen, durch kurven auszuweichen. Dieses Ausweichmanöver war nicht sonderlich wirkungsvoll, da die Mosquito nicht so eng kurven konnte, wie dies zum Abschütteln des Gegners erforderlich gewesen wäre, oder den gezielten Beschuß aus kurzer Entfernung vereitelt hätte.

Als Alternative versuchte die Mosquito bei der Annäherung der Spitfire auf Schußweite in einen »Korkenzieher« überzuwechseln, wobei sie etwa 150 m in einer Kurve hinabtauchte, um dann beim Steigflug in entgegengesetzte Richtung zu kurven. Bei den ersten Versuchen setzten die Motoren regelmäßig auf dem oberen Gipfelpunkt des Manövers aus, wenn dann wieder zum Sturz angesetzt wurde; die Bewegung verlief zu weich, um den Verfolger abschütteln zu können. Eine Änderung der Treibstoffzufuhr brachte hier eine erhebliche Verbesserung, so daß es unter negativen g-Werten keine Aussetzer mehr gab, und von da an gelang der Flug dieser Figuren ohne Störung. Bei hoher Fluggeschwindigkeit machten die Piloten nicht gern heftige Bewegungen auf oder ab; vor allem in einer Höhe über 6000 m hatten sie den Eindruck, daß die Maschine zu langsam reagierte, um aus der Schußlinie herauszukommen. Aber tatsächlich stellte sich heraus, daß schon sehr geringfügige Bewegungen eines schnellfliegenden Zieles den verfolgenden Jäger zu einer erheblichen Änderung des Vorhaltewinkels zwingen, und so machte dieses Ausweichmanöver oft ein genaues Zielen unmöglich.

Da der Verfolger häufig längere Zeit in Schußweite genau hinter der Mosquito herfliegen konnte, erwies sich ein Ausweichen solcherart in vielen Fällen als wirkungsvoller, als der Versuch, durch kurven zu entkommen. Hinzu kam der Vorteil, daß die Mosquito dabei mehr oder weniger auf dem gegebenen Kurs weiterfliegen konnte.

Mittlere Flughöhe

Da die Mosquito auch in niedrigeren Flughöhen leistungsfähiger ist als die Spitfire, wurden in der Nennhöhe für den M -Höhenlader (etwa 4500 m) ähnliche Ergebnisse erzielt, aber in dieser Flughöhe war die Korkenzieher-Bewegung leichter auszuführen. Falls also die Mosquito nicht in einer Höhe von 6300 m operieren kann, sollte man es in einer Höhe von kurz über 4500 m versuchen. Dabei läßt sich dann noch die Beschleunigung nutzen, die man beim Sturzflug in eine niedrigere Flughöhe erhält.

Tiefflug

Die Versuche wurden auch in Höhen unterhalb 300 m durchgeführt, und die Ergebnisse waren denen in größerer Höhe ähnlich. Die Mosquito konnte den angreifenden Gegner dabei erheblich leichter und früher erkennen, da er im allgemeinen von oben her angreifen mußte; wurde der Gegner rechtzeitig gesichtet, dann konnte die Mosquito durch Beschleunigung leicht entkommen. Da die Sicht nach vorn überragend ist, kann die Mosquito gefahrlos niedrig fliegen, und mit einiger Übung kann der Flugzeugführer steile Kurven und Ausweichmanöver mit hoher Geschwindigkeit ausführen. Das Kurven erwies sich dabei zum Ausweichen als günstiger als in größerer Höhe, aber wenn der verfolgende Jäger bereits dichtauf flog, behielt er die Mosquito gut im Visier. Der »Korkenzieher« war erheblich leichter durchführbar und wirkungsvoller als in höheren Lagen, vor allem dann, wenn der verfolgende Jäger in den Luftschraubenstrahl gezwungen wurde, der in Bodennähe besonders unangenehm ist.

Auswirkungen beim Öffnen der Bombenklappen

Der Geschwindigkeitsverlust durch das Öffnen der Bombenklappen und die Zeitdauer zum Öffnen und Schließen wurden festgestellt; ferner wurden Angriffe mit der Mosquito mit geöffneten Bombenklappen geflogen.

Es zeigte sich, daß die Mosquito beim Flug in hoher Geschwindigkeit durch das Öffnen der Bombenklappen während einer Dauer von 3 Minuten etwa 32 km/h verlor. Die Klappen öffneten sich in 13 Sekunden und schlossen sich in 11 Sekunden. Nach dem Schließen brauchte die Mosquito etwa 30 Sekunden, um wieder auf die ursprüngliche Fluggeschwindigkeit zu beschleunigen. Während der Angriffe, die aus 7200 m Höhe geflogen wurden, zeigte sich, daß die Mosquito gerade noch außerhalb Schußweite der Jäger bleiben konnte, wenn der Angreifer zum Beispiel erkannt wurde, wenn er noch 600 m höher und etwa 1100 m hinter der Mosquito flog, sofern dann die Bombenklappen sofort geschlossen wurden und die Mosquito im leichten Bahnneigungsflug beschleunigte. Bei Bombenangriffen aus etwa 300 m Höhe mußten die Bombenklappen aber bereits geschlossen werden, wenn der angreifende Jäger noch viel weiter entfernt war, denn in diesem Fall konnte die Mosquito nur unwesentlich stürzen, um dies noch zur Beschleunigung nutzen zu können.

Ausweichen durch Steigflug

Da die Mosquito über eine hervorragende Steigleistung verfügt, wurden auch einige Angriffe geflogen, bei denen sie zwischen 300 und 600 m unterhalb der Wolkendecke flog. Obwohl der Jäger bis auf weniger als 900 m herankam, verschwand die Mosquito noch rechtzeitig mühelos im Schutz der Wolken.

Luftschraubenstrahl

Hinter der Mosquito ist der Luftschraubenstrahl nur in einer schmalen Zone bemerkbar; man spürt ihn in der Horizontalen, auf der linken Seite ein wenig mehr als rechts. Obwohl er sich ab etwa einer Zone von etwa 350 m stark bemerkbar macht, behinderte er die verfolgenden Jäger nicht, ausgenommen, die Mosquito flog in sehr niedriger Höhe Korkenzieher-Manöver; dann geriet der Jäger abwechselnd in den Luftschraubenstrahl und hatte dadurch Schwierigkeiten beim Zielen. Ab einem Abstand von über 500 m war der Luftschraubenstrahl praktisch wirkungslos.

Die Avro Lancaster I

Die Lancaster kam ab Anfang 1942 zum Einsatz und wurde schon bald darauf zum wichtigsten schweren Bomber der Royal Air Force. Die hier beschriebenen Prüfungen fanden zwischen April und Mai 1942 statt.

Kurze Beschreibung des Flugzeuges

Allgemeines
Die Lancaster I ist ein Mitteldecker mit vier Merlin XX-Motoren, deren jeder 1280 PS leistet. Als Fluggewicht wird derzeit 27 270 kg genannt, und die Bombenzuladung beträgt 5440 kg, obwohl diese im Notfall auch auf 6340 kg erhöht werden kann. Mit einer Bombenlast von 5440 kg hat der Bomber eine Reichweite von 1770 bis 1930 km, aber die Reichweite kann bis auf 3200 km gedehnt werden, wenn dafür die Bombenladung auf 1800 kg beschränkt wird.

Besatzung
Die aus sieben Mann bestehende Besatzung hat folgende Aufgaben:

Flugzeugführer und Copilot	Führung des Flugzeugs
Beobachter	Flugnavigation und Bombenwurf
1. Funker/Schütze	Funkverkehr
2. Funker/Schütze	Abwehr im Bugturm
Bordschütze	im Turm auf dem Rumpfrücken
Bordschütze	am Vierling im Heckstand

Dem Vernehmen nach soll der Copilot in Kürze durch einen Hilfspiloten ersetzt werden, der einerseits den Flugzeugführer unterstützt, andererseits aber auch als Bordingenieur und Bugschütze fungiert. Ein Bombenschütze, dessen Aufgabenbereich das Kartenlesen und den Bombenwurf umfaßt, soll an die Stelle des 2. Funkers treten.

Anlage der Avro Lancaster I.

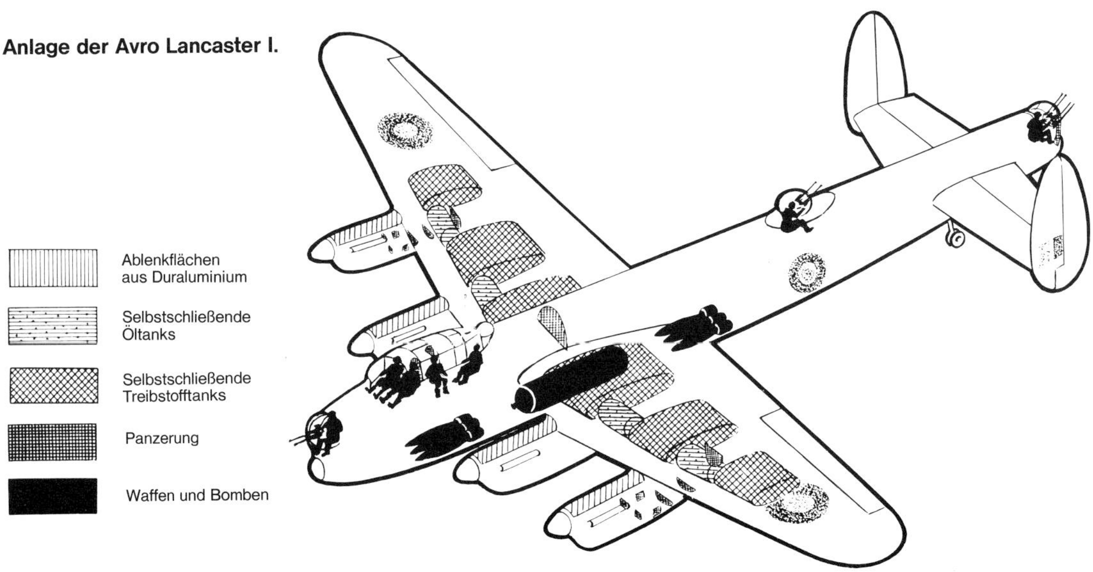

Funkverkehr und Eigenverständigung
Die Standard-Funkausrüstung für Bomber ist eingebaut. Das TR 9-Gerät für die Eigenverständigung hat sich als recht zufriedenstellend erwiesen, aber es erfordert eine sorgfältige Wartung, wenn es bei der Übermittlung von Kampfdurchsagen in der Formation zuverlässig arbeiten soll.

Enteisungsanlage
Die Propeller sind mit Enteisern ausgestattet, aber die Profilnasen der Tragflügel und des Leitwerks können nur durch Enteisungspaste geschützt werden.

Ballonabscherer
Eine Vorrichtung zum Zerschneiden von Sperrballon-Kabeln befindet sich hinter der Profilnase der Tragflügel.

Merkmale der Bewaffnung

Allgemeines
Die derzeitige Ausführung der Lancaster ist mit 7,69 mm MG in drei Frazer-Nash-Türmen ausgerüstet. Der Waffenturm FN5A im Bug und der Turm FN 50 auf dem Rumpfrücken haben je zwei MG mit einem Munitionsvorrat von 1000 Schuß je MG. Der Turm FN 20 im Heck hat ein Vierling-MG, für das 2500 Schuß je MG mitgeführt werden.

Vorderer Turm
Der Turm FN 5A in der Rumpfnase bietet gute Sicht und ist in jeder Hinsicht zufriedenstellend, wenn man von dem Mangel einer Fußstütze für den Schützen absieht. Dieser Nachteil kann sich sehr unangenehm auswirken, wenn der Bombenschütze in Position ist, denn dann kann es geschehen, daß der Bordschütze ihm in der Hitze des Gefechtes auf den Kopf tritt.

Turm auf dem Rumpfrücken
Der FN 50 auf dem Rumpfrücken ist ein bequemer und geräumiger Turm, lediglich die Sitzgestaltung ist unbefriedigend. Dadurch hat der Schütze erhebliche Schwierigkeiten beim Einstieg und beim Ausstieg. Die Sicht ist sehr gut, und angreifende Gegner können aus jeder Richtung gesehen werden, ausgenommen wenn der Angriff von genau hinten im steilen Steigflug erfolgt. Der Turm ist um 360 Grad drehbar, und die Bewegung mit um etwa 20 Grad angehobenem MG geschieht rasch und glatt. Eine Sicherheitsbegrenzung schützt das Leitwerk und ein Nockenkranz rundum verhindert den Beschuß der eigenen Tragflügel und der Propeller. Eine Ventilsteuerung im hydraulischen System verlangsamt die Bewegung der MG, sobald diese bis auf den Nockenkranz heruntergedrückt werden, damit Rumpf und Verkleidung nicht durch eine gewaltsame Bewegung beschädigt werden können.
Diese dämpfende Ventilsteuerung hat aber auch einen großen Nachteil, denn die Bewegung der Waffen kann dadurch derart verlangsamt werden, daß ein Gegner, der auf kurzer Distanz abschwenkt, entkommen kann ehe die Waffe nachgeführt ist. Da sich aber normalerweise in diesen Augenblicken die besten Chancen zum Abschuß bieten, liegt in dieser Bewegungsverzögerung ein ernstzunehmender Nachteil. Es versteht sich von selbst, daß eine gewisse Bewegungsdämpfung erforderlich ist, aber die derzeitige Verlangsamung in bestimmten Bewegungsabläufen steht den Anforderungen im Luftkampf einfach entgegen. Der Übergang der hinter dem Waffenturm aus Gründen der Stromlinienform so gestaltet wurde, ist zu hoch, denn der darüber hinweg laufende Nockenkranz reduziert das Schußfeld zwischen dem Rumpf und den Leitflächen erheblich.

Heckturm
Der Turm FN 20 im Heck kann als gut beurteilt werden; rasches Schwenken der Waffen ist möglich. Die Sicht wird natürlicherweise durch die Panzerung und die Lafette leicht beeinträchtigt, aber es ist ja nun einmal nicht möglich, beide Vorteile – Sicht und Panzerung – zu vereinigen; daher kann man hier von einem gelungenen Kompromiß sprechen. Wenn der Boden des Turms nicht absolut trocken gehalten wird, kann der Luftstrom leicht Öl an der hinteren Verglasung hochdrücken, aber hier wurde bereits durch eine Klarsichtscheibe von 15 x 75 cm eine wesentliche Verbesserung herbeigeführt. Bei Temperaturen unter 0 Grad hat der Heck-

schütze sehr unter der Kälte zu leiden, aber die bessere Sicht und die Verminderung der Blendung durch Suchscheinwerfer bieten andererseits einen Ausgleich für diesen Nachteil.
Eine der weniger wichtigen Schwächen dieses Turms ist darin zu sehen, daß die Türen bei gewaltsamen Ausweichmanövern plötzlich aufbrechen können, weil der Verschluß nicht viel taugt.

Visiervorrichtung
Alle Türme sind mit dem Reflexvisier GJ3 ausgestattet.

Justierung der Waffen
Die vier MG des Heckturms sind bei Nacht auf einen Punkt in 225 m Entfernung justiert, bei Tage auf ein Quadrat mit 2,25 m Seitenlänge. Die oberen und vorderen Zwillings-MG sind so justiert, daß die Geschosse auf 360 m Entfernung mit einer Streuung von 1,50 m auftreffen.

Panzerung
Außer der üblichen Panzerung der Drehtürme zur Sicherheit der Schützen gibt es zum Schutz der Besatzung eine 7 mm starke Panzertür hinter dem Funker. Ferner sind hinter dem Sitz des Flugzeugführers zwei Panzerplatten von je 4 mm Stärke und ein $8^1/_2$ mm dicker Kopfschutz. Hinter dem Sitz des Copiloten ist 60 mm starkes Panzerglanz. Die Treibstoff- und Ölbehälter sind selbstschließend, aber die Motoren sind ungeschützt.

Taktische Versuche

Flugeigenschaften
Angesichts ihrer Größe ist die Lancaster doch noch als recht wendiges Flugzeug anzusehen. Die Steuerung ist gut und unter den Bedingungen normaler Marschgeschwindigkeit mit mäßigem Kraftaufand zu bedienen, aber sobald die Fluggeschwindigkeit 320 km/h überschreitet, neigt sie dazu, steifer zu werden. Bei Ausweichmanövern wirken die Querruder nur mit erheblicher Verzögerung, und das macht sich besonders bemerkbar, wenn das Flugzeug beladen ist. Nur ein erfahrener und geübter Flugzeugführer wird daher in Bodennähe riskante Ausweichmanöver fliegen können. Mit voller Last liegt die Marschgeschwindigkeit bei etwa 300 km/h, wenn die Maschine leicht ist bei 350 km/h. Als Höchstgeschwindigkeit in Bodennähe kann man bei einem Fluggewicht von 27 200 kg etwa 350 km/h ansetzen.

Sicht und Leitung der Verteidigung
Die kombinierte Rundumsicht der Lancaster ist gut. Infolge der erhöhten Position der Kabine hat der Flugzeugführer eine gute Sicht zur Seite und nach schräg hinten. Das macht sich bei Ausweichmanöver vorteilhaft bemerkbar, wenn auch die Sicht zur rechten Seite hin leicht beeinträchtigt ist. Der Flieger, der den Luftraum überwacht, kann direkt hinter dem Copiloten stehen, aber an dieser Stelle hat er schlechte Sicht nach unten; auch wenn er durch die Astro-Luke neben dem Funker blickt, bleibt noch ein großer toter Blickwinkel unterhalb der Tragflügel. Aus diesem Grund wird die Leitung der Verteidigung im allgemeinen durch den Schützen im Drehturm auf dem Rumpfrücken übernommen, der alle bevorstehenden Angriffe kommen sehen kann, außer denen, die von unten und direkt von hinten kommen. Dieser Raum wird vom Schützen im Heck beobachtet, und wenn diese beiden Schützen gut aufeinander eingespielt sind, wird die Besatzung vor jeder Gefahr rechtzeitig gewarnt werden.
Es hat sich aber gezeigt, daß es falsch ist, wenn ein Schütze die Leitung der Gesamtverteidigung als zusätzliche Aufgabe übernimmt, denn es ist außergewöhnlich schwierig, gleichzeitig Entscheidungen zu fällen und gezielt zu schießen. Beim Feindflug in niedriger Höhe, bei denen gegnerische Jäger also ohnehin nur von oben angreifen können, sollte die Verteidigung daher von der Luke neben dem Funker aus geleitet werden.

Ein Ketten-Keil von Lancasterbombern der 207. Staffel der ▶ Royal Air Force. Mit vier 1280 PS starken Rolls-Royce Merlin XX-Motoren erreichte dieser Bomber eine Höchstgeschwindigkeit von 435 km/h; wurde die größtmögliche Treibstoffmenge mitgenommen, dann konnten 1800 kg Bomben bis zu einer Reichweite von 1400 km befördert werden. *(C. Brown)*

EM C
EM A
EM F

Verteidigungsmanöver für einzelne Flugzeuge

Allgemeines. Die Versuche wurden mit der Absicht durchgeführt, die beste Methode des Ausweichens herauszufinden, wenn die Lancaster in allen möglichen Angriffsarten entweder von einzelnen oder gleichzeitig von mehreren Jägern bedrängt wird. Bei voraufgegangenen Versuchen mit schweren Bombern wurde bereits festgestellt, daß das einzig sinnvolle Ausweichmanöver bei Angriffen von hinten, schräg hinten der von der Seite der Korkenzieher oder die enge Kurve gegen den Jäger ist. Andere Ausweichmanöver, wie seitlich slippen, fliegen in Wellenbewegung und Gas wegnehmen sind zwar auch gut, aber nicht so wirkungsvoll.

Der Korkenzieher. Dieses Ausweichmanöver besteht aus einer engen Abwärtskurve von etwa 30 Grad und 150 m, gefolgt von einer steilen Aufwärtskurve von ebenfalls etwa 30 Grad und 150 m in entgegengesetzter Richtung. Das Manöver muß so rasant wie möglich durchgeführt werden, vor allem auf dem Scheitel und am Tiefpunkt der Spirale, denn an diesen Punkten hat der Gegner ein leichteres Zielen. Mit dem Korkenzieher sollte begonnen werden, wenn der erste angreifende Jäger noch etwa 600 m entfernt ist; das Manöver sollte dann während des ganzen Gefechtes beibehalten werden, bis eindeutig feststeht, daß alle Gegner außerhalb Angriffsposition sind. Das Manöver ist für den Flugzeugführer sehr anstrengend und sollte deshalb sofort abgebrochen werden, wenn keine unmittelbare Gefahr mehr droht. Die Hauptvorteile dieses Spiralfluges liegen darin, daß der Bomber seinen Kurs weiter verfolgen kann, während dem Jäger Schwierigkeiten mit dem Vorhaltewinkel in zwei Dimensionen entstehen; während der Abwärtskurve muß er vor und unter den Bomber zielen und während der Aufwärtskurve muß er vor und über den Bomber zielen. Die mit den Schießkameras der Jäger aufgenommenen Filme beweisen im Falle der Lancaster – ebenso wie bei anderen viermotorigen Bombern –, daß selbst die erfahrensten Jagdflieger, die bereits mit diesem Ausweichmanöver vertraut waren, nur mittelmäßige Schußergebnisse erzielten. Wenn die Lancaster dabei ohne Bombenlast fliegt, kann sie die Flughöhe halten, ohne daß mehr Gas gegeben wird, aber bei voller Beladung muß beim Steilflug etwas mehr Gas gegeben werden, um wieder in die Ausgangshöhe zu kommen. Dieses Manöver beeinflußt die Zielgenauigkeit der Schützen nicht so negativ, wie eine enge Kurve; nachdem sie sich an den Ablauf der Flugbewegungen gewöhnt hatten, konnten sie selbst mit den Schießkameras gute Schußergebnisse auf den Film bringen.

Enge Kurve. Die Lancaster ist wendig genug, eine enge Kurve zu fliegen. Wenn der Zeitpunkt dazu gut gewählt wurde, kann das Zielen für den mit höherer Geschwindigkeit angreifenden Jäger erheblich erschwert werden, so daß er nur einen sehr kurzen Feuerstoß auslösen kann.
Gegen einen Angriff aus steilem Sturzwinkel erscheint eine leichte Steigkurve ratsam, aber bei einem normal von hinten geführten Angriff sollte die Lancaster einen Abschwung machen, denn dabei kann sie zugleich beschleunigen. Beide Manöver zwingen dem Verfolger einen größeren Vorhaltewinkel auf. Die enge Kurve ist das beste Ausweichmanöver vor einem einzelnen Jäger, vorausgesetzt, daß man genau im richtigen Zeitpunkt zu kurven beginnt – auf etwa 600 m Abstand – und daß kein Treibstoffmangel besteht oder daß auch noch andere Jäger im Anflug sind. Unter den letztgenannten Umständen oder wenn mehrere Jäger angreifen, ist der »Korkenzieher« das bessere Ausweichmanöver, denn damit kann der Bomber sowohl Kurs wie Flughöhe beibehalten, und er fliegt nicht im Kreis herum.

Frontalangriff. Frontalangriffe wurden gegen die Lancaster geflogen, aber sie waren infolge der hohen Annäherungsgeschwindigkeit schwer ausführbar. Die Lancaster konnte den Frontalangriff mehrfach verhindern, indem sie auf den Jäger einkurvte, als dieser versuchte in Angriffsposition zu gehen. Falls der Angriff kommt, ist ein Abschwung in einer Entfernung von etwa 700 m erfolgversprechend, denn die Berechnung des Vorhaltewinkels wird für den Jäger außerordentlich erschwert. Der Schütze auf dem Rumpfrücken, bei dieser Angriffsart nach vorn gewandt, wird dabei eine günstige Abwehrposition bekommen.

Eine Lancaster mit der 10000 kg-Bombe »Grand Slam« (der »große Knall«), der größten Fliegerbombe, die im Zweiten Weltkrieg eingesetzt wurde. Zum Aufnehmen dieser Bombe mußte die Lancaster erheblich umgebaut werden, die Drehtürme vorn und oben wurden entfernt. Mit der »Grand Slam« konnte die Lancaster bis zu einer Reichweite von 1000 km operieren. *(Garbett/Goulding)*

Verteidigungsmanöver im Formationsflug

Tiefangriffe. Wenn angemessene individuelle Ausweichmanöver noch möglich sein sollen, dann dürfte eine Formation, die aus mehr als drei Lancaster besteht, sich als zu schwerfällig erweisen.
Die drei Flugzeuge sollten als Kettenkeil fliegen, die Nummern 2 und 3 nur leicht hinter dem Führer mit einem Zwischenraum von etwa $1\,^1/_2$ Spannweiten. Der Führer kann in etwa 20 m Höhe fliegen, die Nummern 2 und 3 ein wenig höher, damit sie Spielraum haben, falls der Formationsführer plötzlich steigen muß, um Hindernisse am Boden zu überspringen.

Übungen zusammen mit Jagdfliegern brachten zutage, daß eine Formation von Lancaster-Bombern im Tiefflug immer ein leichtes Ziel für die Jäger bieten wird. Deshalb sollte die Formation, sofern sie abgefangen wird, sofort auf eine Höhe von etwa 180 bis 200 m steigen. Das ist absolut notwendig, denn sonst hat der Bomber keinerlei Raum zum Manövrieren. Es kann nicht deutlich genug gesagt werden, daß der Flug in Bodennähe an sich für den angegriffenen Bomber keine Fluchtgelegenheit bietet.
Bislang war man meist der Ansicht, daß enges Kurven in Formation die beste Art des Ausweichens vor Jägern sei. Aber mit schweren Bombern

lassen sich die Kurven kaum scharf genug nehmen, um damit aus dem Visier der Jäger herauszukommen. Wenn das Kurven überhaupt sinnvoll sein soll, dann muß damit bereits frühzeitig begonnen werden, und das wird dazu führen, daß die Formation eine Wende um nahezu 180 Grad fliegen muß. Daraus ist dann leicht zu schließen, daß die Bomber bei anhaltendem Kurven im Kreis herumfliegen, so daß sie ihren Treibstoff verschwenden und ihren Kurs auf das Ziel nicht weiter verfolgen können.

Bei der Mehrzahl der Tageseinsätze stellte sich übrigens heraus, daß die deutschen Jäger die hydraulisch gesteuerten Türme respektieren und deshalb ihre MK bereits aus 400 bis 600 m Entfernung abfeuern.

Es ergab sich, daß die Bomber ein massives Ziel bieten, wenn sie dicht beieinander fliegen, während sie in ihrem gegenseitigen Feuerschutz keinerlei Vorteil haben; der begrenzte Wirkungsbereich der 7,69 mm Geschosse wirkt sich dabei ebenfalls negativ aus.

Aus diesem Grunde erschien es notwendig, eine Ausweichtaktik zu entwickeln, bei der die Bomber einzeln entkommen können, während sie ihren Kurs auf das Ziel weiter verfolgen und bei der sie einander Hilfe bieten können. Unmittelbar vor dem Angriff der Jäger mußten die Bomber dabei auf 180 m Höhe steigen; die Nummern 2 und 3 schlossen dabei zur Seite des Formationsführers auf. Sobald die Jäger nun herankamen, begann die Führermaschine mit einem intensiven Flug in Wellenlinien zwischen Bodennähe und 180 m Höhe, während die Nummern 2 und 3 einen gemäßigten Korkenzieher zu beiden Seiten des Führers flogen; dabei begannen sie mit einer Abwärtskurve von etwa 20 Grad nach außen und variierten ihre Flughöhe zwischen 180 und 300 m. Es bedarf einiger Übung, bis man sicher sein kann, daß die äußeren Flugzeuge niemals weiter als 300 bis 400 m von der Führungsmaschine entfernt sind und daß sie deren Verteidigungswaffen nicht behindern, wenn sie hinter ihr einwärts fliegen. Die Nummern 2 und 3 sollten versuchen, so dicht wie möglich hinter dem Formationsführer zu bleiben, damit sie sich auch bei einem Angriff durch ihre individuellen Ausweichmanöver nicht allzu weit von ihm entfernen müssen. Die Taktik ermöglicht den Weiterflug der Formation auf Kurs und erschwert den angreifenden Jägern zugleich den Beschuß unter dem richtigen Vorhaltewinkel. Für die Jäger war es bei den Versuchen schwierig, den Formationsführer anzugreifen, da er von den Waffen der beiden äußeren Maschinen Feuerschutz erhielt; versuchten sie dagegen, den beiden äußeren Flugzeugen in ihrem Korkenzieher zu folgen, dann bekamen sie schon bald die Waffen der mittleren Maschine zu spüren. Ein weiterer Vorteil dieses Manövers liegt darin, daß der Luftschraubenstrahl der Formation auf weitem Raum wirkt und dabei die Jäger häufig beim Anvisieren stört, vor allem in Bodennähe. Diese Ausweichtaktik wurde in fast allen schweren Bomberstaffeln erprobt und hat sich in der Praxis hervorragend bewährt.

Leitung der Verteidigung. Ein Vorteil des Formationsfluges mit Korkenziehermanövern liegt darin, daß der Formationsführer nicht unbedingt mehr alle Anweisungen zur Verteidigung geben muß. Zwar muß er die Nummern 2 und 3 unterrichten, wenn er einen Kurswechsel beabsichtigt, aber im übrigen sollte er beim gegenwärtigen Stand der Funkausrüstung und deren Wartung lieber auf die Leitung mittels des TR 9-Gerätes (Bord zu Bord) verzichten.

Angriffe in großer Höhe. Bislang wurden nur wenig Versuchsflüge von Formationen in großer Höhe gemacht. Vermutlich dürfte das Korkenziehermanöver, wie es unter Tiefangriffen beschrieben wurde, ebenfalls sehr günstig verlaufen, vor allem auch bei Flakbeschuß im Zielanflug. Hier kann es aber erforderlich sein, daß der Führer der Formation die Verteidigung leitet, damit die übrigen Flieger den Bombenwurf vorbereiten können.

Nachtflug

Ein kurzer Nachtflug wurde zusammen mit einem Jäger durchgeführt, der die Auspuff-Flammen der Lancaster beobachtete. Der Himmel war bedeckt, so daß kein Mondschein zu sehen war. Die Auspuff-Flammen leuchteten etwas bläulich und können aus ungefähr 500 m Abstand von hinten gesehen werden. Beim Näherkommen erscheinen sie etwa wie acht Zigaretten, die in der Nacht aufglühen. Aus anderer Richtung als genau von hinten ist dieses Leuchten nicht zu sehen, und vermutlich wird ein Nachtjäger es aus größerer Entfernung kaum wahrnehmen, es sei denn, er blicke zufällig genau in die Richtung.

Luftschraubenstrahl
Die Lancaster hat einen recht starken Luftschraubenstrahl, der sich bei einem verfolgenden Flugzeug bemerkbar macht, wenn es in weniger als 600 m Entfernung genau auf derselben Achse folgt. Taktisch wirkt sich dieser Luftschraubenstrahl aber nur auf einem Abstand unterhalb 400 m aus; da reicht er aus, das Anvisieren durch einen Jäger zu vereiteln.

Die Consolidated Liberator II

Das Modell II der Liberator war die erste Version dieses Flugzeuges, die als Bomber eingesetzt wurde. Insgesamt wurden davon 139 Maschinen für die Royal Air Force gebaut, die ab Anfang 1942 zum Einsatz kamen. Die hier beschriebenen Flugversuche wurden im April 1942 gemacht.

Die Liberator II wurde als Bomber nur in der RAF geflogen. Die erste Bomberversion der Liberator, die in großer Stückzahl für die US Army Air Force gebaut wurde, war die B-24D. Sie unterschied sich von der Liberator II durch die Turbohöhenlader; ferner war der Turm auf dem Rumpfrücken direkt hin-

Anlage der Consolidated B-24J Liberator

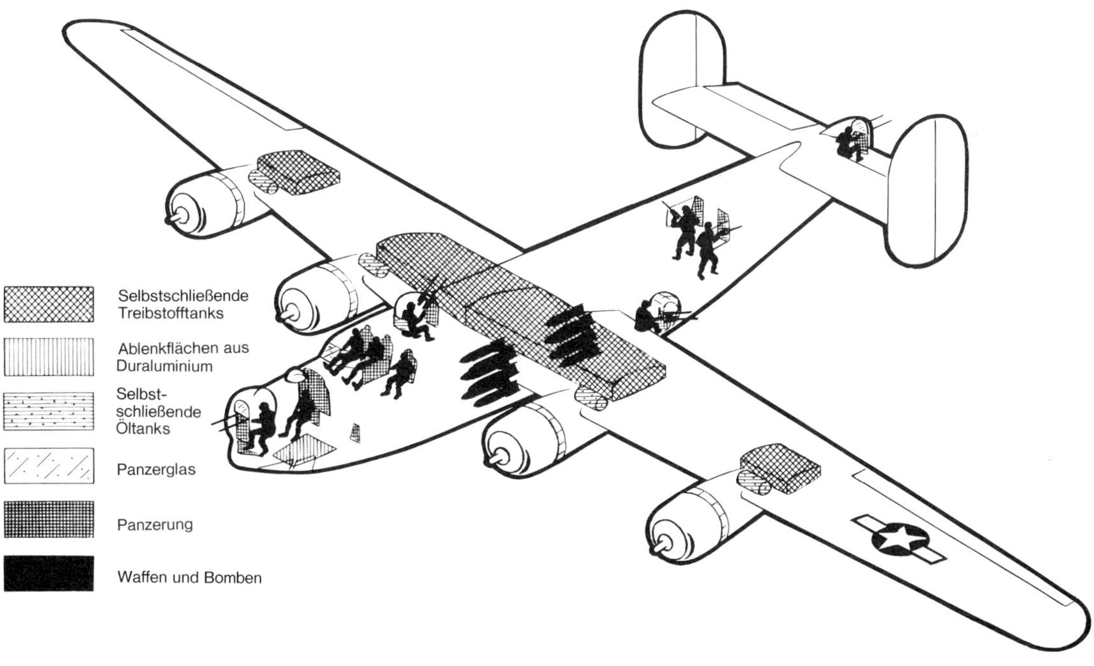

ter das Cockpit verlegt worden und als Bewaffnung hatte sie 12,7 mm MG. Im Prinzip lassen sich die Feststellungen dieses Berichts auch auf die USAAF-Version übertragen.

Kurze Beschreibung des Flugzeuges

Allgemeines
Die Liberator II ist ein Hochdecker mit vier Pratt & Whitney Twin Wasp Motoren, deren jeder 1200 PS leistet. Sie hat ein hydraulisch betätigtes Dreiradfahrwerk, dessen Haupträder nach außen in die Tragflügel eingezogen werden. Das schwenkbare Bugrad wird beim Flug automatisch ausgerichtet und hinter den Sitz des Beobachters eingefahren. Der Rumpf ist eine Schalenbaukonstruktion aus Leichtmetall, in folgende vier Abteilungen unterteilt:

Kanzel mit dem Beobachter, der als Flugnavigator und Bombenschütze fungiert. Oben ist der Raum mit einer Astro-Luke versehen.

Flugzeugführerraum mit permanent doppelter Steuerung für den Piloten und den Copiloten, die nebeneinander sitzen. Sie sind durch eine Konsole voneinander getrennt, auf der alle Motor- und Hilfsbedienungselemente Platz haben.

Bombenschacht mit einem Laufsteg, der den Flugzeugführerraum mit dem hinteren Rumpf verbindet.

Rückwärtiger Rumpf mit Positionen für die Türme in der oberen Rumpfmitte und im Heck, sowie für die Flanken- und Bodenwaffen.
Das derzeitige Fluggewicht der Maschine beträgt 25370 kg. Die äußerste Reichweite ohne Zusatztanks und mit einer Bombenlast von 3600 kg liegt bei etwa 3500 km. Eine Verminderung der Bombenzuladung hat auf die Reichweite keinen nennenswerten Einfluß.

Besatzung
Die derzeit übliche Besatzung besteht aus sieben Mann, die sich in folgende Aufgaben teilen:

1. und 2. Pilot	Flugzeugführer
Beobachter	Flugnavigator und Bombenschütze
1. Funker/Schütze	Funkverbindung und Bordschütze nach unten
2. Funker/Schütze	Funkverbindung und Flanken-MG
Bordschütze	Drehturm oben
Bordschütze	im Heck

Bei Tageseinsätzen wird möglicherweise noch ein weiteres Besatzungsmitglied zur Leitung der Verteidigung mitgenommen werden.

Notausstiege
Die wichtigsten Ausstiege während des Fluges sind der Drehturm unter dem Rumpf für die Besatzungsmitglieder im hinteren Rumpfteil und der Ausstieg durch die Bombenschächte für den Rest der Männer. Die Bombenklappen, die elektrisch geöffnet werden, gleiten in Rinnen in der Rumpfseite; sie öffnen sich vor einem Notwurf automatisch; der ganze Vorgang nimmt weniger als 10 Sekunden in Anspruch. Für den Fall einer Bruchlandung sind über dem Flugzeugführer und dem Beobachter sowie durch die Öffnungen der Schwalbennester in den Rumpfseiten noch zusätzliche Ausstiegmöglichkeiten vorgesehen. Bei einer Notwasserung können durch Hebelbetätigung hinter dem Sitz des 2. Funkers zwei Schlauchboote ausgelöst werden.

Merkmale der Bewaffnung

Allgemeines
Die Hauptbewaffnung besteht aus Boulton und Paul Drehtürmen im Heck und auf dem Rumpfrükken. Jeder Turm hat vier MG. Ferner ist zu beiden Seiten des Rumpfes noch ein Zwillings-MG, und einzelne MG sind in der Kanzel und unter dem Rumpf des Flugzeuges. Alle Waffen sind 7,69 mm Browning MG.

Die Consolidated Liberator II, im Text ausführlich beschrieben, wurde nur in der Royal Air Force, nicht aber in der US Army Air Force geflogen. Mit ihren vier 1200 PS starken Pratt und Whitney Twin Wasp Doppelsternmotoren erreichte sie eine Höchstgeschwindigkeit von 420 km/h; mit einer Bombenzuladung von 3600 kg lag die Reichweite bei etwa 1600 km. *(IWM)*

Oberer Drehturm

Der Drehturm auf dem Rumpfrücken gehört zum Typ A Mk IV; jedes MG hat einen Munitionsvorrat von 600 Schuß und noch eine Reserve in etwa gleicher Schußzahl. Der Turm ist um 360° drehbar, und die Waffen können um 84° nach oben gerichtet werden, nach unten dagegen nicht. Automatische Sicherheitsbegrenzungen sollen Schaden am Leitwerk, an den Propellern und an der Astro-Luke verhindern. Der Drehturm ist von hervorragender Qualität, er arbeitet ruhig und weich, auch wenn die Waffen gegen den Luftstrom gedreht werden. Zwischen dem Rumpf und dem Drehturm ist ein Spalt, der – wenngleich er nicht groß ist – Regen durchläßt und den Schützen durch die entstehende Zugluft behindert. Der Luftzug ist derart stark, daß die gegenseitige Verständigung durch den pfeifenden Wind fast unmöglich wird; wenn die Außentemperatur unter 0° C sinkt, dürfte die Kälte über einen längeren Zeitraum als 1 oder 2 Stunden unerträglich werden. Dem Vernehmen nach soll an einer Verbesserung gearbeitet werden, die in einer Überdeckung des Spaltes durch einen Gummistreifen besteht. Die Sicht ist recht gut, wenngleich sie im hinteren Viertel durch die Dimension des doppelten Seitenleitwerkes erheblich beeinträchtigt wird.

Heckturm

Der Heckturm gehört zum Typ E Mk II mit Servoverstärkung und 2200 Schuß je MG. Die Schußzahl wird auf 2500 erhöht werden, wenn eine vorgesehen Änderung der Gurte durchgeführt sein wird. Der Turm ist bequem und bewährt sich im Einsatz; er ist von der Mitte aus nach beiden Seiten um 65 Grad drehbar. Nach oben bestreicht er einen Winkel von 60 Grad und nach unten einen von 50 Grad. Die Sichtverhältnisse sind mäßig, die relativ breiten Rahmen der Plexiverglasung sind hinderlich; ferner entsteht durch das doppelte Seitenleitwerk nach links und rechts ein toter Blickwinkel.

Schwalbennester

Das bei den Versuchsflügen verwendete Flugzeug hatte keine seitlichen MG, aber die im Einsatz verwendeten Maschinen sollen mit parallelgeführten Browning Zwillings-MG ausgerüstet sein, mit 1000 Schuß gegurtet je Waffe.

MG in der Kanzel und im Rumpfboden
Dies sind kardanisch aufgehängte MG mit einem Munitionsvorrat von fünf Magazinen mit je 100 Schuß. Ihr Schußfeld ist begrenzt und sie dienen wohl mehr zur Abschreckung als zur Verteidigung.

Visiere
In den Türmen und in den Schwalbennestern wird das GJ3-Reflexvisier verwendet, die beiden MG in der Kanzel und im Rumpfboden haben dagegen das G1-Prismenvisier.

Justierung der Waffen
Die vier MG auf dem Rumpfrücken und im Heck sind auf ein Quadrat mit 2,25 m Seitenlänge in einer Entfernung von 360 m justiert.

Panzerung
Die Sitze der Piloten und der Funker sind rückwärtig durch geformte Panzerplatten von 6 mm resp. 8 mm Stärke geschützt. Zwei 6 mm starke Platten sind direkt hinter der Position des Schützen in den Schwalbennestern angebracht. Die Schützen im oberen Drehturm und im Heck werden mittels der üblichen Gesichts- und Brustpanzerung von Boulton und Paul geschützt. Die Treibstofftanks sind selbstschließend, aber die Ölbehälter und die Motoren sind ungeschützt.

Enteisungsanlage
Die Propeller sind mit einer Enteisungsanlage versehen, und die Flügelnasen der Tragflächen und die Vorderkanten des Leitwerkes haben Schlauchenteiser. Die Enteisungsanlage dürfte insgesamt zufriedenstellend funktionieren.

Taktische Versuche

Flugeigenschaften
Für ein Flugzeug dieser Größe ist die Liberator li sehr wendig. Das Flugzeug gehorcht der Steuerung, die zwar einigen Kraftaufwand erfordert, aber bei hoher Geschwindigkeit kaum merklich schwerer zu bedienen ist. Die normale Einsatzflughöhe mit voller Bombenlast liegt zwischen 3600 und 4500 m; in dieser Höhe liegt die sparsamste Marschgeschwindigkeit mit magerem Gemisch zwischen 340 und 345 km/h. Aber auch eine Geschwindigkeit von 365 km/h läßt sich ohne wesentlichen Verlust an Reichweite einhalten. Die Höchstgeschwindigkeit liegt bei etwa 405 km/h.

Sichtfeld und Leitung der Verteidigung
Der Flugzeugführer hat nach vorn und oben gute Sicht, zur Seite und nach hinten aber ist sein Blickfeld erheblich eingeschränkt. Seitlich der Köpfe von Flugzeugführer und Copilot ist die Verglasung gewölbt, aber die Wölbung neigt zum Beschlagen und verursacht überdies eine störende Brechung der Lichtstrahlen. Auch die Astro-Luke, die als Beobachtungsstand gegen angreifende Jäger dienen soll, beschlägt auf der Innenseite leicht. Dem Vernehmen nach wird an einer Änderung gearbeitet, durch die ein leichter Luftstrom auf die Innenseite der Luke abgelenkt wird, so daß deren Temperatur konstant bleibt. Da die Liberator eine Fluglage mit leicht angehobenem Leitwerk einnimmt und da die Astro-Luke sich vor der Vorderkante der Tragflügel befindet, ist die Sicht unterhalb der Rumpfebene recht dürftig; deshalb muß der Heckschütze im Fall von Angriffen von unten her die Verteidigungsmaßnahmen leiten. Das erfordert eine sehr gute Zusammenarbeit zwischen dem Heckschützen und dem Besatzungsmitglied, das die Verteidigung im übrigen leitet. Aber auch das Zusammenspiel der restlichen Besatzung ist hier wichtig, denn die Schützen auf dem Rumpfrücken und in den Schwalbennestern können zuweilen Angriffe aus der Flanke kommen sehen, die den übrigen Männern noch verborgen sind. Der Haken an der Geschichte ist, daß jedes Besatzungsmitglied nur ein begrenztes Sichtfeld hat und daß es gründlicher Übung bedarf, den Flugzeugführer nüchtern zu informieren; panisches Durcheinanderbrüllen muß dabei unter allen Umständen vermieden werden.

Verteidigungsmanöver für einzelne Flugzeuge

Allgemeines. Ziel der Prüfungen war es, die beste Art des Ausweichens für die Liberator bei allen An-

griffsarten, sowohl durch einzelne als auch durch mehrere Jäger gleichzeitig, zu ermitteln.
Bei früheren Versuchen mit schweren Bombern hatte sich bereits gezeigt, daß die einzig sinnvollen Ausweichmanöver bei Angriffen von hinten oder von der Seite darin bestehen, eine enge Kurve gegen den Jäger zu fliegen oder einen Korkenzieher zu fliegen. Andere Arten eines Versuchs, dem Angriff zu entkommen, wie seitliches Slippen, Flug in Wellenlinien und Drosseln der Geschwindigkeit, mögen zwar hier und da zum Erfolg führen, aber sie sind weniger aussichtsreich.

Enge Kurve. Die Liberator ist wendig genug, eine enge Kurve zu fliegen, die – sofern das Timing stimmt – einem angreifenden Jäger das Zielen erschwert und höchstens einen sehr kurzen Feuerstoß zuläßt. Gegen einen Sturzangriff empfiehlt sich eine leichte Aufwärtskurve; erfolgt aber der Angriff genau von hinten, dann kurvt man besser in einen Sturzflug, weil die Liberator dabei an Geschwindigkeit gewinnt. Durch beide Manöver muß der Angreifer den Vorhaltewinkel vergrößern. Die enge Kurve ist das beste Ausweichmanöver gegen einen einzelnen Jäger, vorausgesetzt das Timing stimmt – bei einer Entfernung von etwa 600 m angesetzt – und daß weder Mangel an Treibstoff herrscht noch die Gefahr besteht, daß noch mehrere Jäger angreifen. Im letztbeschriebenen Fall oder beim Angriff durch mehrere Jäger verspricht das Ausweichen durch einen Korkenzieher mehr Erfolg, denn durch dieses Manöver kann der Bomber sowohl Höhe als auch die Flugrichtung beibehalten, während er sonst im Kreis herumfliegt.

Der Korkenzieher. Diese Art des Ausweichens in einer engen Abwärtskurve von etwa 30 Grad und 150 m, gefolgt von einer steilen Aufwärtskurve von ebenfalls etwa 30 Grad und 150 m in entgegengesetzter Richtung. Das Manöver muß so energisch wie möglich durchgeführt werden, vor allem auf dem Scheitel und am Tiefpunkt der Spirale, da dies die meist gefährdeten Punkte sind. Mit dem Korkenzieher sollte begonnen werden, wenn der erste gegnerische Jäger noch etwa 600 m entfernt ist; der Flug in Spiralen sollte dann während des ganzen Gefechtes beibehalten werden bis eindeutig feststeht, daß alle Gegner außerhalb Angriffsposition sind. Wenngleich dieses Manöver für den Piloten sehr anstrengend ist, darf es nicht gleich abgebrochen werden, wenn ein Jäger angegriffen hat und danach abdreht, denn das kombinierte Blickfeld der Liberator gibt keine Gewähr, daß nicht noch von unten her ein Angriff erfolgt, der unbeobachtet blieb. Die Hauptvorteile des Fluges in Spiralen liegen darin, daß der Bomber weiter seinen Kurs verfolgen kann, während der Jäger Schwierigkeiten mit dem Anvisieren hat, da er Vorhaltewinkel nach Seite und Höhe berücksichtigen muß, die sich ständig verändern. Die mit den Schießkameras der Jäger aufgenommenen Filme bewiesen auch im Falle der Liberator, daß selbst die erfahrensten Jagdflieger, die diese Ausweichmanöver bereits hinlänglich kannten, keine zufriedenstellenden Schußergebnisse erreichen konnten. Die Liberator eignet sich zu diesem Manöver besonders gut, da die Motoren mit ihren Stromberg-Vergasern keinen Leistungsabfall in dem Augenblick haben, in dem die Maschine auf dem Gipfel der Aufwärtskurve heruntergedrückt wird. Die Flughöhe kann ohne zusätzliches Gas beibehalten werden. Dieses Manöver hat auf die Zielgenauigkeit der eigenen Schützen nicht denselben nachteiligen Einfluß, wie die enge Kurve; die Filme der Schießkameras zeigten gute Schußergebnisse. Obwohl der obere Turm nach unten kein Schußfeld hat, bedeutet das für den Schützen bei energisch geflogenen Ausweichmanövern, wie der engen Kurve oder dem Korkenzieher, keinen Nachteil, denn das Flugzeug gibt dem oberen Schützen durch die Querneigung allen Raum, den er zur Bekämpfung eines Jägers braucht, der von unten her im steilen Steigflug angreift.
Da die Sicht aus der Liberator nach unten nicht gut ist, und da sie ferner durch den oberen Drehturm gegen Angriffe von oben geschützt ist, wird der Gegner vorzugsweise von unten her angreifen. In diesem Falle empfiehlt es sich für den Flugzeugführer, die Geschwindigkeit zu erhöhen, um damit das Timing für den von unten her geflogenen Angriff zu erschweren. Die dazu erforderliche Erhöhung der Drehzahl vergrößert bei einer Dauer von 30 Minuten den Treibstoffverbrauch nicht sonderlich; die Reichweite wird dadurch nur um etwa

In Kriegszeiten ist auch die beste Bomberkonstruktion nur dann etwas wert, wenn eine genügend große Stückzahl dieser Flugzeuge produziert werden kann. Die Massenanfertigung wurde zum Gebot der Stunde, und darin waren die Amerikaner führend. Dieses Foto zeigt das erste laufende Band für die Produktion schwerer Bomber im Consolidated Vultee-Werk in

San Diego, Kalifornien. Die B-24J Liberator liefen auf dem Band mit einer Geschwindigkeit von 21 cm pro Minute; zwischen 1941 und 1945 hatte das Werk einen Ausstoß von mehr als 6500 dieser Bomber. Insgesamt wurden mehr als 18000 Bomber des Typs Liberator gebaut, erheblich mehr, als von jedem anderen schweren Bombertyp. *(Consolidated)*

80 km vermindert. Die erhöhte Geschwindigkeit erschwerte das Fliegen in Spiralbewegungen nicht, machte aber den angreifenden Jägern das Anvisieren deutlich schwieriger. Unter allen Umständen empfiehlt sich beim Luftkampf eine vernünftige Geschwindigkeitserhöhung, wenn die Liberator nicht gerade auf einem Flug ist, der die Grenzen der Reichweite fordert; dadurch verringert sich auch die Zahl der Angriffe, die Jäger fliegen können.

Frontalangriffe. Es wurden auch Frontalangriffe gegen die Liberator geflogen, aber sie waren infolge der hohen Fluggeschwindigkeit des Bombers nur mit Mühe auszuführen. Die Liberator konnte den Angriff in vielen Fällen bereits im Ansatz abweisen, indem sie direkt Richtung auf den Jäger nahm, wenn der in Position gehen wollte. Falls der Angriff geflogen wird, ist eine Sturzkurve von etwa 800 m angeraten; das Anvisieren wird dadurch für den Jäger sehr erschwert. Der eigene Schütze auf dem Rumpfrücken, der die Verteidigung bei dieser Angriffsart nach vorn führt, hat den Angreifer gut im Schußfeld.

Verteidigungsmanöver für Formationen

Da für die Versuche nur zwei Flugzeuge dieses Typs zur Verfügung standen, und da zuvor noch kein Formationsflug erprobt worden war, war es nicht möglich, endgültige Schlüsse auf die unterschiedlichen Arten des Formationsfluges zu ziehen, die als befriedigende Aussage hätten gelten können. Zweifelsohne ist der Formationsflug in der Liberator für die Flugzeugführer sehr ermüdend, da die Steuerung – vor allem das Höhenruder – großen Kraftaufwand erfordert. Der Formationsflug mit einer Spannweite Abstand konnte kurzfristig beibehalten werden, aber bei längerer Flugdauer oder wenn Ausweichmanöver erforderlich sind, müssen die Maschinen wenigstens zwei Spannweiten auseinander sein.
Mit Jagdflugzeugen wurden Angriffe geflogen und Kurven wurden unter Kontrolle des Leiters geflogen. Eine Querneigung von 30 bis 40 Grad war möglich, und damit wurde das Schußfeld des oberen Schützen nach unten so weit ausgedehnt, daß von dort her geführte Angriffe abgewehrt werden konnten. Man darf annehmen, daß Formationen von drei Flugzeugen in Keilform oder von vier Flugzeugen mit ein wenig Übung zu annehmbarem Kurvenflug imstande sind. Aber die Hauptschwierigkeit liegt in der Koordination der Verteidigung. Das Blickfeld jedes Bombers ist derart beschränkt, daß der mit der Verteidigungsführung Beauftragte kaum frühzeitig Angriffe erkennen kann, die gegen andere Flugzeuge der Formation geflogen werden, vor allem dann nicht, wenn diese von unten her kommen. Wenn dagegen Anweisungen für die Formation von allen Flugzeugen aus gegeben werden können, kann das zur Verwirrung – wenn nicht gar zur Panik – führen, wenn bei einem gleichzeitigen Angriff durch mehrere Jäger von verschiedenen Seiten her das Kurven nach links und rechts zugleich befohlen wird. Wenn aber andererseits kein Ausweichmanöver geflogen wird und die Liberator sich nur auf die Feuerkraft ihrer Waffen verlassen, dann sind die Drehtürme auf dem Rumpfrücken bei Angriffen von unten her von der Verteidigung ausgeschlossen. Daher dürfte es sinnvoll sein, durch Kurven auszuweichen, wenn man sich dem gegnerischen Angriff nicht verteidigungslos aussetzen will; davon absehen könnten höchstens Formationen mit Besatzungen, die derart aufeinander eingespielt sind, daß sie zu einer effektiven Rundumverteidigung in der Lage sind.
Eine Lösung dieses Problems bietet sich in einer Ausweichtaktik, die mit anderen schweren Bombern in Übungsflügen mit Jägern erprobt wurde. In einer Viererformation fliegt die Nr. 4 so nahe wie möglich beim Formationsführer, jedoch etwas tiefer, so daß dessen Heckwaffen nicht behindert werden. Die Nummern 2 und 3 gehen beim Angriff durch den Gegner ruhig in einen Korkenzieher über, wobei sie zwischen 60 und 90 m nach oben und unten drehen; die Entfernung zum Führer sollte dabei niemals mehr als 300 m sein. Auf diese Weise können sie ihre sämtlichen Waffen einsetzen und bilden für die Jäger ein schwer anzuvisierendes Ziel. Dabei erhalten sie auch noch Feuerschutz vom Führer und von der Nr. 4. Für die Jäger ist es dabei außerordentlich schwierig, den richti-

gen Zeitpunkt zum Angriff zu bestimmen, bei dem sie auf die in der Spirale fliegenden Flugzeuge schießen können, ohne dabei in den Schußbereich der übrigen Flugzeuge der Formation zu geraten. Der Führer kann dabei auf Kurs bleiben und sollte höchstens durch einen leichten Webe- oder Wellenflug ausweichen, wenn die Gefahr besteht, daß er angegriffen wird. Dieses Manöver hat sich als relativ leicht durchführbar erwiesen, nachdem die Besatzungen den Korkenzieher ein wenig geübt hatten, und die Art der Formation kombiniert den Einsatz der gemeinsamen Feuerkraft mit einem sinnvollen Ausweichmanöver für die äußeren Flugzeuge, die normalerweise das Hauptziel von Jägerangriffen darstellen. Ein weiterer Vorteil liegt darin, daß die Flugzeugbesatzungen ihre Verteidigungsmaßnahmen selbst bestimmen und daß der Formationsführer auf Kurs bleibt.

Tiefflug

Infolge ihrer hohen Geschwindigkeit und ihrer Wendigkeit dürfte die Liberator zum Tiefflug über einem Gelände, das nicht übermäßig durch Flak geschützt ist, sehr geeignet sein. Der Tiefflug hat dabei noch den Vorteil, daß von unten her kein Angriff durch gegnerische Jäger zu erwarten ist. Der Angreifer muß anschließend nach oben oder zur Seite hin abdrehen, und so bekommen die Schützen auf dem Rumpfrücken und im Heck ein leichtes Ziel. Als bestes Ausweichmanöver in niedriger Flughöhe empfiehlt es sich, auf etwa 250 m Höhe zu gehen, ehe die Jäger auf Schußweite herangekommen sind, und dann in Spiralen zu fliegen. Der Luftschraubenstrahl reicht aus, den Jägern einen Angriff auf tieffliegende Bomber aufs äußerste zu erschweren.

Nachtflug

Bei Nacht wurden keine Versuchsangriffe gegen die Liberator geflogen, weil die Flammdämpfer nicht angebracht waren. Die Wirkung der Dämpfer soll dem Vernehmen nach zufriedenstellend sein; sie sind unbedingt notwendig, da die Auspuffflamen sonst in dunkler Nacht vom Boden aus noch zu sehen sind, wenn das Flugzeug in einer Höhe von 2500 m fliegt. Mit anderen schweren Bombern konnte die Erfahrung gemacht werden, daß das beste Ausweichmanöver bei Nacht in einer Sturzkurve oder im Spiralflug besteht, bei Vollmond bleibt der Korkenzieher als Alternative.

Luftschraubenstrahl

Der Luftschraubenstrahl ist leicht nach oben gerichtet; auf einer Entfernung bis 300 m ist er relativ stark. Vermutlich ist ihm kein sonderlich großer taktischer Nutzen beizumessen, wenngleich er angreifende Jäger auf kurzem Abstand beim Anvisieren behindert, vor allem in Bodennähe.

Die North American B-25C (Mitchell II)

Die B-25 gelangte ab Mitte 1941 zur Auslieferung an das US Army Air Corps. Anfang 1942 kam die B-25 C heraus, die erste Version dieses Bombers, die in großer Stückzahl hergestellt werden sollte. Dieser Typ flog in der Royal Air Force als Mitchell II; die hier beschriebenen Versuchsflüge fanden im September und Oktober 1942 statt. Die B-25 wurde zum meistverwendeten Mittelstreckenbomber der US Army Air Force, der daneben auch in großer Zahl in der US Navy, in der RAF und in den russischen Luftstreitkräften eingesetzt wurde.

Kurze Beschreibung des Flugzeuges

Allgemeines
Die Mitchell (B-25C) ist ein Mitteldecker mit doppeltem Seitenleitwerk und einem Dreiradfahrwerk. Als Antriebsaggregate dienen zwei Double Cyclone Motoren mit je 1600 PS Leistungsabgabe. Das Fluggewicht beträgt 13140 kg und die derzeitige Bombenzuladung ist 1800 kg.

Die vierköpfige Besatzung der gegenwärtigen Ausführung besteht aus einem Flugzeugführer, einem Flugnavigator, der zugleich Bombenschütze ist, einem Funker, der zugleich unterer Schütze ist und einem Schützen im Drehturm auf dem Rumpfrücken. Die Unterbringung eines Copiloten ist möglich, das Flugzeug ist mit Doppelsteuer ausgestattet. Das Flugzeug ist in drei Hauptabteilungen unterteilt, die durch einen Gang miteinander verbunden sind. In der Nase ist eine Position für das Bombenzielgerät Mark IX, für das eine gute Sicht gegeben ist. Der Bombenschütze hat einen Sitz, von dem aus er ein handbetätigtes MG bedienen kann. Der Flugzeugführerraum ist sehr gut ausgestattet. Die Bedienungselemente für die Motoren und Hilfsaggregate sind auf einer Konsole zentral angebracht, sie können von jedem Sitz aus gleichmäßig bedient werden. Der Flugzeugführer hat in jeder Richtung ausnahmslos gute Sicht, aber eine Klarsichtscheibe ist nicht vorhanden; dadurch ist die Sicht bei Regen erheblich beeinträchtigt und die Landung ist dann schwierig und gefährlich. Der Sitz für den Flugnavigator und der Kartentisch befinden sich im Raum hinter dem des Flugzeugfüh-

Anlage der B-25D Mitchell

Die North American B-25C, die in der Royal Air Force unter der Bezeichnung Mitchell II flog. Der nicht befriedigend funktionierende Bodenturm mit Periskopvisier ist hier eingefahren. *(C. Brown)*

rers, darüber ist eine Kuppel für astronomische Navigation. Im hinteren Teil des Rumpfes sind Positionen für den oberen Schützen und den Funker. Der letztere bedient den unteren Drehtrum und ist ferner für die Kamera und die Positionslichter hinter der rückwärtigen Einstiegluke verantwortlich. Im Heck ist ein Beobachtungsstand, aber dieser wird vermutlich nicht besetzt, denn dazu müßte ein weiteres Besatzungsmitglied mitgenommen werden. Der Verbleib dort ist ermüdend, der Mann muß mit dem Gesicht nach unten gerichtet liegen, und die Vibration ist beträchtlich.

Funk- und Bordverständigung

Das Standard American Bendix Funkgerät mit gesonderter Bordsprechanlage über Kehlkopfmikrophone ist eingebaut. Die Anlage erwies sich als zufriedenstellend, wenngleich der obere Schütze einen normalen RAF-Helm über die Kopfhörer stülpen muß, um so die zusätzlichen Geräusche zu dämpfen, die entstehen, wenn der Drehturm zur Seite gerichtet ist. Ferner ist es für den oberen Schützen mühsam, den Sendeknopf eingedrückt zu halten; deshalb wurde mit dem Druckschalter ein Hebel verbunden. An diesem Hebel kann der

Schütze sich auch festhalten, wenn er bei rasanten Ausweichmanövern das Gleichgewicht zu verlieren droht.

Heizung
Als Kabinenheizung dient die Stewart Warner Anlage, die Warmluft zu allen Männern der Crew leitet. Wenn bei Kälte alle Leitungen offen sind, reicht das Heizvermögen nicht aus, aber es sind noch zusätzlich Stecker für elektrisch beheizte Kleidung für alle Besatzungsmitglieder angebracht.

Sauerstoff
Das übliche Sauerstoff-Niederdruckgerät ist angebracht und funktioniert offenbar zufriedenstellend.

Notausstiege
Die beiden Einstiegluken hinter der Steuerungsanlage für den Flugzeugführer und hinter der Panzertür zum rückwärtigen Rumpfabschnitt haben Handgriffe zur Schnellbetätigung im Notfall; sie sind gleichzeitig für den normalen Fallschirmabsprung vorgesehen. Zum Ausstieg nach einer Notwasserung ist in der Überdachung des Flugzeugführerraumes eine Ausstiegluke sowie ein kleines Fenster in der Seite des hinteren Rumpfes. Das Schlauchboot ist auf der linken Rumpfseite verstaut, es kann intern oder extern durch den hinteren Schützen gelöst werden.

Merkmale der Bewaffnung

Allgemeines
Die Mitchell ist in der gegenwärtigen Ausführung mit vollelektrischen Bendix Drehtürmen auf dem Rumpfrücken und in unterer Position versehen; in jedem der beiden Drehtürme sind zwei 12,7 mm Browning MG. In der Rumpfnase ist ein 7,7 mm Browning MG kardanisch aufgehängt.

Oberer Drehturm
Der Drehturm ist um 360 Grad schwenkbar, und die MG, die einen Munitionsvorrat von je 430 Schuß haben, können um 80 Grad nach oben, nicht aber nach unten gerichtet werden. Begrenzungen schützen das Leitwerk, die Tragflügel und die Luftschrauben vor eigenem Beschuß. Ursprünglich war die Visiervorrichtung periskopisch, aber diese erwies sich wegen ihrer Größe und Unhandlichkeit als untauglich. Zur Zeit arbeitet die Bristol Aeroplane Company an einer Lagerung für ein Reflexvisier GJ3, und das dürfte zu einer wesentlichen Verbesserung der Sichtverhältnisse beim Luftkampf führen. Der Drehturm selbst bietet ein hervorragendes Sichtbild, da die Lafetten und die Verstärkungsträger der Kuppel unterhalb der Augenhöhe des Schützen sind; das Plexiglas ist von ausgezeichneter Qualität. Nach unten ist die Sicht zur Seite und nach schräg hinten gut; ein angreifender Jäger kann nur dann nicht gesehen werden, wenn er genau von hinten und zugleich von unten her angreift.
Die Steuerung des Drehturms ist dürftig, bei niedriger Geschwindigkeit ist sie zu empfindlich und in hoher Geschwindigkeit ist sie kaum schnell genug. Die Firma Boscombe Down hat eine neue Nockenführung entwickelt, die die Steuerung verbessern dürfte, aber vermutlich wird der Drehturm in der gegenwärtigen Ausführung bereits zum Einsatz gelangen, sobald die neue Visiervorrichtung zur Verfügung steht, vorausgesetzt allerdings, die Schützen zeigen, daß sie damit umgehen können. Der Schütze ist in einer ziemlich beengten Lage, und – wie bereits erwähnt – er braucht einen Hebel, um die Bordsprechanlage mit der linken Hand erreichen zu können. Der Schütze kann nicht beide Hände in Gesichtshöhe bringen, weil nicht genug Raum zwischen seiner Brust und dem Drehturm ist, um beide Arme hindurchzuzwängen. Das bedeutet, daß er aus dem Drehturm heraus muß, wenn er eine Ladehemmung beheben oder eine Lampe im Reflexvisier auswechseln will. Wenn der Turm über die Querstellung hinaus nach vorn gerichtet ist, macht sich der volle Druck des Luftstroms durch die Schlitze seitlich der Waffen bemerkbar, so daß die Schützen strammsitzende Schutzbrillen tragen müssen. Es scheint nicht empfehlenswert, diese Schlitze durch Platten abzudichten, es sei denn, diese seien aus Sicherheitsglas; andernfalls behindern sie die Sicht.

Drehturm Rumpfunterseite

Allgemeines. Der Bendix Turm ist vollelektrisch; er trägt zwei 12,7 mm Browning MG mit einem Munitionsvorrat von 330 Schuß je Waffe. Beim Start und bei der Landung wird er völlig eingefahren und bildet mit dem Rumpf fast eine Ebene. Ausgefahren wird der Turm mittels eines Schneckengetriebes, und es dauert 75 Sekunden bis er voll in Position ist; nur wenn er ganz ausgefahren ist, kann er um 360 Grad geschwenkt und die Waffen um 90 Grad gesenkt werden.

Visiervorrichtung. Die Visiervorrichtung arbeitet periskopisch; ein Prisma auf dem Boden rotiert mit dem Turm. Auf diese Weise bleibt der Schütze unbeweglich liegen und hält seine Augen über dem Okular, während der untere Teil des Turmes mit den Waffen und der Munition sich dreht. Das Sichtfeld besteht aus einem Kegel von 40 Grad; zu Beginn des Fluges ist die Sicht klar. Aber die Visierscheibe ist anfällig gegen Ölspritzer, die aus verschiedenen Teilen des Turmes, der Motoren und aus einem Überlaufstutzen an der linken Rumpfseite kommen. Mittels einer Pumpe kann der Schütze die Scheibe säubern. Der Gummiwulst zum Schutz der Augen ist recht praktisch, aber die Augen selbst haben nur wenig Freiheit, und so kann das Ziel während eines Ausweichmanövers hin und wieder aus dem Blickfeld geraten. Beim Feuern vibrieren der Drehturm und das Visier derart, daß nur sehr kurze Feuerstöße möglich sind. Das Visier ermüdet den Schützen rasch und deshalb kann er auch nur jeweils sehr kurzfristig suchen.

Handhabung. Die Steuerung des Drehturms ist sehr empfindlich; zur Bewegung der Waffen in einem kleinen Winkel gibt es keine angemessen langsame Geschwindigkeit.
Das hat zur Folge, daß der Turm in solchen Fällen ruckartig bewegt wird. Ein geübter Schütze wird sich zwar darauf einstellen können, aber es ist doch zweifelhaft, ob er mit dieser Steuerung zu präzisen Schußergebnissen kommen wird. Die Filme der Schießkameras zeigten, daß eine gute Trefferzahl erreicht werden konnte, wenn kein Seitenvorhalt erforderlich war, aber sobald der Jäger abdrehte wurde das Anvisieren zu einer konfusen, unkontrollierten Aktion.

Feuerversuche. Es wurde auf feststehende Ziele gefeuert und es kam zu guten Schußergebnissen mit Feuerstößen von 5 Schuß je Waffe. Wurden aber 10 Schuß abgefeuert, dann machte sich der Rückstoß nachteilig bemerkbar; in einer Entfernung von 40 m betrug das Abkommen 1,50 m. Beim Feuern in der Luft wurde dieser Eindruck bestätigt; die Waffen selbst funktionierten einwandfrei, Ladehemmungen traten nicht auf.

Stellung des Schützen. Wenn der Turm ausgefahren ist, kniet der Schütze, in einem Winkel von etwa 45 Grad vornüber lehnend; sein Gewicht wird durch ein Brustkissen aufgefangen. Es stellte sich heraus, daß die Betätigung des Drehturms – der in seiner gegenwärtigen Ausführung nur eine ruckhaft springende Sicht ermöglicht – im Verband mit dem durch das Brustkissen verursachten Druck auf die Lungen bereits nach kurzer Zeit Übelkeit und Schwindelgefühle beim Schützen verursachen kann; wenngleich diese Symbole wohl nicht bei allen Schützen gleichermaßen auftreten werden, so ist darin doch ein gefahrbringendes Hindernis zu sehen, das sich ausgerechnet in den Augenblicken bemerkbar macht, wenn die höchste Konzentration erforderlich ist.

Ausweichmanöver. Die Mitchell ist zu extrem schnellen Ausweichmanövern geeignet, wenn sie einzeln fliegt; dabei wirkt dann aber die Schwerkraft derartig, daß der untere Schütze aufgrund seiner vorübergebeugten Stellung und des engen Blickfeldes im Visier den Drehturm nicht betätigen kann.

Vorderes MG
Das 7,7 mm Browning MG in der Rumpfnase hat drei alternative Positionen mit kardanischer Aufhängung; eine nach vorn, eine zur linken Seite und die dritte nach unten gerichtet. Jede bestreicht einen Kegel von etwa 45 Grad, aber der Wert der Waffe liegt vornehmlich in der Abschreckung. Das starre Visier besteht aus Visierträger, Stachel und

B-25D in Formation. Mit zwei 1700 PS starken Wright Cyclone 14 Sternmotoren erreichte dieser Bomber eine Höchstgeschwindigkeit von 455 km/h; bei einer Bombenlast von 900 kg lag die Reichweite bei etwa 1125 km.

Kreiskorn, die sechs Magazine enthalten je 100 Schuß.

Panzerung
Die Pilotensitze sind durch geformte, 9,5 mm dicke Panzerplatten von der Kopf- bis zur Hüfthöhe geschützt. Eine Schutzwand aus 9,5 mm starker Panzerung mit klappbarer Türe steht quer im hinteren Rumpfteil und eine kleinere, ähnliche Panzerung erstreckt sich unter dem Sitz des Bombenschützen. Die Treibstofftanks sind selbstschließend, aber die Öltanks sind ungeschützt.

Flugeigenschaften

Die Mitchell II ist hinsichtlich der Flugeigenschaften der Boston III sehr ähnlich. In Fluggeschwindigkeiten bis zu 480 km/h reagiert die Maschine gut auf die Steuerung. Auch mit nur einem Motor läßt sich die Mitchell II leicht fliegen, sie kann dabei so getrimmt werden, daß sie selbsttätig geradeaus fliegt. Die Trimmruder sind sehr wirksam.

Reichweite, Fluggeschwindigkeit und Verbrauch
Insgesamt kann ein Treibstoffvorrat von 2380 l in den vier Tanks in den Tragflügeln mitgenommen werden. Beim Flug in 4500 m Höhe in sparsamer Marschgeschwindigkeit liegt die Reichweite bei 1600 km.

Verteidigungstaktik
Alle üblichen Ausweichmanöver können mit Leichtigkeit geflogen werden. Die enge Kurve ist ebenso wirksam, wie der Korkenzieher, da das Flugzeug überdurchschnittlich wendig ist. Die Motoren setzen bei plötzlicher Kursänderung nicht aus. Seitliches Slippen kann ebenfalls ein sinnvolles Ausweichmanöver sein, zumal dies bei jeder Geschwindigkeit durchzuführen ist, dank der guten Seitensteuerung. Die Leitung der Verteidigung muß vom oberen Drehturm aus erfolgen, da das Sichtfeld des Flugnavigators nicht ausreicht. Der untere Schütze ist darauf angewiesen, einen durchgehenden Kampfkommentar zu hören, denn er kann mit seinem periskopischen Visier nicht lange nach Gegnern suchen.

Luftschraubenstrahl
Der Luftschraubenstrahl ist überdurchschnittlich stark. Ein Jäger, der innerhalb von 300 m genau hinterher fliegt, dürfte erhebliche Schwierigkeiten mit dem Anvisieren haben.

Formations- und Tiefflug
Da die Maschine der Steuerung gut gehorcht und der Flugzeugführer ein gutes Sichtfeld hat, sind Formations- und Tiefflug leicht durchführbar.

3. Die Taktik des Zerstörens

Strategisch oder taktisch?

Ehe wir uns der im Zweiten Weltkrieg angewandten Bomber-Taktik zuwenden, erscheint es sinnvoll, die Begriffe zu definieren, die oft undurchdacht miteinander verwechselt werden: strategischer Bombenangriff und taktischer Bombenangriff.
Die allgemein anerkannte Definition des Begriffes »strategischer Bombenangriff« lautet: der Einsatz von Bombern mit dem Ziel, die Rüstungskapazität des Gegners und seine Befähigung zur Weiterführung des Kriegs durch fortschreitende Zerstörung und Zerrüttung zu mindern. Der »taktische Bombenangriff« dagegen ist zu definieren als: Bombenangriff in Zusammenarbeit mit Land- oder Marinestreitkräften zu derer unmittelbarer Unterstützung. Der US Strategic Bombing Survey beschreibt den Unterschied in bildhafter Sprache:
»Der strategische Bombenangriff hat zum taktischen Bombenangriff dasselbe Verhältnis, wie die Kuh zum Milcheimer. Will man verhindern, daß der

Der einzige Mangel in Douhets Ausführungen lag darin, daß nicht berücksichtigt wurde, wie sich einige elementare Verteidigungsmaßnahmen des Gegners zum Schutz möglicher Bombenziele auswirken würden... Die Hamburger Flak verteidigt ihre Stadt. *(IWM)*

Gegner sich erholt und rasche Hilfe erhält, dann muß man aus *taktischen* Erwägungen den Eimer umwerfen. Will man ihn aber aushungern, dann heißt die *strategische* Maßnahme: die Kuh töten.« Wenn man die vorausgegangenen Definitionen als richtig akzeptiert, dann läßt sich daraus ableiten, daß der einzige Faktor, der den strategischen vom taktischen Bombenangriff unterscheidet, in der *Natur des Zieles* zu sehen ist. Es ist eine Tatsache, daß die überwiegende Mehrzahl strategischer Bombenangriffe von schweren Bombern über große Entfernungen geflogen wurden, ebenso wie die meisten taktischen Bombenangriffe von leichten oder mittelschweren Bombern über kurze Distanzen erfolgten. Aber weder die Größe der beteiligten Bomber noch die geflogene Entfernung waren die Kriterien, die den Ausschlag gaben, ob ein Angriff nun strategisch oder taktisch war. Wenn also die US-Flotte anfangs 1945 einmotorige Trägerflugzeuge gegen japanische Flugzeugfabriken aus einer Entfernung von etwa 150 km einsetzte, dann war solch ein Unternehmen ein *strategischer* Bombereinsatz. Und ebenso war der Angriff der Lancaster-Bomber der Royal Air Force im November 1944 auf das deutsche Schlachtschiff *Tirpitz,* 1800 km entfernt vom Einsatzflugfeld im Norden Schottlands (die Entfernung war doppelt so groß, wie die von den Flugplätzen in Lincolnshire nach Berlin), ein *taktischer* Einsatz. Auch wenn sich die Angriffe der Bomber in strategische oder taktische unterscheiden lassen, ist es sowohl irreführend als auch falsch, die Bomber selbst nach ihren Typen in gleichartige Kategorien zu unterteilen.

Abwehr: der maßgebende Faktor der Bombertaktik

Nach der Erläuterung des Unterschiedes zwischen strategischen und taktischen Bombenangriffen wollen wir jetzt einmal untersuchen, welchen Einfluß die gegnerische Abwehr auf die beim Angriff angewandte Taktik hatte. Welche Taktik die Bomberbesatzungen bei bestimmten Einsätzen anwandten, hing im allgemeinen von einigen, voneinander unabhängigen, Faktoren ab: der Art des zu zerstörenden Objekts, der Art und Stärke der gegenerischen Abwehr, den zu verwendenden Bomben, der Entfernung zwischen eigenem Stützpunkt und Ziel sowie der Leistungsfähigkeit und Bewaffnung der eingesetzten Bomber. Von diesen Faktoren aber war es fast immer die gegnerische Verteidigung, die den endgültigen Ausschlag bei der Entscheidung gab, welche Taktik hier anzuwenden sei.

Gehen wir vom Idealfall für die Bomberbesatzung aus: das gänzlich unverteidigte Ziel. Um hier einen Treffer zu landen bedurfte es keiner ausgeklügelten Taktik. Der Angriff konnte bei Tageslicht aus geringer Flughöhe erfolgen, und der Bombenschütze konnte seine Ladung bei niedriger Fluggeschwindigkeit genau ins Ziel setzen. Das war die Angriffsart, die dem General Giulio Douhet vorschwebte, als er im Jahre 1921 seine Theorie in Buchform veröffentlichte:

»Zur Verdeutlichung dessen, was man mit einer Luftmacht anrichten kann, wollen wir einmal annehmen, daß man mit 100 kg Sprengstoff alles im Umkreis von 25 m zerstören kann. Diese Annahme beruht auf den bislang gewonnenen praktischen Erfahrungen. Demnach braucht man zur Vernichtung von allem innerhalb eines Umkreises von 500 m 100 mal 100 kg, also 10 t Sprengstoff. Zu diesen 10 t Sprengstoff wird etwa ein gleiches Gewicht für die Ummantelung benötigt. Heute bereits gibt es Flugzeuge, die neben ihrer Besatzung noch eine Bombenlast von 2 t befördern können; zehn solcher Flugzeuge könnten schon genug Bomben tragen, mit denen alles in einem Umkreis von 500 m vernichtet werden könnte. Zur Durchführung dessen bedarf es also nur der Schulung von zehn Bomberbesatzungen, bis sie imstande sind, ihre Bomben so gleichmäßig wie möglich ins Ziel zu setzen.«

Diese Argumentation war überzeugend, vom mathematischen Gesichtspunkt her war sie vollkommen. Der einzige Mangel in Douhets Ausführungen lag darin, daß nicht berücksichtigt wurde, wie sich einige elementare Verteidigungsmaßnahmen des Gegners zum Schutz möglicher Bombenziele auswirken würden. Ein paar leichte Flugzeugabwehrkanonen in unmittelbarer Nähe des Zieles konnten den Bombern beim langsam geflogenen Angriff in Höhen unterhalb 1800 m schon schwere Verluste zufügen; schwere Flak konnte ihren Wirkungsbereich sogar bis auf 4500 m Höhe ausdehnen. Über den Daumen gepeilt verringerte sich das Risiko, einen Flaktreffer abzubekommen, in Höhen über 3000 m um 50% für jeweils 1500 m größerer Flughöhe. Aus diesem Grunde mußten die Bomber aus immer größerer Höhe angreifen, wenn die Flak durch Verbesserungen wirksamer wurde. Selbst wenn das Ziel nicht durch Wolken oder Nebel verdeckt wurde (wie es häufig geschah), waren Bombenwürfe aus großer Höhe sichtlich ungenauer als solche aus geringeren Höhen. Bezog man nun noch ein paar gegnerische Jäger mit in die Kalkulation, dann mußten die Bomber zu ihrer eigenen Verteidigung MG und Bordschützen auf Kosten der Bombenzuladung mitnehmen; wollten die Bomber die Feuerkraft ihrer Verteidigungswaffen konzentrieren, dann mußten sie in Formation fliegen. Das Formieren selbst verschlang schon wieder eine Menge Treibstoff, und damit verminderte sich die Bombenzuladung für eine gegebene Entfernung weiter.

Falls die Kombination von Flak und Jagdgewehr stark genug war, mußten die Bomber – wie im Fall der Royal Air Force und der deutschen Luftwaffe im Anfangsstadium des Krieges – auf großangelegte Tagesangriffe verzichten, sofern diese über die Eindringtiefe der Begleitjäger hinausgingen. In der Nacht machte die Flugzeugabwehr zwar weniger zu schaffen, aber bis weit in den Krieg hinein waren die Nachtangriffe im Durchschnitt erheblich ungenauer als Tagesangriffe; es geschah sogar häufig, daß viele Bomber das Ziel nicht einmal fanden. So schalteten die verstärkten Abwehrmaßnahmen für die Bomberbesatzungen jegliche Möglichkeit »...ihre Bomben so gleichmäßig wie möglich ins Ziel zu setzen...« über dem Zielgebiet aus, entgegen Douhets Voraussage; statt dessen drängte sich das Problem in den Vordergrund, wie es sich bewerkstelligen ließe, das Ziel überhaupt zu treffen. Und als ab Anfang 1941 radargelenkte Geschütze und Nachtjäger die Flugzeugabwehr erheblich verstärkten, wurde aus dem »Spazierflug« ein Flug in Gefahr.

So ergab es sich zwangsläufig, daß die Bomber aus großer Höhe oder im Schutz der Dunkelheit angriffen, um damit die zunehmende Wirkung der Abwehrmaßnahmen zu neutralisieren. Als Variante kam hinzu, das Ziel im Tiefflug anzufliegen; damit hatte man den Überraschungseffekt auf seiner Seite und konnte die Verteidigungsstreitkräfte möglicherweise auch noch überlisten.

Wenden wir uns nunmehr einigen Möglichkeiten auf diesem Gebiet der Taktik zu.

Überraschungsangriff im Tiefflug

Daß der Tiefflug die beste Methode ist, von den suchenden Radargeräten nicht erfaßt zu werden, weiß heutzutage jeder Schuljunge. Der Wirkungsbereich von Bodenradar ist gegenüber Flugzeugen, die unterhalb 1500 m fliegen, stark eingeengt. Fliegen sie unterhalb 300 m, dann wird die kontinuierliche Erfassung sogar unmöglich, es sei denn, die Funkmeßgeräte stehen auf der ganzen Strecke sehr nahe beieinander. Die Schwierigkeiten für die Verteidigung werden noch größer, wenn der anfliegende Bomber die Beschaffenheit des Geländes zu nutzen weiß: außer der Erdkrümmung sind es Hügel oder Berge, die einem Flugzeug den sichersten Schutz gegen Radarpeilung geben.

Wir wollen nun einmal die Flugroute der Lancaster Bomber der Royal Air Force vor dem Angriff auf das deutsche Schlachtschiff *Tirpitz* am 12. November 1944 untersuchen. Dieser Anflug gilt in den Annalen der Bomber als klassisch. Sollte der Angriff gelingen, dann war das Überraschungsmoment dabei von ausschlaggebender Bedeutung. Um das Schiff zu treffen, mußten die Bomber bei Tage aus Höhen um 3600 m angreifen. In der Nähe des Ankerplatzes der *Tirpitz* waren Jäger stationiert und ferner konnte es sein – so wußte man bei

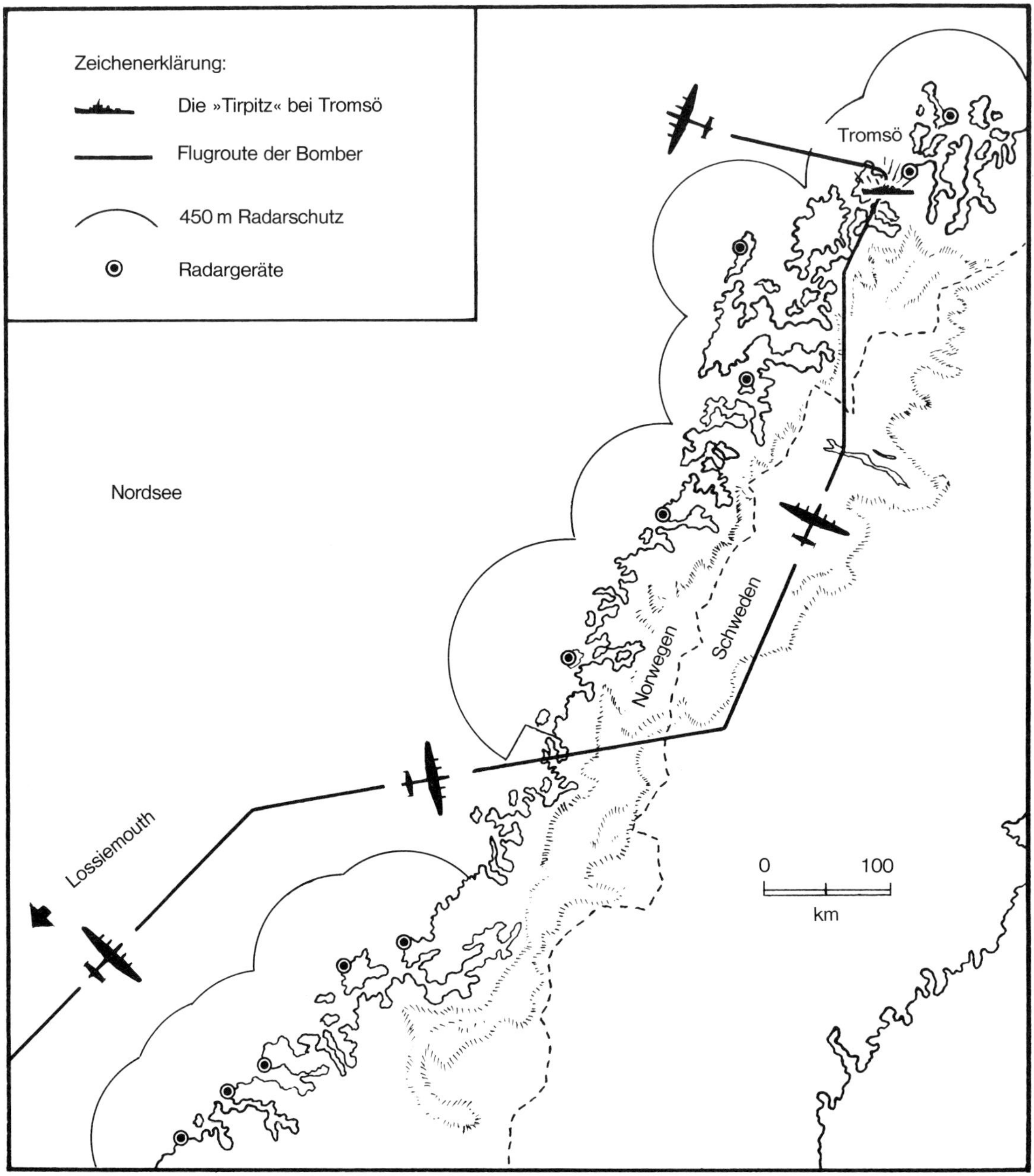
Zeichenerklärung:
Die »Tirpitz« bei Tromsö
Flugroute der Bomber
450 m Radarschutz
Radargeräte
Tromsö
Nordsee
Norwegen
Schweden
Lossiemouth
0
100
km

der Angriffsplanung in der RAF –, daß das Schiff von Nebelgeneratoren umgeben war, die einen gezielten Bombenwurf unmöglich machen sollten (tatsächlich waren diese noch nicht in Stellung gebracht).
Im Zuge der allgemeinen RAF-Einsätze, mit denen die ständigen Veränderungen in der deutschen Radarkette unter Kontrolle gehalten wurden, hatten mit elektronischen Suchgeräten ausgestattete Aufklärer die Standorte und Auffaßbereiche der in Norwegen aufgestellten Funkmeßgeräte ermittelt. Wie erwartet zog sich ein ununterbrochener Auffaßbereich für Flugzeuge in 1500 m Höhe und darüber entlang der ganzen Küste. Blieben die Bomber aber unterhalb 450 m, dann zeigte sich ein schmaler Spalt im Radarvorhang des mittleren Norwegen. Hinter der Küste lag eine Gebirgsbarriere und dahinter war neutrales Territorium.
Beim Prüfen der Gegebenheiten fanden die Planer der RAF eine Lücke im Warnsystem des Schlachtschiffes, die sich ausnutzen ließ. Die Bomber erhielten Auftrag, unterhalb 450 m zu bleiben und Kurs auf die Lücke im Radarnetz zu nehmen. Dann flogen sie genau nach Osten über die Berge und drangen in schwedisches Gebiet ein. Mit der tarnenden Gebirgsbarriere zwischen sich und den herumtastenden deutschen Funkmeßgeräten wandten sich die Bomber auf nordöstlichen Kurs,

Oberstleutnant J. B. Tait (Mitte ohne Fliegermontur) mit seiner Besatzung nach dem erfolgreichen Angriff auf die *Tirpitz*.

so daß sie für die Tirpitz aus dem »Hinterland« kamen. Erst im letzten Augenblick stiegen die Bomber auf die erforderliche Flughöhe. Unbehindert von gegnerischen Jägern überflogen sie das Schlachtschiff und führten einen präzisen Angriff aus 3600 m Höhe durch. Dabei erzielten sie drei Volltreffer mit 5500 kg-Bomben, die im Innern des Schiffs ein unkontrollierbares Feuer verursachten. Als das Feuer dann schließlich eines der Magazine erreichte, gab es eine gewaltige Explosion, die einen langen Riß in die Flanke des Schlachtschiffes sprengte. Die *Tirpitz* kenterte.

Sir Ralph Cochrane, der zum Zeitpunkt des Einsatzes gegen die *Tirpitz* Kommandeur des 5. Bombergeschwaders war, stellte hinterher fest, dies sei der riskanteste Auftrag gewesen, zu dem er jemals gestartet war. Hätte das deutsche Abwehrnetz einwandfrei funktioniert, dann wären wohl alle Bomber heruntergeholt worden. Aber die eingegangenen Risiken erwiesen sich als gerechtfertigt; die Zerstörung der *Tirpitz* wurde mit dem Verlust von nur einem Flugzeug durch Flakabschuß erkauft.

Aus der Sicht auf die Anflugtaktik der Bomber ge-

Da es für eine Formation schwer beladener Bomber gefährlich war, durch eine Wolkendecke zu steigen, entwickelte die 8. US-Luftflotte dieses System zur Formationsbildung über der Wolkendecke. Aber es dauerte meist länger als eine Stunde, ehe die 36 Bomber sich formiert hatten.

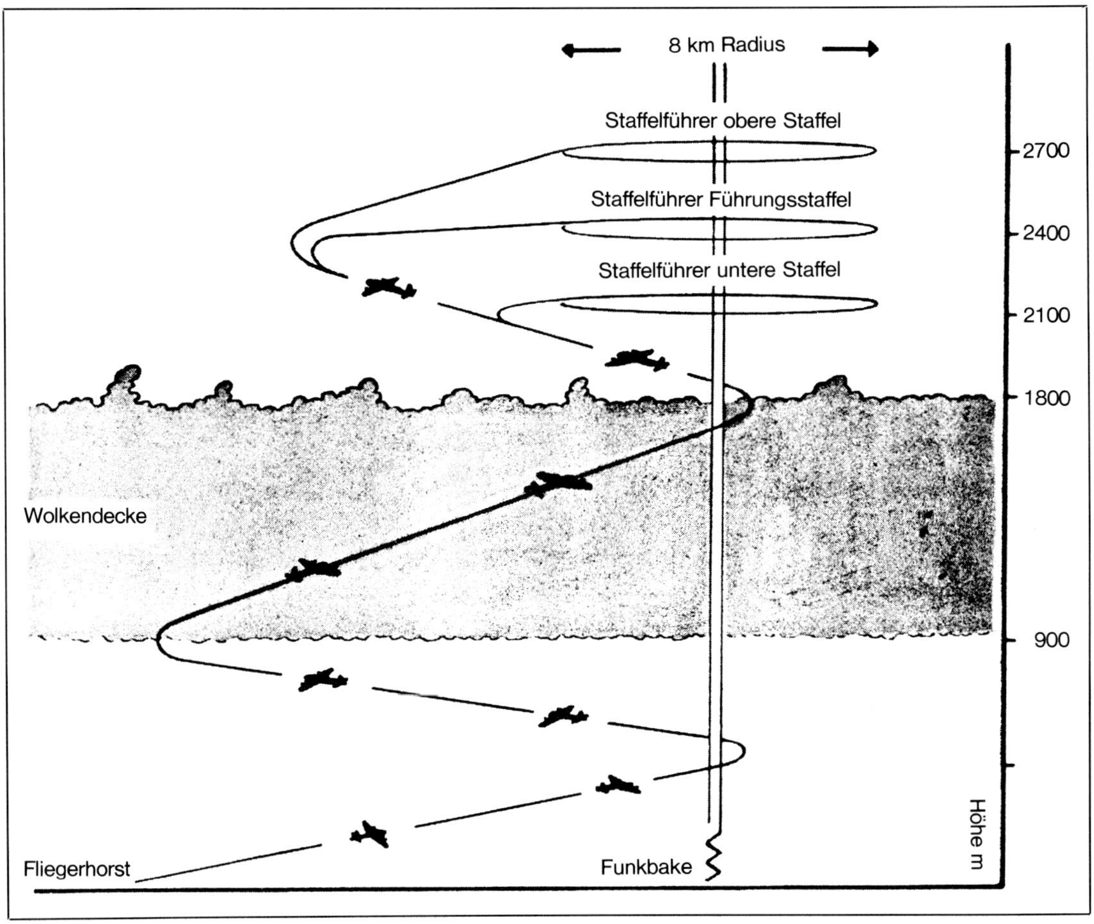

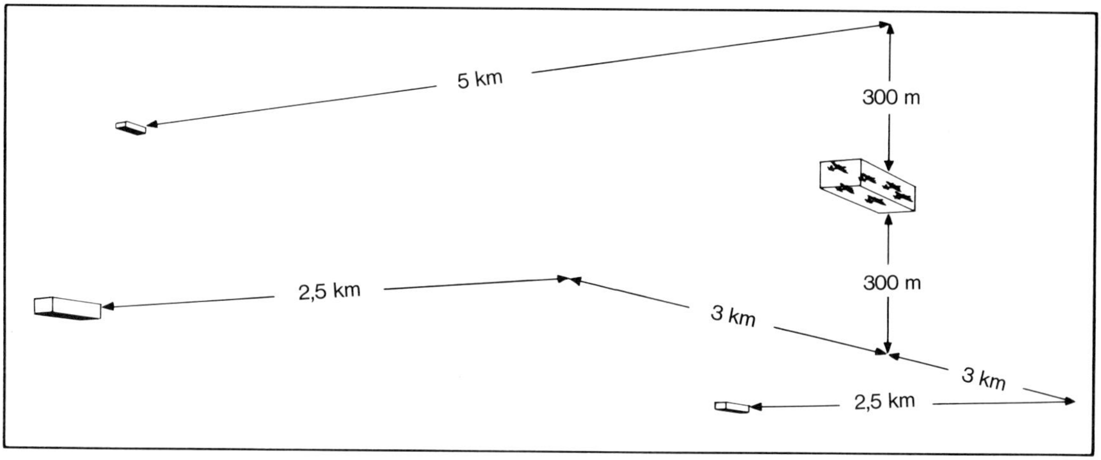

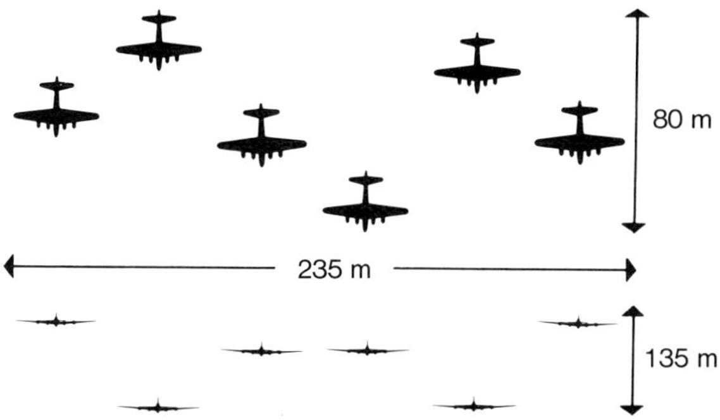

Oben und links: In dieser Formation flog die 8. US Luftflotte ihre ersten Angriffe im August 1942. Die Maschinen flogen in Schwärmen zu je 6 Flugzeugen, die Schwärme dabei in großem Abstand voneinander.

gen die *Tirpitz* sind fünf wesentliche Faktoren hervorzuheben. Erstens, die Verwendung elektronischer Suchgeräte bei der Aufklärung: vor dem Angriff wurde das deutsche Radarnetz systematisch kartographiert und auf mögliche Lücken untersucht. Zweitens, Einflug in niedriger Höhe zwecks Verkleinerung des Auffaßbereichs der deutschen Funkmeßgeräte. Drittens, der Flug auf einer Route unter Ausnutzung der Lücke, die das Netz der deutschen Abwehr zeigte. Viertens, die Nutzung einer Bergkette, um die Bomber vor den deutschen Funkmeßgeräten zu tarnen, nachdem die Bomber über Land flogen. Und fünftens schließlich, der vernunftbedingte Einbezug des Landes im Osten von Norwegen. Heute, mehr als 30 Jahre später, gilt der Einflug in niederer Höhe als meistverwendete Methode zur Ausschaltung gegnerischer Abwehr; aber seit dem Angriff auf die *Tirpitz* im Jahre 1944 hat die Technik doch noch einige kleine Verbesserungen erfahren.

Bomber im Verband

Wenn man sich nicht mit der Verteidigung des Gegners herumschlagen müßte, wäre der Formationsflug der Bomber kaum sonderlich sinnvoll. Der Formationsflug kostet beim Formieren zusätzlich Treibstoff, und darüber hinaus noch mehr durch die Notwendigkeit, immer wieder zu drosseln oder zu beschleunigen um innerhalb der Formation in der richtigen Position zu bleiben. Das hatte zur Folge, daß in Formation fliegende Bomber, wenn sie nicht gerade zu sehr nahe liegenden Zielen flogen, immer nur eine verminderte Bombenzuladung mitfüh-

ren konnten. Überdies waren schwer beladene Flugzeuge innerhalb der Formation schwer zu fliegen, vor allem in großer Höhe, und das führte wieder zur raschen Ermüdung der Flugzeugführer. Da es während des Zweiten Weltkrieges praktisch keine Bombenangriffe gab, bei denen nicht auch mit Verteidigungsmaßnahmen des Gegners gerechnet werden mußte, war es – abgesehen von den ersten Nachtangriffen – üblich, irgendwie beieinander zu fliegen.

Bei Tagesangriffen hatte der Flug in geschlossener Formation zwei große Vorteile: erstens konnten die Bomber ihr Verteidigungsfeuer gegen angreifende Jäger konzentrieren, und zweitens wurde die Wirkung des Flakabschusses geschwächt, indem sich eine Menge gleichartiger Ziele darbot statt einer Folge von Einzelzielen, auf die man sich dort unten leicht konzentrieren konnte. Und, hatten die Bomber das Glück, im Schutz der eigenen Begleitjäger zu fliegen, dann konnten diese eine ganze Formation leichter abschirmen, als einzelne Flugzeuge.

Die Bomber konnten sich in niedriger Flughöhe relativ leicht zu einem Verband sammeln, dann gemeinsam auf Angriffshöhe steigen und Kurs auf das Ziel nehmen; diese Methode wendeten die Deutschen bei der Luftschlacht über England an. Die Bomber starteten in dichter Folge, entweder im

Heinkel 111 im Gruppenkeil, einer Formationsart, die zeitweilig von deutschen Bombern geflogen wurde. Der Formationsführer flog nach dem Start eine bestimmte Zeit geradeaus, dann kehrte er zum Fliegerhorst zurück und sammelte dabei alle nach ihm gestarteten Flugzeuge hinter sich; wenn er dann schließlich den Flugplatz überflog, hatten sich alle Maschinen hinter ihm formiert. Der Gruppenkeil nahm nun Kurs auf das Ziel und begann auf Angriffshöhe zu steigen. *(Dierich)*

Kettenkeil von je drei Maschinen, von grasbewachsenen Flugplätzen aus oder aber einzeln von betonierten Rollbahnen, um sich dann kurz nach dem Start zu Keilen zu formieren. Die Keile flogen dann in gleichbleibender Flughöhe eine bestimmte Zeit lang geradeaus, dann machte der Führungskeil kehrt und sammelte auf dem Rückflug alle folgenden Keile hinter sich. Wenn die Bomber dann auf diesem Rückflug den Flugplatz überquerten, war der Verband geschlossen; nun nahmen sie Kurs auf das Ziel und begannen zu steigen.
Das Sammeln in niedriger Höhe hatte den Vorteil, daß es einfach war. Aber es hatte zugleich den großen Nachteil, daß der Verband bei bewölktem Himmel durch die Wolken steigen mußte. Und der Steigflug eines Verbandes schwer beladener Bomber durch eine Wolkendecke war nicht nur schwierigsondern vor allem auch gefährlich; das konnte man nicht leichtfertig riskieren. In der US Army Air Force wurde für den Fall eines bewölkten Himmels eine mehr praxisbezogene Lösung gefunden: die Bomber starteten und durchstießen die Wolkendecke einzeln, dann sammelten sie über den Wolken mit Hilfe einer Funkbake. Diese Methode bewährte sich zufriedenstellend, wenngleich sie Zeit verschlang: das Sammeln in 2400 m Höhe über einer Funkbake kostete ein B 17-Geschwader mit sechsunddreißig Flugzeugen etwa eine Stunde – und das führte zu einer Minderung der Eindringtiefe um etwa 160 km oder einer Verringerung der Bombenlast um 770 kg.
Der Bomberverband mag uns als eine Neuerung der modernen Kriegsführung erscheinen, aber die Grundidee war grob gesehen dieselbe, wie sie für alle militärischen Einheiten in der Geschichte der Kriege galt: den Gegner mit möglichst vielen Geschossen (oder in früherer Zeit mit Speeren) zu treffen und den Kameraden dabei gleichzeitig ein Gefühl der Zusammengehörigkeit zu geben, ohne daß sie sich beim Kampf gegenseitig behinderten. Das für Bomberformationen häufigst verwendete Grundelement war der Kettenkeil von drei Flugzeugen. Zuweilen wurden auch Keile aus fünf Flugzeugen gebildet, aber mit den größeren Bombern führte das leicht zu einem »Zieharmonika-Effekt«, der auf die Flugzeugführer sehr ermüdend wirkte. Die Amerikaner beschäftigten sich mehr als andere Nationen mit der Entwicklung schlagkräftiger Formationen für Bomberverbände. Deshalb wollen

wir hier einmal die einzelnen Schritte verfolgen, mit denen die 8. US-Luftflotte Arten von Bomberverbänden entwickelte, die speziellen Anforderungen entsprachen. Wie wichtig es für die Bomber war, im Verband zu bleiben, läßt sich kaum überschätzen. Eine Untersuchung der USAAF aus dem Jahre 1943 wies nach, daß mehr als 50% der schweren Bomber, die bei Angriffen auf Ziele im europäischen Kontinent abgeschossen wurden, verloren gingen, weil sie den Verband aus irgendeinem Grunde verlassen hatten. Außer im letzten Kriegsjahr, in dem ausreichender Begleitschutz für die Sicherheit sorgen konnte, überlebten amerikanische Bomber, die sich über deutschem Gebiet verirrt hatten, den Alleinflug nur selten.

Als im August 1942 die 8. US-Luftflotte mit ihren Angriffen begann, flogen die Bomber in Schwärmen von je sechs Flugzeugen. Innerhalb des Schwarms flogen die Maschinen etwa 30 m (eine Spannweite) entfernt von dem nächsten Punkt des vorausfliegenden Bombers. So lag ein freier Raum von etwa 20 m zwischen dem Leitwerk des führenden und der Flügelspitze des folgenden Flugzeuges, eine Entfernung, die einen gesunden Kompromiß darstellte zwischen der Konzentration der Feuerkraft zur Verteidigung und einer annehmbar bequemen Fluglage. Überdies war der Abstand groß genug um die Gewähr zu geben, daß eine zwischen zwei Flugzeugen detonierende Flakgranate nicht das Schicksal beider besiegelte. Die Schwärme flogen in weitem Abstand voneinander. Das hatte den Vorteil, das die Flugzeuge leicht in Formation gehen konnten, aber auch den Nachteil, daß die Schwärme einander nicht helfen konnten, wenn einer von ihnen durch Jäger angegriffen wurde. Überdies erwies sich die Feuerkraft von sechs schweren Bombern als nicht ausreichend, die deutschen Jagdflieger abzuschrecken.

Die Notwendigkeit einer größeren Konzentration der Verteidigungsfeuerkraft führte zu einer baldigen Revision der Verbandstaktik, und ab September 1942 flogen die amerikanischen Bomber ihre Angriffe in Gruppen von 18 Flugzeugen. Die Gruppen waren in zwei Staffeln zu je neun Flugzeugen unterteilt; die zweite Staffel flog 150 m höher als die Führungsstaffel, etwas zurück und von der Sonnenseite abgesetzt. Diese Formationsart war kompakter als die voraufgegangene, aber sie war auch weniger flexibel. Beim Kurvenflug konnte es geschehen, daß die Flugzeugführer der äußeren Maschinen den Staffelführer aus dem Auge verloren; außerdem konnte es geschehen, daß die Bomber sich gegenseitig das Schußfeld versperrten, weil alle Flugzeuge einer Staffel in derselben Ebene flogen.

Als Verbesserung wurde im Dezember 1942 eine veränderte Gruppenformation eingeführt. Die Gruppe von 18 Flugzeugen blieb erhalten, aber sie bestand fortan aus drei Schwärmen von sechs Bombern. Die Maschinen flogen, der Sonne entgegen geschichtet, mit der Führungsstaffel im Zentrum, während die höher und niedriger fliegenden Schwärme nach hinten gestaffelt folgten. Mit diesem Wechsel erhielten viele Bordwaffen erst ein freies Schußfeld, so daß die tatsächliche Feuerkraft der Gruppe sich ansehnlich verstärkte. Gleichzeitig wurde die 8. Luftflotte erheblich vergrößert, so daß sie nunmehr jeweils vier solcher Gruppen einsetzen konnte. Die nachfolgenden Gruppen flogen im Abstand von 2,5 km in einem sogenannten »Javelin«, jede Gruppe etwas höher als die vorauffliegende und entgegengesetzt zur Sonne gestaffelt.

Mit dem »Javelin« wollte man es den deutschen Jägern erschweren, eine günstige Ausganspositon für den Frontalangriff auf die Flugzeuge der hinteren Gruppen zu suchen. Aber der »Javelin« hatte den Nachteil, daß die nachfolgenden Gruppen auf derselben Linie in höheren Schichten flogen, so daß die hoch fliegenden Maschinen nur mit Mühe den gleichen Abstand halten konnten. Es bestand die Gefahr, daß einzelne Maschinen nicht mithalten konnten, und diese Nachzügler stellten für die deutschen Jäger ein gefundenes Fressen dar.

Im Februar 1943 mußte der »Javelin« dem »Wedge« weichen. Die Gruppe von je 18 Flugzeugen blieb dabei erhalten, aber die anführende Gruppe wurde nun in das Zentrum des Verbandes versetzt, während die folgenden Gruppen zur Hälfte nach oben und zur anderen Hälfte in entgegengesetzter Richtung nach unten gestaffelt wurden. Da die führende Gruppe nunmehr in mittlerer Höhe flog, verringerte sich auch der Geschwindigkeitsunter-

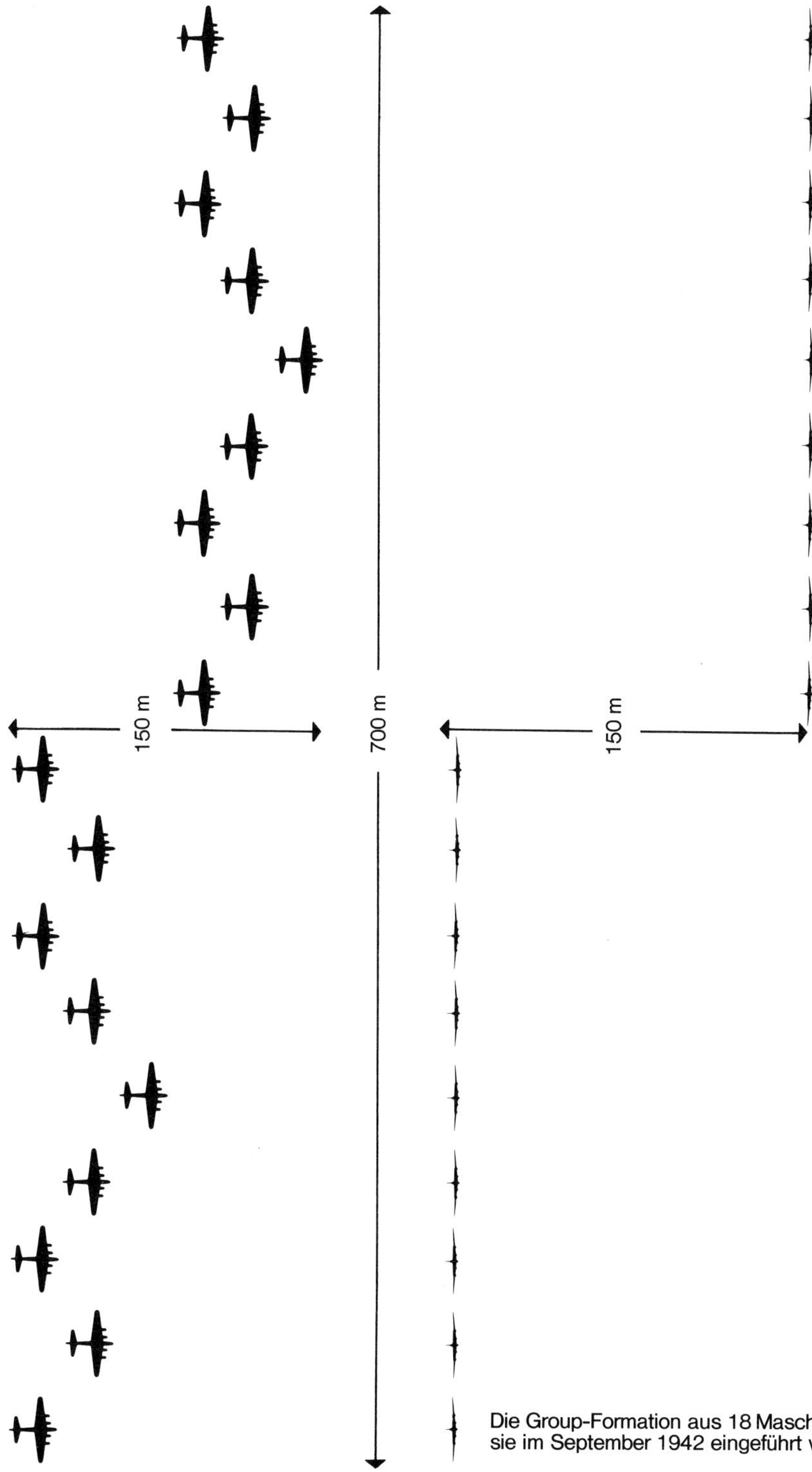

Die Group-Formation aus 18 Maschinen, wie sie im September 1942 eingeführt wurde.

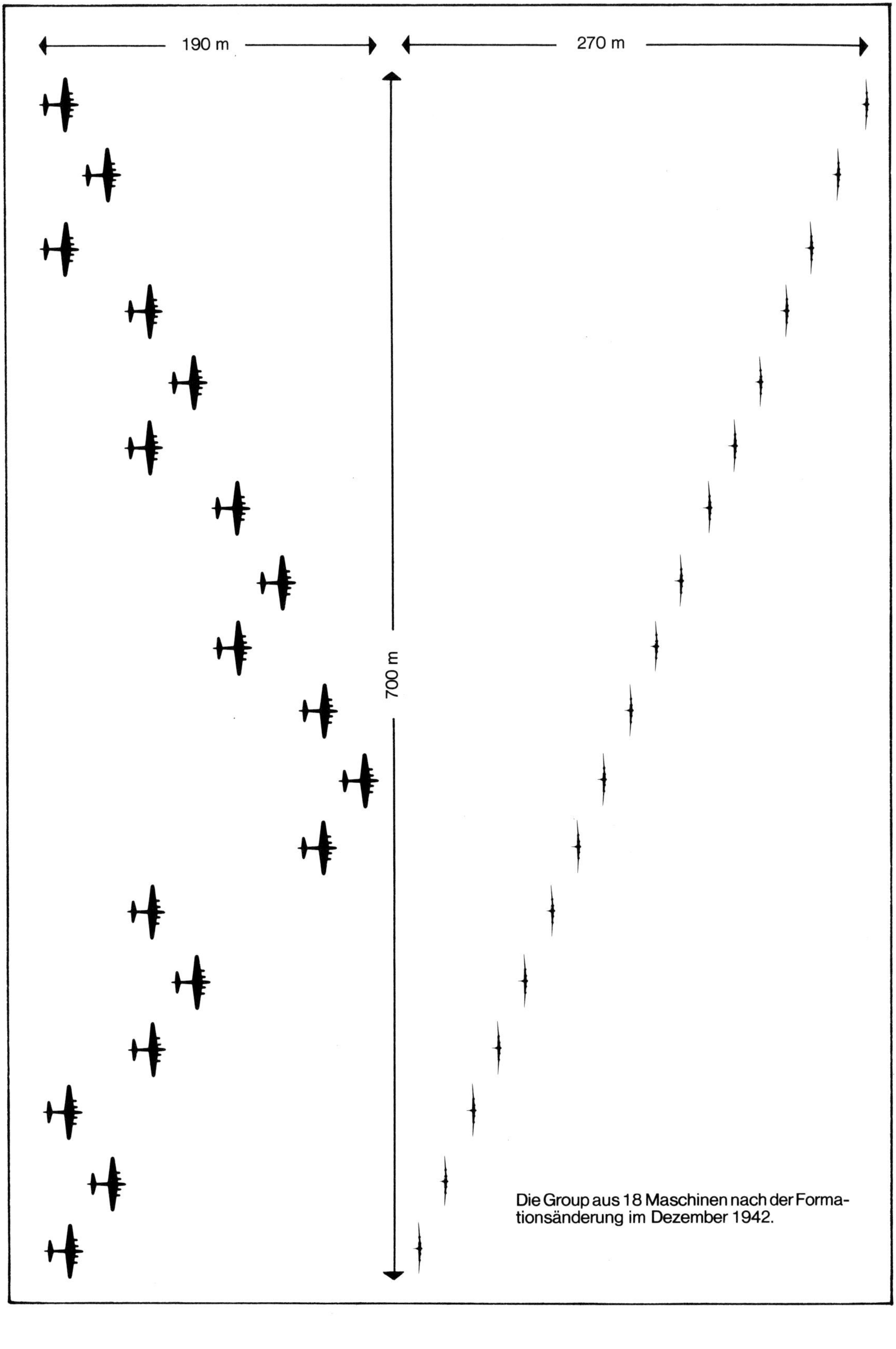

Die Group aus 18 Maschinen nach der Formationsänderung im Dezember 1942.

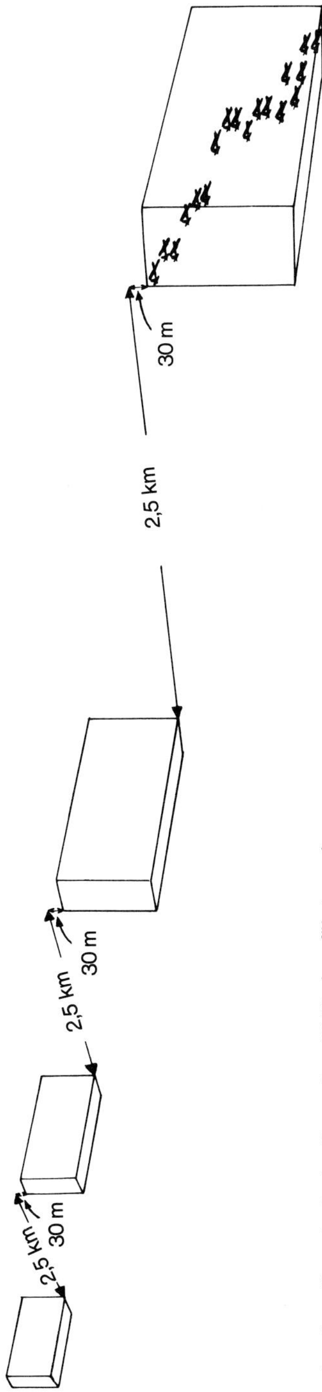

Der »Javelin« (Speer), der im Dezember 1942 eingeführt wurde.

schied zwischen ihr und der höchsten Gruppe; damit wurde die Gefahr gemindert, daß Flugzeuge der oberen Gruppe nicht mithalten konnten und zurückfielen, aber ausgeschlossen wurde das dadurch natürlich nicht.

Etwa im März 1943 führten die immer heftiger werdenden Angriffe deutscher Jäger gegen die Bomberverbände zu einer weiteren Änderung der Formationen. Nun erschien es notwendig, die Feuerkraft der Bordwaffen bis aufs Letzte zu nutzen. Die Gruppe aus 18 Flugzeugen blieb wieder unverändert bestehen, aber nun wurden drei solcher Gruppen dicht beieinander gebracht: hinter der Führungsgruppe flog eine zweite Gruppe oben seitlich und die dritte auf der anderen Seite unten. Das so entstandene Bombergeschwader aus 54 Flugzeugen flog in einer Breite von etwa 2,15 km, 800 m Höhe und 600 m Tiefe von der ersten bis zur letzten Maschine. Die Feuerkraft sowie der wechselseitige Schutz zwischen den einzelnen Flugzeugen, den Schwärmen und den Gruppen erfuhr eine deutliche Verstärkung; als Nachteil zeigte sich aber zugleich wieder, daß die Formation in Kurven schwerfällig reagierte, zumal die Flugzeugführer der oberen Gruppe die Maschinen der Führungsgruppe leicht aus den Augen verlor. Die Geschwader folgten einander in Intervallen von etwa 10 km.

Ab April 1943 fügte man die 54 Flugzeuge des Bombergeschwaders noch näher zusammen. Die oberen und unteren Schwärme und Gruppen rückten nach innen näher hinter die Führungsmaschinen. Gleichzeitig wurde die Keile aus je drei Flugzeugen in eine Richtung geschichtet, während zugleich die Schwärme und die Gruppe in entgegengesetzter Richtung eine Schräge bildeten. Die so entstandene »gestaute« Geschwaderformation erbrachte einen enger fliegenden Verband und zugleich erhöhte sich die Konzentration der Verteidigungswaffen und die Wirkung der gegenseitigen Schützenhilfe zwischen den Flugzeugen und den Verbandsteilen. In dieser Formation flog die 8. Luftflotte im Jahre 1943 länger als ein halbes Jahr: dabei wurden die schwersten Langstreckenangriffe über Deutschland geflogen.

In den letzten Monaten des Jahres 1943 wurden in der Art der amerikanischen Bombenangriffe auf Deutschland zwei grundsätzliche Änderungen

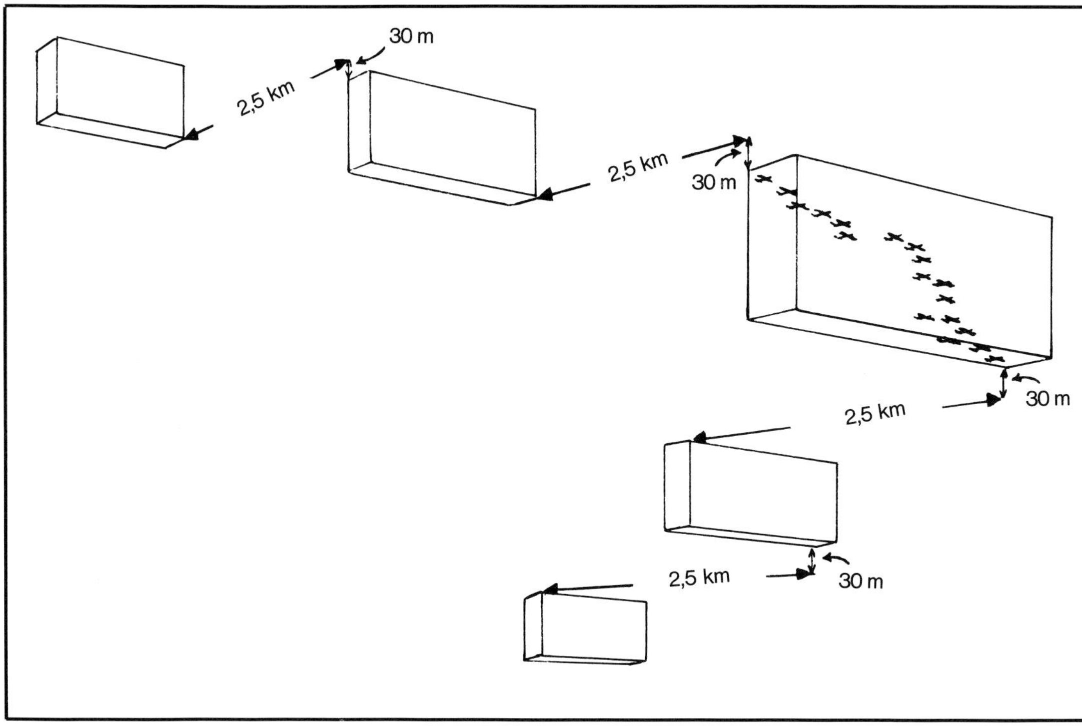

Der »Wedge« (Keil), im Februar 1943 eingeführt.

vorgenommen: zum einen war die Reichweite der eigenen Jagdflugzeuge inzwischen so weit ausgedehnt worden, daß sie den Bomberverbänden Schutz bis zum Zielpunkt und zurück geben konnten, und zum anderen wurde eine Radarhilfe zum Bombenwurf eingeführt. Da die Begleitjäger jetzt zur wichtigsten Verteidigungswaffe der Bomber wurden, war die Konzentration der Waffen im Verband nicht mehr so wichtig; daneben erwies sich nun die Formation kleineren Umfanges in doppelter Hinsicht für günstiger: die Bomber konnten leichter beieinanderbleiben und die Begleitjäger konnten sie wirksamer verteidigen. Zugleich spielte noch der Umstand mit, daß anfangs nur wenige Radargeräte zur Verfügung standen, so daß nur wenige Bomber damit ausgerüstet werden konnten. Um aus den gegebenen Umständen das Beste zu machen, wechselte man zur Staffel aus 12 Flugzeugen über; in der Maschine des Staffelführers steckte das Radargerät. Im Januar 1944 wurde die neue Formation eingeführt; drei solcher Staffeln bildeten ein Geschwader von 36 Flugzeugen, und diese Geschwader folgten einander im Abstand von 6,5 km.

Das Geschwader aus 36 Flugzeugen blieb von Anfang 1944 bis zum Ende des Krieges bestehen, wenngleich auch die Gestalt dieser Formation zu Anfang 1945 geändert wurde. Zu dieser Zeit bot die deutsche Jagdabwehr keine ernstzunehmende Gefährdung mehr, aber die Deutschen hatten ihre Flak in großem Maße verstärkt, und sie stellte für die Bomber nunmehr den Hauptgefahrenpunkt dar. Nun wurde eine Formation erforderlich, die von den Begleitjägern zwar leicht zu schützen war, die aber für die Flak ein möglichst schwer treffbares Ziel bilden mußte.

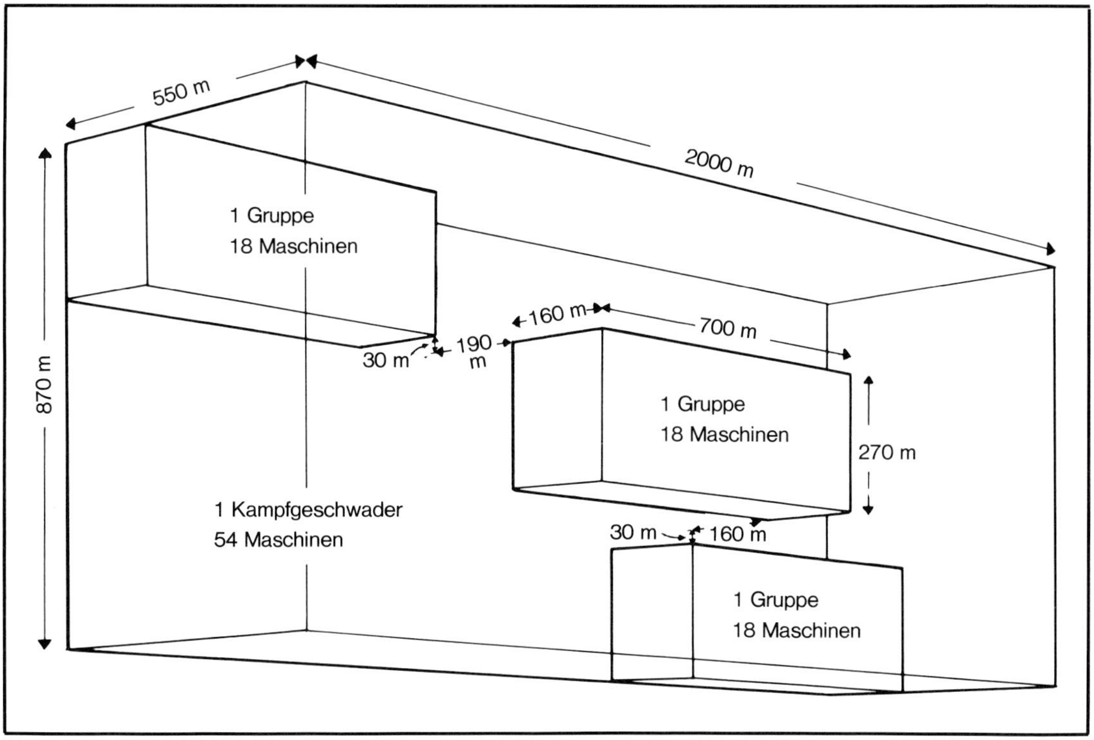

Die Geschwaderformation aus 54 Maschinen, wie sie im März 1943 eingeführt wurde.

Zu dieser Zeit standen überdies ausreichend Navigations-Radargeräte für die Bomber zur Verfügung, mit denen die Ziele auch durch Wolken hindurch »gesehen« werden konnten. Im Februar 1945 revidierte die 8. Luftflotte die Geschwaderformation und setzte nun vier Staffeln mit je neun Flugzeugen statt zuvor drei Staffeln mit je zwölf Flugzeugen ein. Die neue Geschwaderformation flog mit größeren Höhenunterschieden zwischen den einzelnen Flugzeugen und Staffeln, und das machte der Flak Schwierigkeiten, wenn sie beim Beschuß von einer zur anderen Staffel wechselte. Ferner konnten die Flugzeuge leichter beieinander bleiben, so daß nur noch selten ein Nachzügler zurückblieb. In dieser Formationsart flog der größte Teil der 8. Luftflotte dann bis zum Ende des Krieges.

Die voraufgegangene Beschreibung erhebt keinen Anspruch auf Vollständigkeit, denn die 8. Luftflotte erprobte noch mehr Möglichkeiten zur Geschwaderformation. Aber aus der Folge der beschriebenen Formation läßt sich deutlich erkennen, wie sich der Flug der Verbände ständig durch die Veränderung der militärischen und technischen Situation weiterentwickelte.

Hier muß noch hervorgehoben werden, daß alles über den Formationsflug Gesagte sich nur auf Tagesangriffe bezieht. Der Formationsflug in der Nacht war nicht nur außerordentlich schwierig, er brachte auch kaum irgendwelchen taktischen Vorteil. In dunkler Nacht ließ sich ein feindlicher Jäger bis auf etwa 200 m Entfernung ausmachen, wenn er über dem Horizont flog, unterhalb der Horizontalen war er noch weit schlechter zu erkennen, und deshalb fand ein Bomber kaum Gelegenheit, den Nachbarn durch Feuerschutz zu unterstützen; und

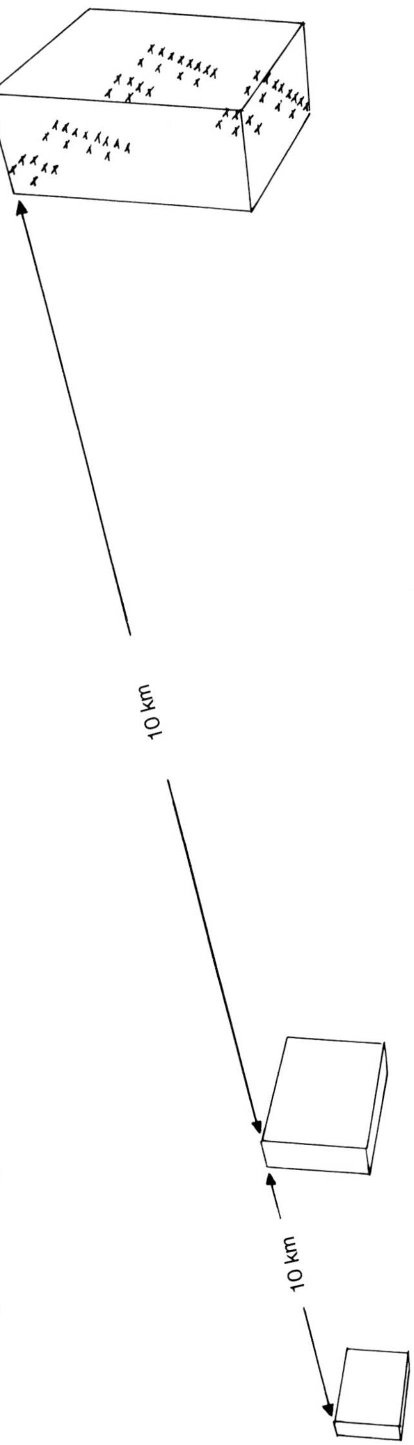

Die Bombergeschwader folgen einander im Abstand von 10 km

weiter auseinander fliegende Bomber waren für den Gegner schwerer zu bekämpfen, da weder Nachtjäger noch Flak sich auf ein zusammengeballtes Ziel konzentrieren konnten.

Man spricht über die sogenannten »Bomberströme«, die die RAF einsetzte, zuweilen in dem Sinn, als handele es sich dabei um bestimmte Formationen, aber diese Ansicht ist falsch. Die Flugzeugführer beobachteten dabei ihre Nachbarn nicht, um in Position zu bleiben; statt dessen hatte jeder Flugnavigator eine bestimmt Route und Zeittakte, nach denen er sich, so gut es eben möglich war, richten mußte.

Da die Flugnavigation zu jener Zeit noch nicht den Rang einer exakten Wissenschaft hatte und sich die Besatzungen nur bedingt auf Merkmale der überflogenen Landschaft stützen konnten, erstreckte sich der Bomberstrom über ein sehr weites Gebiet. Zum Beispiel wissen wir von einem typischen Nachtangriff der RAF aus dem Sommer 1943, daß die Mehrzahl der daran beteiligten 650 Bomber sich über einen quaderförmigen Luftraum verteilte, der 240 km lang, 10 km breit und 3 km hoch war; in den Randzonen flogen dabei Flugzeuge, die um mehr als 50 km von der geplanten Route abgekommen waren.

Wie dicht flogen nun die Maschinen im Zentrum dieses Bomberstromes? Würde man die Breite dieser Seite als Verkleinerungsmaßstab für die Entfernung einer Meile (=1,609 km) ansetzen, dann hätte ein schwerer Bomber im gleichen Maßverhältnis etwa die Größe des Buchstabens »T«; im Zentrum des Bomberstromes wären dann im Durchschnitt ein oder zwei solcher Flugzeuge in der Größe des Buchstabens T auf einer Fläche von der Größe dieser Seite zu finden. Gegen Kriegsende flogen die Bomberströme etwa viermal so dicht, aber noch immer in relativ lockerer Formation. Der Einsatz der Bomberströme wirkte sich im Verhältnis zu Flugzeugen mit individuellem Ziel nicht nachteilig hinsichtlich der Treibstoff- oder Bombenzuladung aus, aber der konzentrierte Anflug reichte doch aus, die Aufgaben der von Funkmeßgeräten gelenkten Flak- und Jagdabwehr erheblich zu erschweren.

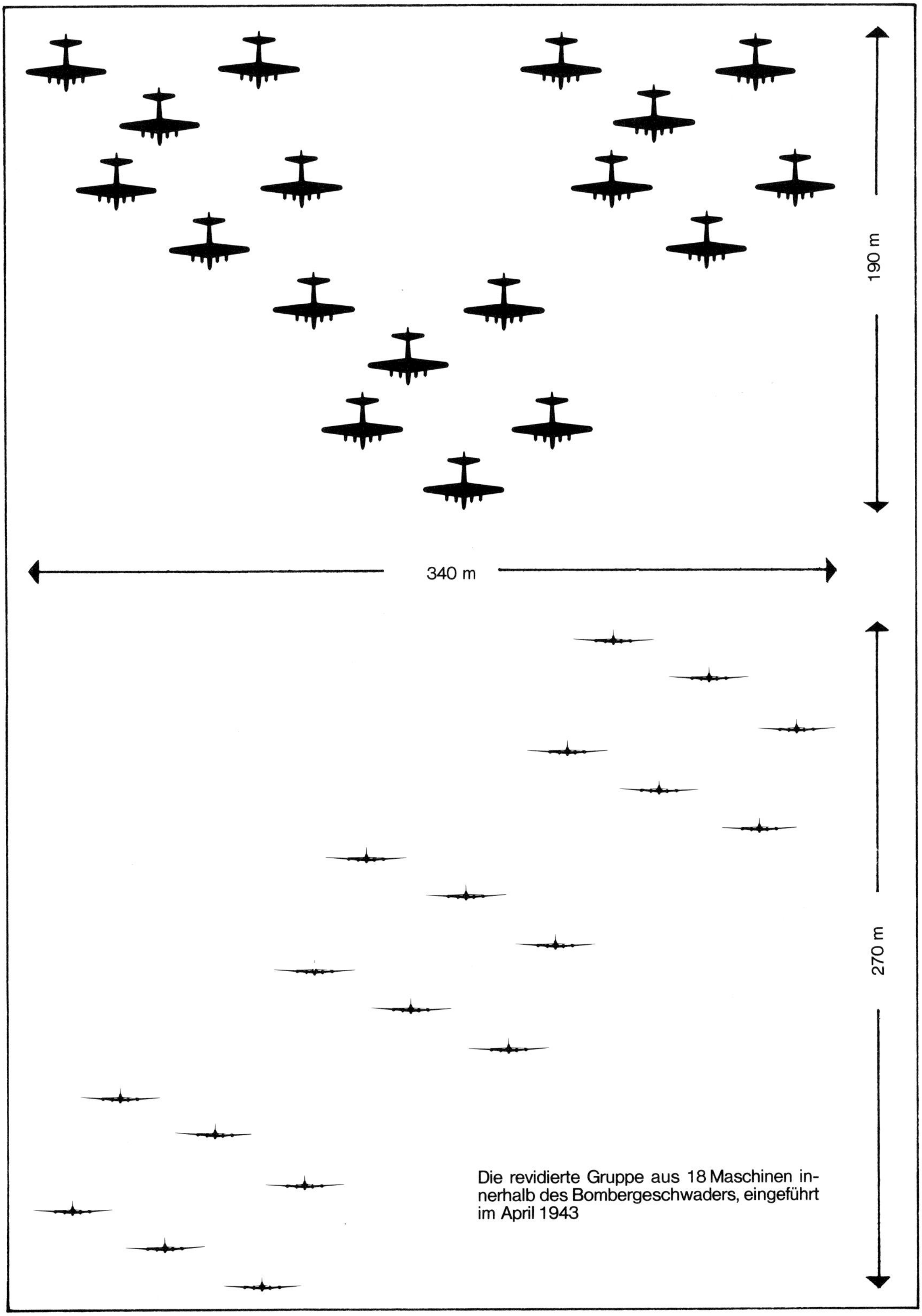

Die revidierte Gruppe aus 18 Maschinen innerhalb des Bombergeschwaders, eingeführt im April 1943

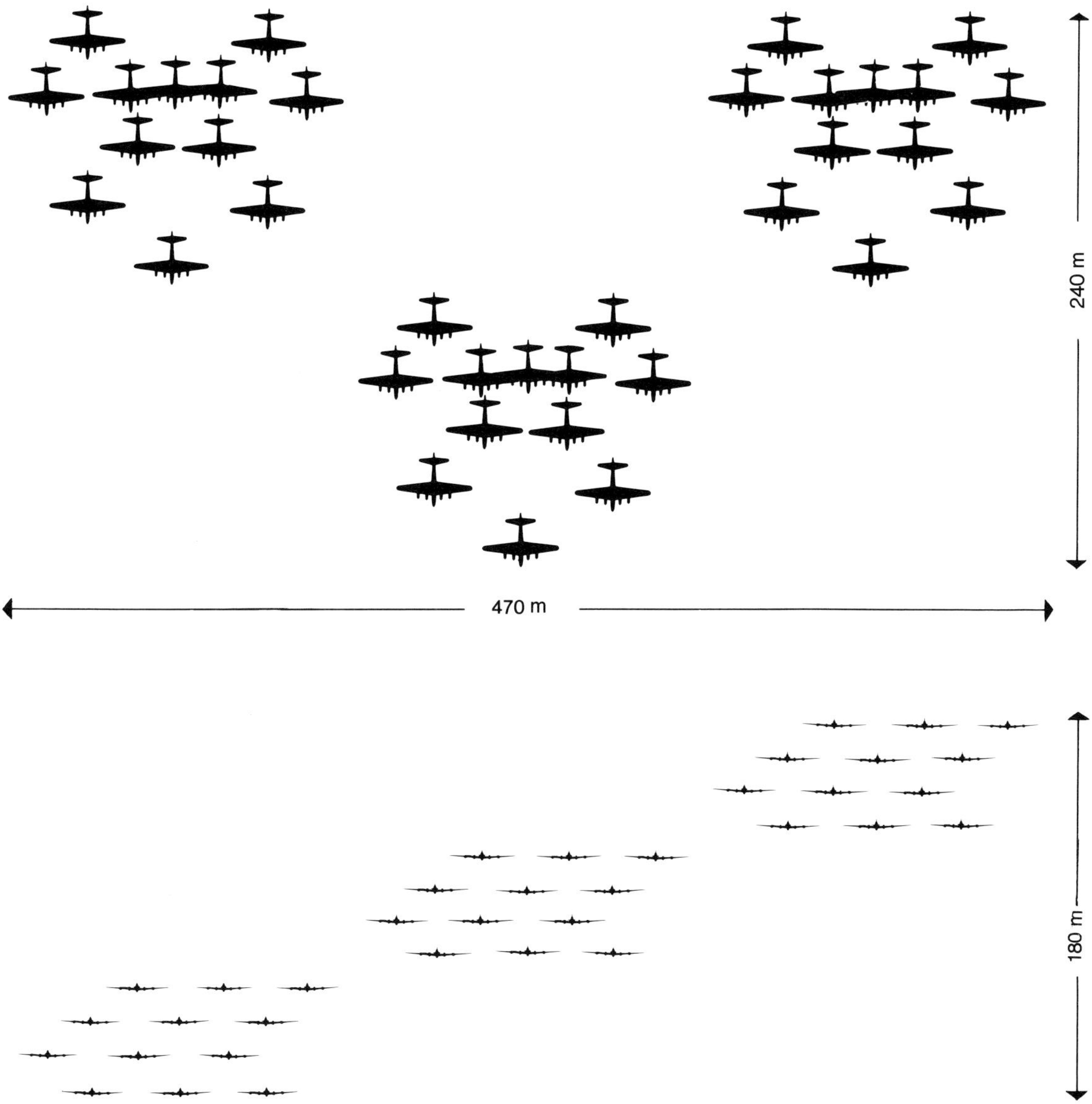

Die Gruppe von 36 Flugzeugen,
wie sie im Januar 1944 eingeführt wurde.

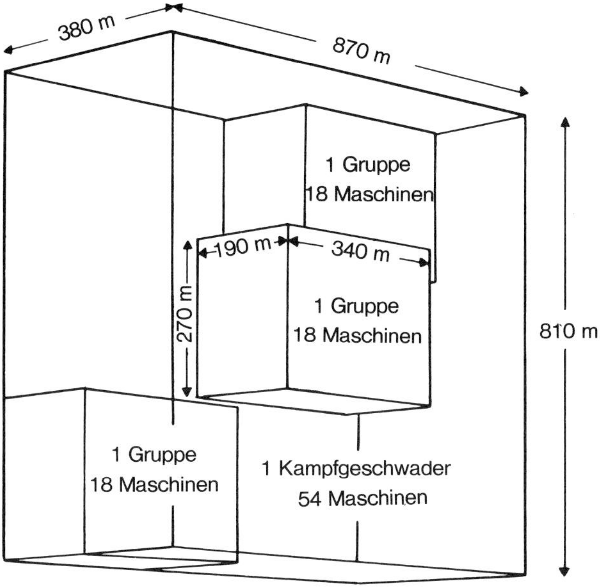

Die »gestaute« Geschwaderformation aus 54 Bombern, im April 1943 eingeführt.

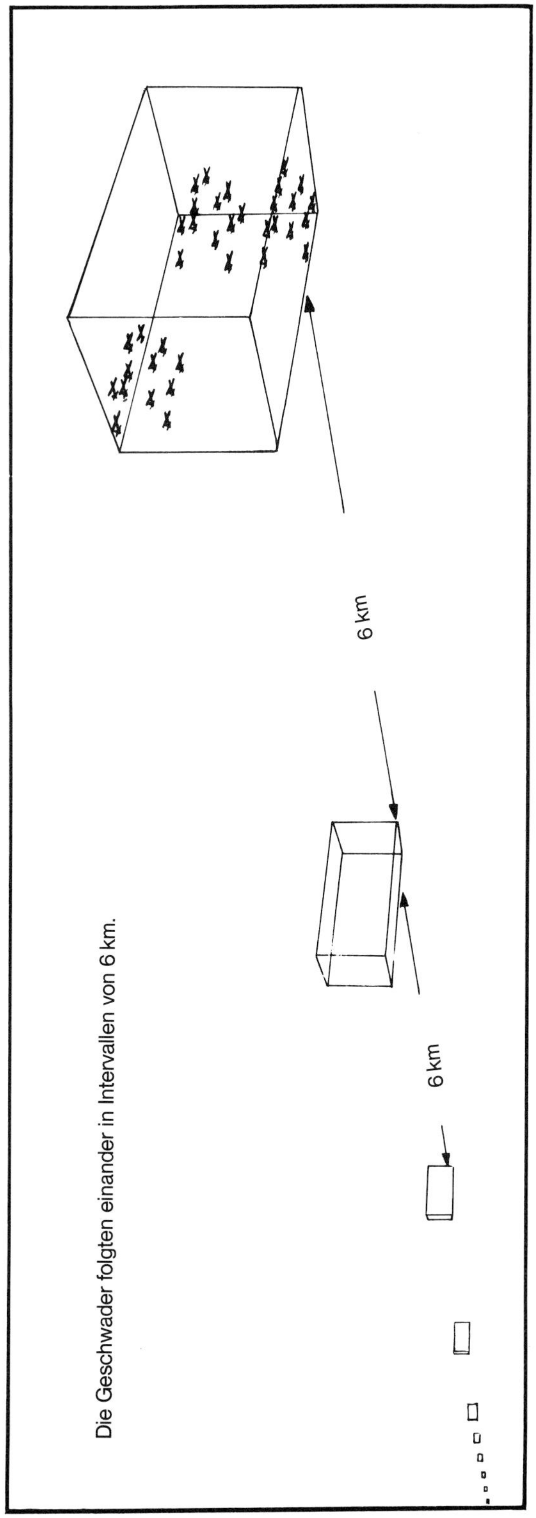

Die Geschwader folgten einander in Intervallen von 6 km.

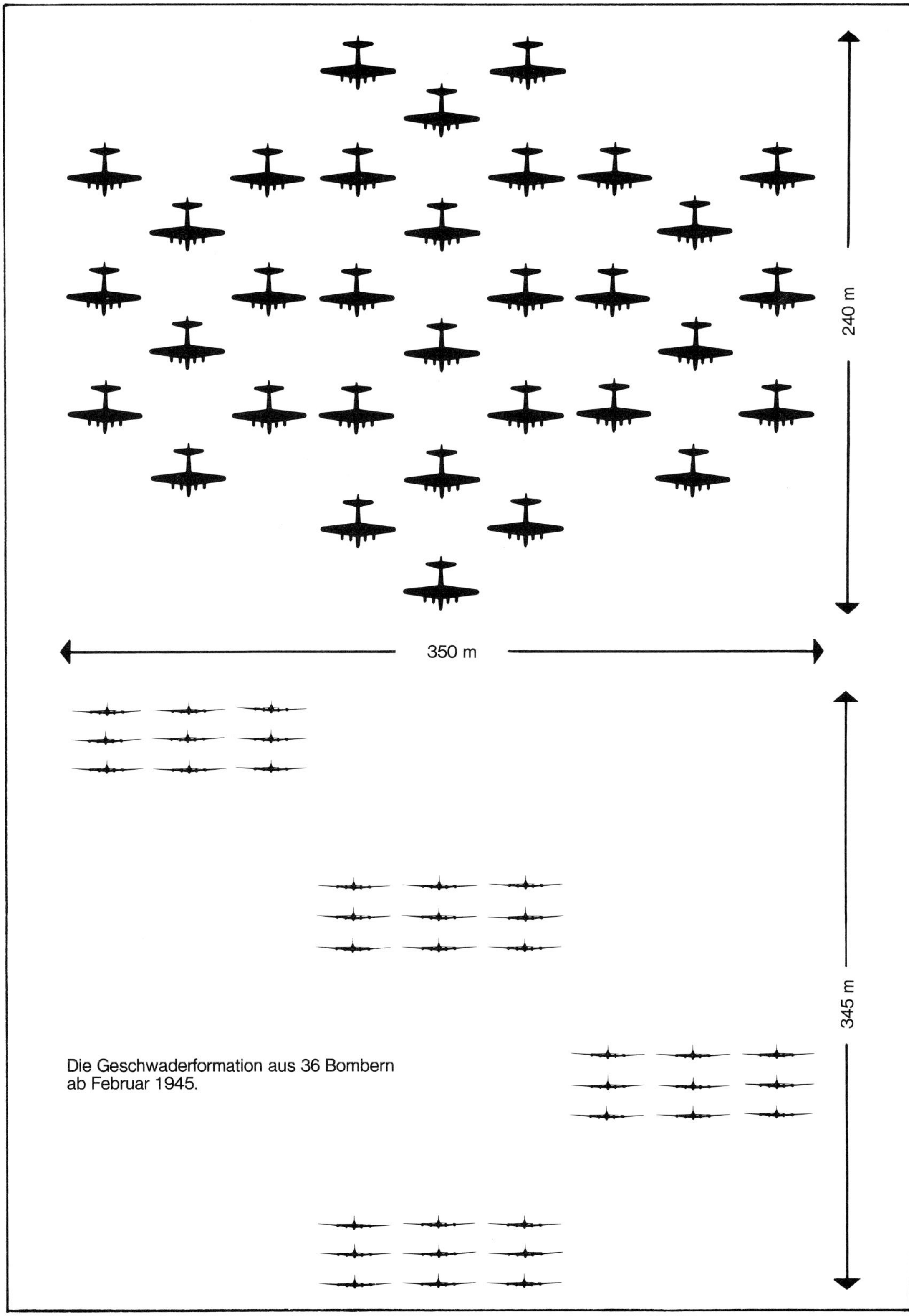

Die Geschwaderformation aus 36 Bombern
ab Februar 1945.

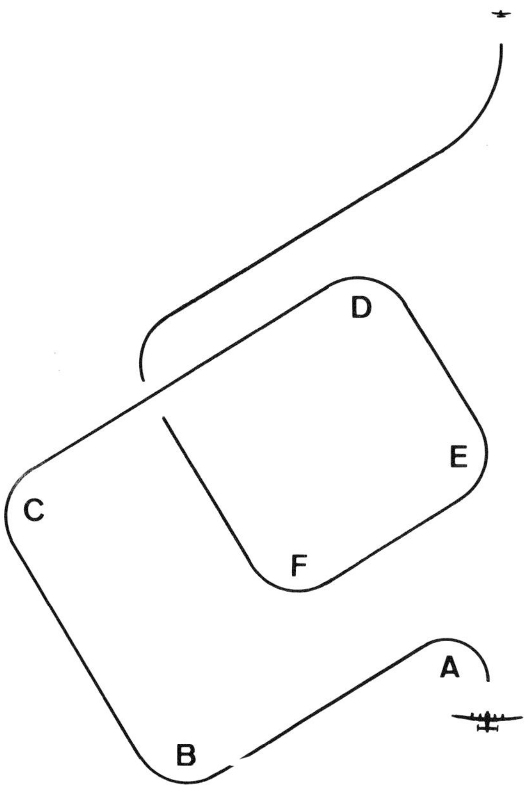

Der »Korkenzieher« als Ausweichmanöver, bei dem der Bomber seinen Kurs verfolgen konnte, wobei er aber für den angreifenden Jäger ein möglichst schwer zu treffendes Ziel bot. Das hier abgebildete Manöver wurde speziell von Lancaster-Bombern im Jahre 1945 geflogen, wenn ein Jäger von links her angriff.

A Der Flugzeugführer gibt Gas, geht um 45 Grad in die Kurve und setzt zugleich zum Sturz nach links an; in den folgenden sechs Sekunden verliert der Bomber etwa 300 m Höhe. Während des Sturzfluges wächst die Geschwindigkeit von 370 km/h auf fast 480 km/h.

B Nach einem Höhenverlust von 300 m zieht der Pilot die Maschine hoch, kurvt aber immer noch nach links.

C Mitten im Steigflug wird in entgegengesetzte Richtung gekurvt; während des Steigfluges sinkt die Geschwindigkeit rapide, was häufig dazu führte, daß ein angreifender Jäger über das Ziel hinausschoß.

D Bis der Bomber seine ursprüngliche Flughöhe wieder erreicht, ist die Geschwindigkeit auf 300 km/h gefallen. Noch immer in der Rechtskurve wird die Maschine nun nach unten gedrückt und ein neuer Sturzflug beginnt.

E Im Sturz beschleunigt der Bomber wieder. Nach einem Höhenverlust von etwa 150 m wird die Kurve in entgegengesetzte Richtung abgewandelt.

F Wenn der Gegner seinen Angriff fortsetzt, wird das Manöver wiederholt.

Die Taktik zu überleben

Bomber, die von gegnerischen Jägern abgefangen wurden, mußten sich zum Überleben auf ihre Geschwindigkeit, ihre Flughöhe, auf ihre vielseitige Feuerkraft oder eine Kombination all dieser Faktoren verlassen.

Die amerikanischen Tagbomber waren schwerbewaffnet, und wir haben bereits gesehen, wie intensiv in der 8. Luftflotte an der Entwicklung von Formationen gearbeitet wurde, die zur wirkungsvollsten Konzentration des Abwehrfeuers imstande waren. Wenn solche Bomber angegriffen wurden, flogen sie geradeaus weiter, behielten ihre geschlossene Formation bei und verließen sich darauf, daß ihre Feuerkraft ausreichte, die Überfälle der Jäger abzuwehren.

Wollten Bomber mit verhältnismäßig schwerer Bewaffnung zum eigenen Schutz koordinierte Flugmanöver durchführen, um damit Angriffen feindlicher Jäger zu entgehen, dann beschränkten sich diese Ausweichmanöver im allgemeinen auf kleine unabhängig operierende Formationen aus bis zu vier Flugzeugen. Tagbomber, die in geringer Zahl operierten, wandten diese Taktik häufig an; die erfolgreichsten Arten wurden bereits im 2. Kapitel (Seite 94) beschrieben.

Für einzeln operierende Flugzeuge, gleich welchen Typs, erwies sich das sogenannte »Korkenzieher-Manöver« als das sinnvollste, sobald Jäger angriffen. Dieses Manöver stellte den besten Kompromiß dar zwischen den Notwendigkeiten, den Anflug oder Rückflug so geradlinig wie möglich fortzusetzen und den Jägern dabei ein schwer anzuvisierendes Ziel zu bieten.

Der Korkenzieher allein, setzte der Flugzeugführer rechtzeitig und nachdrücklich damit ein, genügte schon, die Bomber fast ganz von den Angriffen der Nachtjäger freizuhalten. Tatsächlich drehten die erfahrenen deutschen Nacht-Jagdflieger meist schon bald von den Bombern, die einen Korkenzieher flogen, ab, um sich auf ein anderes Opfer im Bomberstrom zu stürzen; das versprach ihnen mehr Aussicht auf einen Abschuß, als die endlose und meist fruchtlose Jagd auf ein so schwer zu treffendes Ziel.

Ein Bombenteppich: nachdem der Geschwaderführer eine Rauchbombe abgeworfen hatte, öffneten die B-17 des 384. Bombergeschwaders gleichzeitig ihre Bombenschächte.

Der Bombenabwurf

Wenn die Bomber ihr Ziel erreichten, war die Art des Zielobjekts meist ausschlaggebend für die Weise des Angriffs. Handelte es sich um ein befestigtes Ziel, das durch Panzerplatten oder dicken Beton geschützt wurde, dann mußten Sprengbomben aus großer Höhe geworfen werden, sollten sie im Fall eine ausreichende Sturzgeschwindigkeit erhalten, um die Bedeckung des Ziels zu durchschlagen. War das Ziel aber sehr klein, wie z. B. ein Tank oder ein kleines Schiff, dann war der Bombenwurf aus großer Höhe nicht treffsicher genug; in diesem Fall erwies sich der Tiefangriff als notwendig, sollten die Bomben nicht nur ins Blaue hinein geworfen werden.

Ausdrücke wie »Tiefangriff«, »Abpraller-Angriff« und »Sturzangriff« werden oft sehr oberflächlich gebraucht. Deshalb seien hier die Hauptangriffsmethoden beschrieben:

Horizontalangriff: die Bomben werden ausgelöst, während das Flugzeug in niedriger, mittlerer oder großer Flughöhe geradeaus fliegt. Horizontalangriffe aus geringer Flughöhe werden zuweilen auch als »Abpraller-Bombenangriffe« bezeichnet.

Angriff im Bahnneigungsflug: die Bomben werden ausgelöst, während das Flugzeug in einem Winkel bis zu 20 Grad nach unten wegzieht.

Angriff im Schrägsturz: die Bomben werden ausgelöst, während das Flugzeug in einem Winkel zwischen 20 und 60 Grad in Richtung auf das Ziel zustürzt.

Sturzangriff: die Bomben werden ausgelöst, während das Flugzeug in einem Winkel zwischen 60 und 90 Grad in Richtung des Zieles stürzt.

Horizontalangriff: für die schweren Bomber und auch für die Mehrzahl der mittleren Bomber galten Horizontalangriffe aus mittlerer oder großer Flughöhe als normal; zu dieser Angriffsart eigneten sich nur Flugzeuge mit einem senkrecht nach unten gerichteten Bombenzielgerät und solche, die das Ziel mittels Radar anpeilen konnten. Die Zielgenauigkeit nahm natürlich mit zunehmender Flughöhe ab. Eine Variante des horizontalen Hochangriffs war der Flächenwurf, in Deutschland meist Bombenteppich genannt, den die amerikanischen schweren Bomberverbände durchführten. Bereits zu Beginn der Offensive durch die 8. Luftflotte zeigte

Einer der maßgebenden Befürworter der Flächenbombardierung in der US Army Air Force war Oberst (später General) Curtiss Le May (mit Zigarre). Dieses Bild entstand Anfang 1945, als Le May als Generalmajor die XXI. Luftflotte befehligte, die mit B-29 Angriffe gegen Zentraljapan flog. Rechts von Le May steht Brigadegeneral Thomas Powers, der die B-29 Einheiten auf Guam befehligte. *(USAF)*

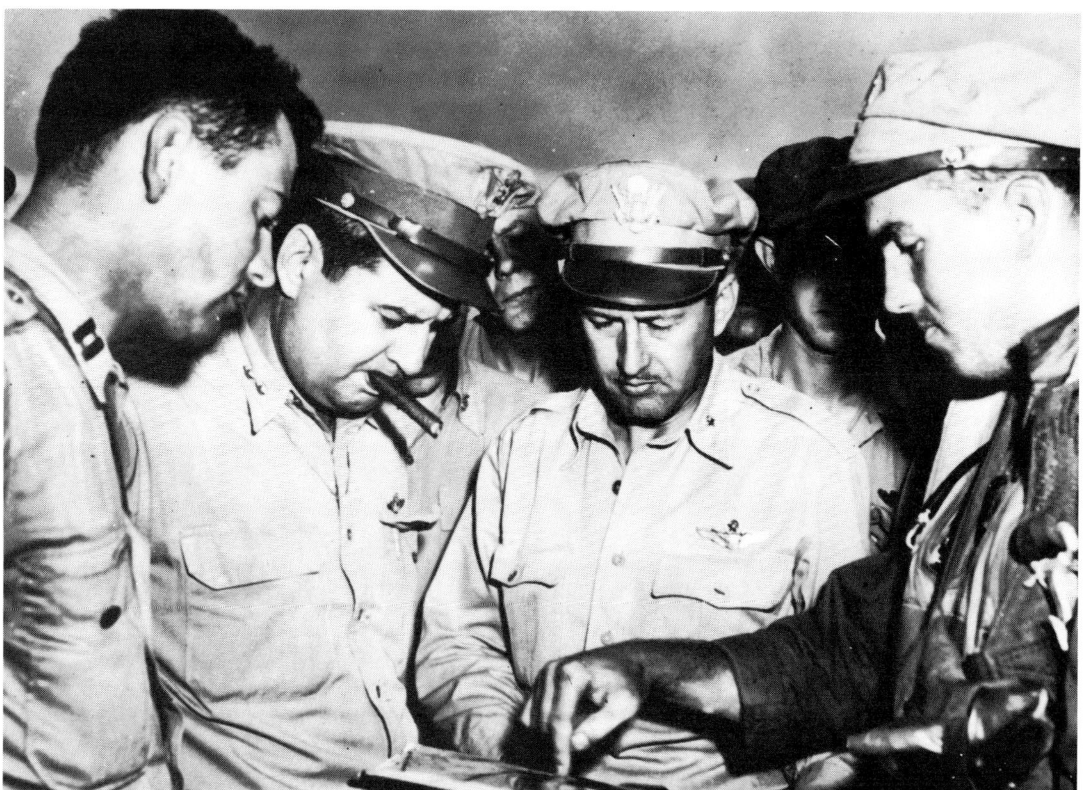

Tiefangriff: eine fesselnde Bildserie, aufgenommen am 6. April 1945 während eines Angriffs von B-25J Mitchell-Bombern des 345. US-Bombergeschwaders auf einen japanischen Geleitzug. Das Flugzeug griff aus etwa 30 m Höhe an und warf die 225 kg schweren Bomben mit 5 Sekunden Verzögerung kurz vor dem Ziel ins Wasser. Bei diesem Einsatz wurden die Fregatten Nr. 1 und 34 (von denen eine hier abgebildet ist) und der Zerstörer Amatsukaze versenkt. *(USAF)*

sich, daß die sorgfältig zusammengestellten Formationen auseinanderfielen, wenn die Bomber schließlich individuelle Zielanflüge machten. Colonel Curtiss Le May, der spätere General, plädierte schon früh für die Flächenangriffe, bei denen die Flugzeugführer sich darauf konzentrieren konnten, ihre Position hinter dem Staffelführer zu halten; der Bombenwurf erfolgte dann auf ein Zeichen des Bombenschützen in der Führungsmaschine. Dadurch kam es dann zu dem konzentrierten Bombenteppich, dessen Aufschlaggebiet im allgemeinen vom erfahrensten Bombenschützen der Einheit bestimmt wurde. Die Methode bewährte sich und wurde von der gesamten 8. Luftflotte übernommen. Der einzige Haken an der Sache war der, daß die deutschen Flakschützen ihrer Bewunderung für die Besatzung der Führungsmaschine immer dadurch Ausdruck zu geben versuchten, daß sie ihr Feuer eben auf dieses Flugzeug konzentrierten.

Bei Horizontalangriffen in niedriger Höhe erfolgte auch der Anflug schon so tief wie möglich; die Bomben wurden in einer Höhe von etwa 15 m ausgelöst und die Maschinen zogen mit Vollgas über

das Angriffsobjekt weg. Diese Methode konnte sehr wirkungsvoll sein, die Fehlwurfquote lag bei 50% im Umkreis von 50 m um das Zielobjekt. Aber solche Angriffe konnten auch teuer zu stehen kommen, wenn das Objekt durch leichte Flak gesichert war und der Angriff nicht überraschend kam. Überdies konnte die Zielerkennung auch dadurch erschwert sein, daß das Zielobjekt tiefer lag, als seine Umgebung.

Wenn Bomben mit Verzögerungszündern verwendet wurden, bezeichnete man diesen Tiefangriff auch als »Abpraller-Bombenangriff«. Dabei war eine Sprengverzögerung von etwa 10 Sekunden erforderlich, sollte das Flugzeug nicht von seinen eigenen Bomben beschädigt werden. Solche Tiefangriffe wurden nur gegen Ziele geflogen, die massiv genug waren, die gegen sie geschleuderten Bomben aufzufangen, und hoch genug, auch die folgenden Bomben zu stoppen; typische Ziele waren Flugzeugschuppen, hohe Gebäude, Bahndämme und ungepanzerte Schiffe. Wenn diese Bomben nicht durch das Ziel aufgefangen wurden, dann konnte es geschehen, daß sie noch ein ganzes Stück weit durch die Gegend hüpften; bei Versuchen mit 113-kg-Bomben, die bei einer Geschwindigkeit von 480 km/h aus 18 m Höhe abgeworfen wurden, sprangen einzelne Bomben doppelt so hoch wie die Abwurfhöhe und kamen erst 1200 m hinter dem ersten Aufschlagpunkt zur Ruhe.

Man konnte die Zielgenauigkeit des horizontalen Tiefangriffs auch nutzen, ohne das ganze Drum und Dran des »Abpraller-Bombenangriffs« in Kauf zu nehmen, indem man Bomben verwendete, die langsam niedergingen. Ein typisches Beispiel dafür war die »Parafrag-Waffe« der US Army Air Force. Diese 10 kg schweren Bomben wurden nach dem Abwurf in Bündeln aus niedriger Flughöhe durch kleine Fallschirme gebremst, so daß der Bomber zum Zeitpunkt des Aufschlages schon ein ganzes Stück entfernt war.

Angriff im Bahnneigungsflug. Bei dieser Angriffsart löste der Bomber die Bomben während des Herabgleitens in einem Winkel bis zu 20 Grad. Die Bomben wurden im allgemeinen unterhalb 600 m Fluhöhe ausgelöst; wenn es auf Zielgenauigkeit ankam, konnte der Auslösepunkt bis auf 15 m Höhe gesenkt werden. Da man mit solcher Art anzugreifen kaum einen Überraschungsangriff machen konnte, barg diese Methode für den Bomber größere Risiken, als ein Tiefangriff im Horizontalflug; daneben konnte man durch den flachen Sturzwinkel auch keine größere Zielgenauigkeit erreichen. Deshalb wurde der Angriff im Bahnneigungsflug auch nur gegen schwachverteidigte Objekte ausgeführt, die von einem horizontal fliegenden Bomber in niedriger Flughöhe nur schlecht erkennbar waren, oder gegen solche, die man mit schweren ungebremsten Bomben bekämpfen mußte, die andernfalls das Ziel überspringen konnten.

Angriff im Schrägsturz. Diese Methode, bei der die Bomben in einem Sturzwinkel zwischen 20 und 60 Grad ausgelöst wurden, war die sinnvollste Angriffsart für jene Bomber, die einerseits nicht mit einer Zielvorrichtung versehen waren, die einen senkrechten Blick nach unten zuließ, und die andererseits nicht zum direkten Sturzflug geeignet waren. Bei dieser Angriffsart konnten die Bomben in jeder Flughöhe ausgelöst werden. Ein typischer Angriff nach dieser Methode konnte in einer Höhe von 3300 m einsetzen, die Bomben wurden dann in 2500 m Höhe ausgelöst, so daß die Maschine beim Abfangen die Grenze von 1800 m nicht unterflog; damit blieb sie außerhalb der Reichweite der zielgenauen leichten Flak. Der 50%-Fehlwurfkreis lag bei einer Wurfhöhe von 2500 m bei etwa 180 m. Wurden die Bomben dagegen in 900 m Höhe ausgelöst, so daß die Maschine in 300 m Höhe oder darunter abgefangen werden mußte, so verkleinerte sich der 50%-Fehlwurfkreis auf 50 m, aber der Angriff war dann ebenso riskant, wie der Angriff im flachen Sturzwinkel.

Sturzangriff. Der Sturzwinkel bei dieser Angriffsart lag zwischen 60 und 90 Grad. Mehrmotorige Flugzeuge, die Sturzangriffe fliegen sollten, mußten Motoren haben, die zum Abfangen besonders leistungsfähig waren, und ferner mußten sie mit Sturzbremsen ausgestattet sein, die während des Sturzes eine zu starke Beschleunigung verhinderten.

So ergab es sich, daß Sturzkampfflugzeuge im

Ein Tiefangriff mit durch Fallschirme verzögerten Bomben: B-25 Mitchell der 5. US-Luftflotte beim Abwurf von aneinandergebundenen, fallschirmverzögerten 10-kg-Splitterbomben auf am Boden stehende japanische Flugzeuge während eines Angriffs auf Dagua, Neu-Guinea, im Februar 1944. *(USAF)*

Verhältnis zu normalen Bombern bei gleichartigen Flugmanövern nur langsam niedergingen, aber scharf hochgezogen werden konnten. Ebenso wie beim Schrägsturz hing auch beim Sturzangriff die Zielgenauigkeit weitgehend von der Auslösehöhe ab; aber infolge der hervorragenden Abfangeigenschaften konnte der Sturzbomber seine Bomben relativ kurz über dem Boden auslösen, ohne dabei erheblich mehr durch Flak gefährdet zu sein.
Sollten Angriffe aus dem Sturz oder Schrägsturz erfolgreich verlaufen, dann mußten die Flieger die Windverhältnisse sorgfältig in ihre Zielberechnung einbeziehen. Die deutschen Stuka kannten für ihre Angriffe gegen kleine Zielpunkte eine besondere Masche: sie ließen die ersten drei Stuka auf das Ziel stoßen, als gäbe es überhaupt keinen Seitenwind; dann beurteilten die nachfolgenden Stukaflieger die Windverhältnisse gemäß der soeben entstandenen Bombenkrater, korrigierten entsprechend und trafen mitten ins Ziel.

4. Zusammenfassung

Trotz der Prophezeiung, die da sagte »Der Bomber wird immer durchkommen«, erwies sich diese Flugzeuggattung zu Beginn des Krieges als besonders verwundbar. Gegen Ende der dreißiger Jahre war die Luftverteidigung erheblich verstärkt worden. Eine Revolution in der Luftverteidigung brachte das Radargerät, in Deutschland Funkmeßgerät genannt, mit dem plötzlich ein Frühwarngerät zur Verfügung stand, so daß die Jagdflieger den Kurs vorauskannten, auf dem sie die einfliegenden Bomber angreifen konnten. Damit hatte der Jäger in der Anfangsphase des Krieges einen klaren Vorteil gegenüber dem Bomber.

Zu Beginn des Zweiten Weltkrieges hatten die Bomber, die in den Luftstreitkräften der beteiligten Mächte flogen, weder eine genügend hohe Leistungsfähigkeit, um den Jägern zu entkommen, noch eine ausreichende Bewaffnung, um sie abzuwehren. Wollten die Bomber ihre Einsätze heil überstehen, dann mußten sie entweder am Tage im Schutz eigener Begleitjäger angreifen, oder in der Nacht, wo anfangs die Luftverteidigung des Gegners noch unzureichend und die Gefahr, abgefangen zu werden, gering war. Die Verlagerung auf Nachtangriffe führte zu beachtlichen Fortschritten in der Entwicklung elektronischer Systeme, die den Bomberbesatzungen die Zielsuche erleichterten. Als dann später die Luftverteidigung bei Dunkelheit wieder an Boden gewann, wurde es für die Bomber notwendig, die Anpeilung durch Radargeräte des Gegners zu vereiteln oder gar die gesamte Funkmeßpeilung irrezuführen. Am Ende des Zweiten Weltkrieges war die Technik der Nachtangriffe zu einer ausgesprochen kniffligen Kunst entwikkelt worden, aber die Luftverteidigung hatte damit Schritt gehalten.

Hinsichtlich der Frage der Langstreckenbomber verhielten sich die Amerikaner anders, als alle übrigen am Krieg beteiligten Luftstreitkräfte. Sie verharrten prinzipiell auf dem Standpunkt, daß die Zielbombardierung bei Tag zum sichersten Erfolg führe, und trieben die Entwicklung der B 17- und B 24-Bomber rasch voran; diese Bomber sollten sich durch das Abwehrfeuer des Gegners zu Zielen durchkämpfen, die weit jenseits der Reichweite von Begleitjägern lag. Das bedingte den Einbau von Gruppen schwerer MG als Abwehrbewaffnung auf Kosten der Bombenzuladung. So kam es, daß diese Flugzeuge weit weniger Bomben mitführten, als die schweren Bomber anderer Länder. Anfangs konnten die amerikanischen schweren Bomber ihre Einsätze ohne sonderlich große Verluste fliegen. Aber bis zum Sommer 1943 war der deutschen Führung das Ausmaß der Bedrohung klar

Das deutsche Bomber-As Major Bernhard Jope bei der Verleihung des Eichenlaubes zum Ritterkreuz im März 1944. Rechts von Jope steht Major Hans-Georg Baetcher, der ebenfalls ausgezeichnet wurde; Baetcher befehligte während der kurzen Periode der Düsenbomber die III./KG 76. *(Jope)*

Arado Ar 234 der ersten echten Düsenbombereinheit, die zum Einsatz gelangen sollte, der dritten Gruppe des KG 76. Die Aufnahme entstand im Winter 1944. *(KG 76 Archiv)*

Der Petliakow Pe-2 Schnellbomber war für Sturzangriffe ausgelegt. Mit seinen beiden 1100 PS starken VK-105 Zwölfzylinder-V-Motoren erreichte er eine Höchstgeschwindigkeit von 580 km/h; bei einer Bombenlast von 900 kg konnte er auf einer Reichweite von etwa 240 km operieren. *(IWM)*

geworden, und die Jagdabwehr wurde so verstärkt, daß den Bomberverbänden bei den tief in das Reichsinnere getragenen Angriffen spürbare Verluste zugefügt werden konnten. Der Jäger hatte den Vorteil, daß er seine ganze Feuerkraft in einer Richtung konzentriert einsetzen konnte, während der Bomber sich gegen Angriffe aus allen Richtungen verteidigen mußte. Aber zum Glück für die US Army Air Force wurden die Jagdflugzeuge zum Begleitschutz auf langen Strecken rechtzeitig fertig, sonst hätten die Befürworter der Tagesangriffe noch empfindlichere Verluste hinnehmen müssen.

Eine ganz andere Anflugstaktik erbrachte die Entwicklung des echten Schnellbombers, der durch die englische Mosquito und die deutsche Arado 234 repräsentiert wurde. Diese Flugzeuge flogen ohne Abwehrwaffen; sie konnten sich auf ihre Geschwindigkeit, ihre Höhenleistung und ihre Wendigkeit verlassen, Eigenschaften, mit deren Hilfe sie den gegnerischen Abfangjägern leicht ausweichen konnten.

Am Ende des Zweiten Weltkrieges wurde die Gipfelleistung der Bomberkonstruktion durch zwei Typen repräsentiert, die amerikanische Boeing B 29 und die deutsche Arado Ar 234.

Im Jahre 1945 war die B 29 mit Abstand der größte und schwerste Bomber, der geflogen wurde. Als einziger der schweren Bomber jener Zeit konnte die B 29 gleichermaßen bei Tag und bei Nacht wirkungsvoll eingesetzt werden: zur Standardausrüstung gehörte eine starke Bewaffnung, mit der die

»Enola Gay«, die speziell abgeänderte B-29 der 509. gemischten Bombergruppe, die die Atombombe »Little Boy« am 6. August 1945 über Hiroshima abwarf. *(USAF)*

B 29 sich hinlänglich gegen angreifende Jäger verteidigen konnte. Mit Hilfe eines Radargerätes konnte sie auch durch Wolken oder Dunkelheit verhüllte Ziele bombardieren. In der Kombination von Reichweite und Bombenzuladung war sie unübertroffen, und kein schwerer Bomber hatte auch nur annähernd gleiche Leistung im Höhenflug. Im Vergleich zum besten Langstreckenbomber, der zu Beginn des Krieges zum Einsatz gekommen war, der Boeing B 17A, konnte die B 29 eine sechsfach schwerere Bombenlast über eine doppelte Entfernung tragen und aus einer fast verdoppelten Flughöhe angreifen. Die ferngesteuerten Waffenstände der B 29 mit ihren Zwillings-MG hatten die doppelte Feuerkraft des Drehturms einer Wellington, des verteidigungsstärksten Bombers aus dem Jahre 1939; im Heckturm hatte die B 29 zwei 12,7 mm MG und eine 20 mm MK, deren Feuerkraft doppelt so groß war, wie die des Drehturms auf dem Rumpfrücken der Loiré et Olivier 451. Überdies waren die Abwehrwaffen der B 29 so vorteilhaft untergebracht, daß immer wenigstens zwei, zuweilen aber sogar vier Waffenstände gleichzeitig gegen einen angreifenden Jäger feuern konnten; damit vervielfachte sich die Überlegenheit in der Feuerkraft gegenüber den Bombern aus dem Jahre 1939 noch. Gegenüber den dürftig bewaffneten und gepanzerten japanischen Jagdflugzeugen schnitten die Waffen der B 29 glänzend ab. Ob sie aber ausgereicht hätten, auch die beste deutsche Verteidigungswaffe des Jahres 1945 abzuwehren, nämlich einen massiven Angriff der

Die Atombombe »Little Boy« wog 4000 kg, war 3 m lang und hatte einen Durchmesser von 71 cm. Ihre Explosivwirkung entsprach der von 20000 Tonnen TNT. Aus der vorderen Seite ragen die Antennen des Funkhöhenmessers heraus, mit dessen Hilfe die Zündung der Bombe auf etwa 600 m über dem Ziel eingestellt wurde. Dadurch erhöhte sich die Wirkung der Druckwelle. *(USAF)*

Messerschmitt Düsenjäger Me 262, bewaffnet mit schweren 30 mm MK und R4M-Luftkampfraketen, wird für immer eine offene Frage bleiben. Interessant ist jedenfalls wohl die Feststellung, daß die B 29 weder in der Marschgeschwindigkeit noch in der Angriffsgeschwindigkeit wesentlich schneller war als der schnellste Bomber des Jahres 1939, die französische Loiré et Olivier LeO 451.

Die B 29 wurde in einer Zeitspanne von nur vier Jahren vom Anfangskonzept bis zum Bomber im Großeinsatz entwickelt; eine gewaltige Demonstration dessen, was die US-amerikanische Industrie zu leisten vermag. Die Russen erwiesen dem Bomber den größten Respekt, indem sie ihn kopierten und in Großserien bauten. Im Jahre 1948 kam die Tupolew Tu 4, das war die russische Serienbezeichnung, in den Dienst der russischen schweren Bomberverbände, für den Westen war dies ein Schock. Die englischen und amerikanischen Planer waren bis in die Mitte der fünfziger Jahre damit beschäftigt, ihre Verteidigung gegen einen denkbaren massiven Nachtangriff solcher Bomber auszubauen – allerhand, wenn man bedenkt, daß dieses Flugzeug im Jahre 1940 entworfen und im Jahre 1943 erstmals eingesetzt wurde.

Ebenso, wie die B 29 auf dem Gebiet des schweren Langstreckenbombers eine Gipfelleistung darstellte, war die Arado Ar 234 das herausragende Flugzeug als leichter Schnellbomber. Innerhalb der begrenzten Reichweite konnte die Ar 234 von keinem der im Einsatz fliegenden Jäger aufgehalten werden. Als erster echter Bomber mit Strahlturbi-

nen – wohl zu unterscheiden vom Jagdbomber – war sie ein Markstein in der Entwicklung, nicht geringer, als es die Martin B 10 im Jahre 1933 war. Die Taktik unterlag im Krieg einer fortlaufenden Entwicklung; dabei spielten Faktoren eine Rolle, wie die ständige Weiterentwicklung der Luftverteidigung und die immer wieder wechselnde Eignung der Bomber, einem Kampf auszuweichen oder sich der Angreifer zu erwehren, ebenso wie die Reichweite der Begleitjäger. Nach einigen ziemlich naiven Versuchen zu Beginn des Krieges hatten sich die Methoden sowohl des Tages- als auch des Nachtangriffs bis Kriegsende zu einer komplizierten Technik gemausert.
Am 6. August 1945 warf eine B 29 eine einzelne, 4000 kg schwere Atombombe über Hiroshima ab, sie vernichtete einen großen Teil dieser Stadt. Drei Tage später zerstörte eine ähnliche Bombe die Stadt Nagasaki. Und damit lieferten die Bomber den Beweis, daß sie tatsächlich imstande sind, ganze Städte von der Landkarte wegzuradieren, wie es die Befürworter des Bombenkrieges, die mit mehr Begeisterung als mit fundiertem Wissen sprachen, ein Vierteljahrhundert zuvor bereits prophezeit hatten.
Winston Chruchill erklärte einmal, daß die Luftmacht von allen Arten militärischer Macht die am schwersten zu kalkulierende sei, sie sei nicht mit genauen Werten zu beschreiben. Die Luftmacht hat von ihrer Natur her die Eigenschaften, hart zuzuschlagen, beweglich zu sein, rasch den Standort und das Angriffsziel wechseln zu können und weit zu reichen. Gleich der Land- oder Seemacht steht die Wirksamkeit der Luftmacht im umgekehrten proportionalen Verhältnis zur Entfernung vom Einsatzort, aber im Gegensatz zu jenen beiden kann sie kein Territorium halten.